研究所
高普考

教育專業科目試題總匯

壹、教育學
貳、中西教育史
叄、教育研究法
肆、教育心理學、心理學
伍、教育行政學
陸、教育哲學
柒、比較教育學
捌、初等教育
玖、教學原理
拾、社會科學概論
拾壹、特殊兒童心理與教育心理

孟 儒◉編

目 錄

序言／孟　儒 ··· 1

壹、試題總匯

一、教育學

師範大學・教研所 ··· 3

政治大學・教研所 ··· 14

彰化師範大學・教研所 ······································· 17

高雄師範大學・教研所 ······································· 19

高雄師範大學・成人教育所 ································· 20

中正大學・教研所・ ··· 22

中正大學・成人教育所 ······································· 24

成功大學・教研所 ··· 28

台北市立師範學院・國教所 ································· 30

台中師範學院・國教所 ······································· 37

嘉義師範學院・國教所 ······································· 39

台南師範學院・國教所 ······································· 42

暨南大學・比較教育所 ······································· 46

暨南大學・教育行政所 ······································· 48

花蓮師範學院・多元文化教育所 ·························· 49

屏東師範學院‧教研所 …………………………… 51

二、中西教育史

師範大學‧教研所 ………………………………… 57

政治大學‧教研所 ………………………………… 69

中正大學‧教研所 ………………………………… 72

高雄師範大學‧教研所 …………………………… 74

東華大學‧教研所 ………………………………… 77

高考 ………………………………………………… 78

高等檢定考試 ……………………………………… 84

基層乙等特考 ……………………………………… 85

簡任升等考 ………………………………………… 87

退除役乙等特考 …………………………………… 88

職訓局薦任現職人員任用資格考 ………………… 89

三、教育研究法（含測驗與統計）

師範大學‧教研所 ………………………………… 93

政治大學‧教研所 ………………………………… 102

彰化師範大學‧教研所 …………………………… 119

彰化師範大學‧輔導所 …………………………… 124

彰化師範大學‧特教所 …………………………… 138

國立台北師範學院‧初教所 ……………………… 158

台北市立師範學院‧國教所 ……………………… 162

新竹師範學院‧國教所 …………………………… 172

台中師範學院‧國教所 …………………………… 177

嘉義師範學院・國教所 …………………………… 183

台南師範學院・國教所 …………………………… 203

台東師範學院・國教所 …………………………… 220

高雄師範大學・輔導所 …………………………… 226

屏東師範學院・輔導所 …………………………… 232

暨南大學・教育行政所 …………………………… 237

高考 ……………………………………………… 239

普考 ……………………………………………… 251

基層特考 ………………………………………… 259

四、教育心理學・心理學

師範大學・教研所 ……………………………… 265

政治大學・教研所 ……………………………… 276

高雄師範大學・教研所 ………………………… 290

中正大學・教研所 ……………………………… 293

中正大學・成人教育所 ………………………… 307

成功大學・教研所 ……………………………… 311

東華大學・教研所 ……………………………… 313

國立台北師範學院・國教所 …………………… 315

台中師範學院・初教所 ………………………… 317

嘉義師範學院・初教所 ………………………… 320

台南師範學院・初教所 ………………………… 325

花蓮師範學院・初教所 ………………………… 339

彰化師範大學・輔導所 ………………………… 344

屏東師範學院・教研所 ………………………… 364

暨南大學・比較教育所 ……………………………… 366

高考 …………………………………………………… 370

普考 …………………………………………………… 386

基層特考 ……………………………………………… 402

五、教育行政學

師範大學・教研所 …………………………………… 417

政治大學・教研所 …………………………………… 419

暨南大學・教研所 …………………………………… 420

中正大學・教研所 …………………………………… 421

高考 …………………………………………………… 424

普考 …………………………………………………… 427

基層乙等特考 ………………………………………… 428

六、教育哲學

師範大學・特教所 …………………………………… 431

高考 …………………………………………………… 433

高等檢定考試 ………………………………………… 444

基層乙等特考 ………………………………………… 445

國防乙等特考 ………………………………………… 447

退除役乙等特考 ……………………………………… 449

薦任升等考試 ………………………………………… 450

藝術教育館薦任任用資格考 ………………………… 451

七、比較教育學

暨南大學・比較教研所 …………………… 455
高考 …………………………………………… 457
基層乙等特考 ……………………………… 461
中正大學・成人及繼續教研所 ………… 462

八、初等教育

台北市立師範學院・國教所 …………… 469
新竹師範學院・初教所 ………………… 473
花蓮師範學院・初教所 ………………… 477

九、教學原理

彰化師範大學・特教所 ………………… 483

十、社會科學概論

花蓮師範學院・多元文化教育所 ……… 497

十一、特殊兒童心理與教育心理

彰化師範大學・特教所 ………………… 503

貳、情報彙編

一、各科參考書目

(一)教育學參考書目 …………………………… 513

㈡中國教育史參考書目 …………………………… 515

㈢西洋教育史參考書目 …………………………… 516

㈣教育研究法參考書目 …………………………… 517

㈤教育心理學參考書目 …………………………… 519

㈥教育行政學參考書目 …………………………… 521

㈦教育哲學參考書目 ……………………………… 523

㈧比較教育參考書目 ……………………………… 525

㈨初等教育參考書目 ……………………………… 527

㈩成人教育參考書目 ……………………………… 529

㈩一社會科學概論參考書目 ……………………… 531

二、考情資訊

㈠歷年高普考教育行政人員考試錄取統計表 ……… 532

㈡教育行政人員高普考相關資訊 ………………… 533

㈢教育行政人員、公職考試相關資訊 …………… 535

㈣歷年各大學教育研究所招生統計表 …………… 537

㈤各教育研究所考試科目簡表 …………………… 538

㈥全國各大學教育研究所入學考相關資訊 ……… 540

序言

　　每年參加各類教育研究所入學考與高普考教育行政的考生人數大約在一萬人左右，但是研究所入學考的錄取率幾乎都是在 10％以下，高普考的錄取率更是在 5％以下，競爭情況非常激烈。考生如果能充分掌握歷年的考古題，對於準備考試一定會有很大的助益。編者將各校教育研究所與高普考的各專業科目，按年度排列，書後並附有各種考情資訊與各科的參考書目，雖然沒有解題，但對考生應當也有不少的方便與幫助。最後祝大家

　　　　　考試順利

　　　　　金榜題名

　　　　　　　　　　　　　　　　孟　儒

壹、試題總匯

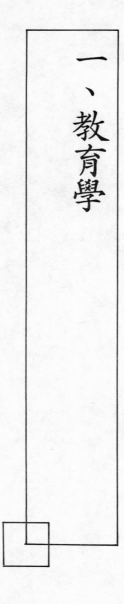

一、教育學

師範大學・教研所

六十一年度

1. 試比較「學習」、「社會化」、及「教育」三名詞的意義。
2. 在教育研究中，實驗研究法與調查研究法有何不同之處？
3. 試分析我國現行學制的特徵，並申訴其改進途徑。
4. 教師應如何適應兒童、文化與課程三者間的關係，以達成教育的終極目的？

六十二年度

1. 教育之理論基礎主要建立在何種學科之上，試申論之。
2. 職業訓練與文化陶冶的教育目的，可否予以協調，試說明理由。
3. 試就哲學、心理與社會學觀點，分別舉述一項德育原理。
4. 教師應如何指導學生協調其家庭、同儕團體、及學校中的價值觀念和行為方式？

六十三年度

1. 試就當前主要哲學思潮，說明教育與哲學的關係。
2. 試論文化規範、教育與個人行為的關係。

3.試從心理學觀點，論增進教學效率之途徑。

4.學校制度宜如何改進，始能充分發展個人潛能，並達成教育機會均等之理想。

六十四年度

1.試以哲學、心理學、社會之觀點論教育之意義。

2.試述影響教育的因素。

3.個人本位與社會本位教育目的如何，可否協調？

4.計畫教育是否可行？試述之。

六十五年度

1.教育投資論與人格教育的理想有無衝突？二者能否協調？試申論之。

2.試從文化與教育的關係，試論我國中小學課程與教法的改進途徑。

3.試述教育在變動社會中應有的任務。

4.「生長無目的，本身就是目的，教育無目的，生長即其目的」杜威的這種見解是否正確，試評述之。

六十七年度

1.試論課程、教學方法及考試三者的關係。

2.為配合目前經濟發展，我國教育應如何調適？

3.以斯普朗格為主的文化教育學派如何將主觀文化調和為高級的統一？

4.何謂專業，試述我國中小學教師是否具備專業的條件？

六十八年度

1. 試論國民教育的眞義，並據以評述我國現階段國民教育之主要缺失，同時提出因應改進之具體途徑。
2. 試述教育研究的類別，並就目的，方法及功用三方面，分別詳予比較。
3. 試分別從心理學、社會學及哲學觀點，申論教育的功能。
4. 試述經濟制度、政治制度與教育制度之間的關係。

六十九年度

1. 教育哲學與教育科學之區別？
2. 從心理學、社會學、哲學之觀點論社會化之意義及其對教育之影響？
3. 在教育活動中，何以以教師爲中心，學生爲本體？
4. 延長十二年國教從世界發展趨勢及本國狀況，是否可行？

七十年度

1. 試從教育哲學、教育心理學，及教育社會學的觀點，申論我國當前加強民族精神教育的方法。
2. 試述教育研究的特徵及類型。
3. 如何使學校成爲社區文化精神堡壘？試從文化教育學派的觀點，探討學校教育之主要任務與應探措施。
4. 試以現代教育行政的特色，析論改進我國當前教育行政（包括學校行政）的具體途徑。

七十一年度

1. 資訊發達對教育有何影響？
2. 教育學成為一門科學，試從其發展說明之。
3. 從學術演進觀點說明教育學何以是獨立研究之科學。
4. 從三民主義思想方面說明教育上「兒童本位」與「社會本位」。

七十二年度

1. 教育是有利的投資嗎？以教育經濟學理論述之。
2. 試述「促進教育機的均等」各國學制的革新及其主要趨勢？
3. 以憲法中有關教育的條文，說明三民主義的教育目標。
4. 「延長以職業教育為主的國民教育」，以世界各主要國家學制發展趨勢述之？並說明在我國之可行性如何？

七十三年度

1. 試以教育心理學、教育社會學或教育經濟學（任一科）說明教育學與其相關學科的關係。
2. 試從教育人力素質、經濟發展說明教育投資論的觀點。
3. 影響一國學制發展的因素為何？試舉例說明之。
4. 試自教育的理論與實際，探討改進我當前學校公民教育的方法。

七十四年度

1. 教育包括「理論」和「實際」，試就這兩者申述「教育學」的意義。
2. 近年來受「現代化」之說的影響，有人認為「教育目的」也應該隨著時代而改變。照這樣說，便成了「教育無確定目的」。試就「教育有無確定目的」申述己見。
3. 試評述十九世紀末葉以來教育學的主要發展趨勢。
4. 試比較教育責任與一般人行為的道德責任之異同，並據以說明工作者所應特別具備的道德涵養。

七十五年度

1. 何謂科際整合？何謂通識教育？二者的目的為何？又兩者之間有何關係？
2. 研究教育的目的是什麼？試舉「三項」你認為目前最需要研究的教育問題，並說明其理由。
3. 實利主義教育思想與人文主義教育思想兩者是否對立？有無調和之可能？試申論之。
4. 試從心理學及社會學的觀點，申論我國今後學前教育宜遵循的發展取向。

七十六年度

1. 家庭教育與學校教育之任務為何？試比較其異同。
2. 國民教育之特質，據此評論我國目前國民教育之成效，及改進意見。

3. 國民教育與升學準備有何不同，那一階段以升學為主，該
　階段有何改進建議。

4. 教育的「發展個性」與「羣性陶冶」如有不同，有無調和
　之可能，我國未來社會宜重視那一個？或者並重。

七十七年度

1. 何謂「教育機會均等」？「增進教育機會均等」與「追求
　卓越教育」兩種政策究竟有無矛盾對立之處？試申論之。

2. 試比較杜威（John Dewey, 1859～1952）與斯普朗格
　（Eduard Spranger, 1882～1963）兩位哲學大師的教育
　思想。

3. 試評析當前我國中、小學校課程設計的共同問題，並試提
　解決問題的途徑。

4. 評鑑與教育革新有何關係？如何充分利用評鑑結果以促進
　教育革新？試申論之。

七十八年度

1. 富裕社會的教育實施，應特別強調那些重點？試申論之。

2. 「科層體制」與「專業控制」在學校組織中有無衝突對立
　之處？如果有之，兩者有無調和之可能？試申論之。

3. 多元文化教育是什麼？英美國家實施的多元文化教育對我
　國教育有何啓示？

4. 教學是個系統，其中包含許多子系統，試說明這些子系統
　是什麼？應如何去計畫？

七十九年度

1. 試述道德教育的理論基礎，並研析我們今後加強道德教育的具體途徑。
2. 試述我國當前主要教育政策，並評析其得失。
3. 何謂雙語教學？何謂方言教學？兩者有何差異？實施時應注意什麼要點？
4. 試依據課程設計原理，析論現行國中課程宜有的改革方向。

八十年度

1. 如何培養優良校風？試參照當前有關組織氣氛（Organizational Climate）之理論，詳予分析。
2. 我國目前中、小學師資養成制度有無值得檢討之處？師資培養的「多元化」與「專業化」二者有無必然之衝突？抑或彼此相輔相成？試申論之。
3. 課程設計有目標模式（Objective model）及過程模式（Process model），試說明其要點，並比較其差異之處。
4. 何謂世界觀教育？這種教育理念在中、小學教育中如何實施？試說明之。

八十一年度

1. 請根據你對溝通的研究心得，試擬一篇說服教師不要體罰學生的講稿，字數在三百字以上，並指出講稿中所使用到

的溝通原理原則。

2. 何謂教學正常化，試從行政、教學及評量三方面申論落實教學正常化的具體做法。

3. 師資培育由傳統的藝徒訓練，轉向講求有效教學方法之磨練，最近的發展更有強調反省性的實踐經驗之趨勢。試分析此種轉變的學理依據，並請舉述我國或世界主要國家師資培育制度之重要改革做為例證，加以說明。

4. 下列文字係選自赫爾巴特（J Fr. Herbart）的「普通教育學」（Allgemeine Pädagogik, 1806），請仔細閱讀後，用三十個字以內的文字，撮述其要義；並就當代教育研究的發展趨勢，對這段文章加以評論。

　　我曾向教師要求科學，並要求濃厚的精神力量。對於他人，科學或者是一副眼鏡；對於我，科學則為人類據以觀察其環境的眼睛，而且還是一隻最好的眼睛。誠然，一切科學之內容，均不能避免錯誤，所以纔彼此互相齟齬；錯誤適足暴露其自身的矛盾，或者，至少可以使吾人對於疑點採取一種審慎的態度。至於一個缺乏科學知識的人，反而自覺聰明，但在其意見中則適足以助成同樣的或較大的錯誤而不自覺，或者竟而連自覺的可能亦沒有，因為他與世界的接觸點殊欠敏銳。科學的錯誤在其本質上即是人類的錯誤。但卻是屬於其中之最優良的頭腦的。

　　教育者之第一種科學，雖非其科學之全部，應當是一種心理學，於其中人類活動的全部可能性，均已事先列述。我瞭解這科學的可能性，同時我也瞭解它的困難。這種科學之成立，

尚有待於未來，如果我們屬望教學瞭解這種科學，尚待至更遠的年月之後。無論如何這種科學決不能代替學童的觀察；因為個別兒童只可為吾人所發現，卻不可按照既定的原則而演繹。所以按照既定的原則培植兒童，在其本身上已是一種錯誤的觀念，並且在目前，這只是一種空洞的意念，這種意念，教育在最近的將來決無應用的可能。

八十二年度

1. 「Knowing is a process, not a product; teaching and learning is therefore a process, not a product」Discuss.（可用中文作答）
2. 我國課程中五育之分類有何教育學理根據？並請簡評目前我國五育之得失？
3. 何謂次文化（或次級文化）？學生次文化的研究在教育上有何意義？
4. 對於目前正在研議中的「教師法」草案，各方意見頗多，你認為其中較具爭議性的問題有哪些？對於這些問題，你有何看法？

八十三年度

1. 從潛在課程的觀點論述學校校園規畫的重要性，並申論校園規畫的原則。
2. 教育組織要不斷革新發展，才能生存及充分發揮功能。試論提升組織革新發展潛力的途徑及消滅成員抗拒革新的辦法。

3. 學制管理或課程政策，應重視「教育自由或國家控制」
（educational freedom or State control）？或應如何調
適？

4. 試釋懲罰的涵義與原理；又你贊成在「教師法」中明訂教
師的懲戒權嗎？

八十四年度

1. 近幾年來由於社會變遷的自由、民主、多元走向，導致學
校課程自主權的擴張更加受到注目，而學校課程發展
（School-based Curriculum Development）的理論和實
務，也就益為重要。試說明此一理論的內涵，分析其具體
做法，評析其優缺點。

2. 課程改革向有「由上而下」和「由下而上」兩種模式的提
倡，試分析這兩種模式的理念、實施方法和利弊得失，並
試提可能的融合途徑。

3. 教育的目的源之於文化價值觀念，教育的內容取自傳統文
化的精華，因此教育與傳統文化顯然有密切而不可分割的
關係，中國古代教育思想向來注重道統的傳承與發揚，而
西方的啟蒙運動則以注重理性、批判傳統為目的。請問作
為一個教育工作者，究竟應何去何從？試析論之。

4. 法蘭克福學派的批判理論和溝通理論是二十世紀後半葉的
顯學，東歐共產政權解體，蘇聯政權的和平轉移，都多少
與法蘭克福學派的批判社會學說有關。請說明這些思想在
現代教育上有何重要意義。教育工作者對社會不合理制度
的宰制與街頭運動的亂象，究應抱持何種態度？

八十五年度

1. 試釋多元文化、意識型態、課程要素之涵意與關係。
2. 「罰亦有道」試申論其要義，並舉例評述當前我國學校對懲罰規定是否合理？
3. 和諧理論與衝突理論在教育上各有何意義？你認為那一種理論比較適合解釋近五十年來台灣教育的發展。
4. 試分別從哲學、社會學與心理學的觀點分析「知識與教學」的關係。

八十六年度

1. 試界定自由與平等的涵意及關係，並簡述其教育（目標、學制、行政政策、課程教學、訓導輔導）義蘊。
2. 試評「後現代主義」之正負面教育意義。
3. 試從哲學、心理學與社會學的觀點分析師生關係的特質，並就己見略述重建現代化師生倫理的途徑。
4. 現象學方法論對當前課程研究與革新有何意義？試申論之。

政治大學・教研所

八十四年度

1. 簡答題：

(1)試就一九八八年英國教育改革法案在課題的設計及教學評量上，與過去相較有何新的變革？同時就其對小學教育與中學教育所欲達成的目標上有何不同？請簡要說明之。

(2)為了實現有效能（effectiveness）的學校之目標，在中小學之教學視導措施上宜採何種途徑做法？請簡要說明之。

(3)試就教育資源分配上「水平公平」、「垂直公平」及「機會公平」三種理念，說明其涵義上有何不同？為實現「有教無類，因材施教」之理想，在我國教育資源的分配上宜採何種措施為妥？請簡要說明之。

2. 申論題：

自一九五〇年代以來，世界上主要國家在教育決策的運作模式上有那些不同的發展軌跡？試以我國及美國為例，請具體說明並評論之。

3. 試述教育行政領導的原則。

4. 何謂中央集權，何謂地方分權，試各舉一國家，說明其教育行政運作之情形。

八十五年度

1. 針對目前我們社會的缺失，試從教育社會學及倫理學的觀點，說明如何設計並建立起積極正面的學校文化和校園師生倫理關係？

2. 持行為學派心理學觀點的學者與持認知心理學派觀點的學者，對於學校教育之運作方式和課程設計強調的重點有何不同的主張？試各舉一位代表性學者具體說明之，另就學校教育實務工作的運作上，上述二種不同觀點主張有無衝突之處，並宜如何調節平衡之？試提出你的看法。

3. 請分析「自由」與「權職」在教育上的意義及其彼此之間的「關聯」；又，「教師會組織」對於我國當前教育發展有何實質意義與功能？

4. 請闡述「自我組織理論」（Self-organization-theory）之基本概念，其在教育學上之基本意涵（implication）。

八十六年度

1. 在過去一個世紀裡，有關「教育機會均等」之理念，隨著社會的變遷其實質涵義有何不同的演變，並如何影響到實際教育措施上？試以英、美兩國為例具體說明之。並說明其對我國當前推動的教育改革有何啟示與值得借鏡之處。

2. 教育部官員在最近一次（86、4、15）的立法院公聽會上表示：「最適合開放國中教科書的時機應該是在：(1)兩年後九年一貫的全新課程綱要公布，以及(2)實施高職免試入學和高中學區制，學生升學壓力減輕之後。」你贊不贊成

教育部的此一立場，理由何在？

3. 近來，教育部宣稱，大學推廣教育「先修後考」，可獲正式學位。其所言所指內容為何，請說明之。同時，請從教育理念，大學教育目標、實際行政運作等三方面分析說明其可行與否之原因。

4. 當前台灣中小學教育環境有若干發展趨勢，「家長」、「教師」、「行政組織」與「學生」等各主體之間關係已非如往昔。你認為可以根據那些學術理論觀點來解釋這些改革與發展趨勢。

八十七年度

1. 何謂「回歸基本教育」（back to the Basics）？其緣起之背景為何？自五○年代迄今，美國中小學教育對於基本教育內涵之主張有何演變，其強調的教育內容重點有何不同？並請說明美國對中小學採行的基本教育措施，有無值得我國進行教改參考之處？請就上述各點申論之。

2. 請根據「存在主義哲學」及「批判教育學」（Critical Pedagogy）理論觀點，分析當前我國中小學教育之主要危機與弊端，並提出根本性之變革原則（transformative principle）。

3. 「教育改革」之推動總是顯得步履蹣跚。試申述其主要理由，並提出一些克服之道。

4. 何謂「社區學院」（community college），請簡述其發展歷史和功能，此種學制，一旦採用，對我國教育改革有何效益？

彰化師範大學・教研所

八十五年度

1. 解釋術語：
   (1)癸卯學制
   (2)教育機會均等
   (3)桑代克（E. L. Thorndike）之學習律
   (4)教材之論理組織法
   (5)雙軌學制
2. 試述實在主義（Realism）知識論及其對教育之影響。
3. 試述形成美國教育行政制度之政治與經濟背景，及美國教育的特色。
4. 試闡述評鑑之意義與功能，及從事評鑑應注意之原則。

八十六年度

1. 解釋下述名詞：
   (1)反應型制約作用（respondent conditioning）
   (2)我族中心主義（ethnocentrism）
   (3)法國高等專門學校
   (4)教育計畫
   (5)部門劃分（departmentation）

2. 何謂心靈狀態說？此理論對於教育之影響如何，試申論之。

3. 近代以來，美、英、法三國教育行政專業化之發展趨勢如何？試述之。

4. 試說明教學模式（teaching model）之產生、意義與功能，並請詳述一般教學模式（the general model of instruction）之內容。

八十七年度

1. 試述重建主義哲學思想特質，再請說明其教育論點之教育目的、內容與方法。

2. 試述教育行政制度之主要類型，並請說明我國教育部行政運作情形。

3. 請說明學校制度（school system）之意義及類型，再請比較英、法兩國中等學校之學制，並評論其得失。

4. 請概要說明下列三位心理學家之理論或研究教育上的啟示與應用：

(1) L. Vygotsky 的「可能發展區」（zone of proximal development）

(2) B. J. Wenier 的歸因論（attribution theory）

(3) R. J. Sternberg 的多元智力理論。

高雄師範大學・教研所

八十年度

1. 您認為教師要成為一行專業，必需具備那些條件？根據這些條件，我國師範教育應如何改進？試分別申論之。

2. 近年來主要國家有那些重要的教育改革可供我國改進學校教育之參考？試列舉申論之。

3. 試據學者理論由權威的來源區分權威的類型；並據以探討一位校長應如何運用此等權威以有效推動校務。

4. 教學評量有何功能？目前國民中學的教學評量應如何改進，才能有效發揮此等功能？試申論之。

高雄師範大學‧成人教育所

八十二年度

1. 試就英國、美國及日本等三國,近年來最重要的教育改革各一項,分析其產生的背景並評述其改革內容。

八十三年度

1. 教育研究有所謂「量的研究」與「質的研究」,試舉例說明二者的意義及其不同之處。
2. 試闡明終生教育的理念,並根據這些理念,申論我國教育制度應該改進的地方。
3. 試用觀念分析觀點分析「人生歷程及教育歷程」。
4. 試用現代教育理論,分析說明「有教無類」與「因材施教」的主張,兩者是否有矛盾之處。

八十四年度

1. 試從多元文化觀點,申論我國學校教育應該改進的地方及途徑。
2. 教育研究中有所謂「質的研究」與「量的研究」,試說明其異同及優缺點。

八十五年度

1. 試分析我國近年來教育改革的背景及改革重點。

中正大學・教研所

八十五年度

1. 試從教育哲學、教育心理學及教育社會學觀點分析教育的個人功能及社會功能，並申論適合我國未來需要的教育目標。
2. 試比較我國、美國、英國高等教育學府入學選擇制度的改革動向。
3. 試列舉並簡述三種質的研究方法（qualitative method）。再就方法論（methodology）的角度評論質的研究方法在探究教育問題上的優越性與局限性。
4. 何謂多元文化主義（multiculturalism）？試論其相關理念在課程設計之蘊義。

八十六年度

1. 請從教育社會學的觀點論述「學校知識」之社會學基礎。
2. 請說明「教育評鑑」的「意義」與「標準」，並加以評述。
3. 有人將教學比喻成表演（performance）；教師就像是一位演員，或導演，或樂團指揮，或文藝作家等藝術工作者。請從「教學」這個觀點，說明與評論這一種隱喻

（metaphor）的意義。

4. 試以「教師」或是與教師有關的題材爲範圍，首先設想一個具體的研究主題或題目，再分別從質性（qualitative）與量化（quantitative）兩種研究取向，說明如何進行該研究（請強調研究設計部份）。

八十七年度

1. 請從「終身學習」觀點，說明「課程」之意義，並論述「課程」與「教學者」及「學習者」之間的教育關係。

2. 請從教育革新觀點，評述台灣地區目前所推動之國民中小學教育改革行動（例如「小班制教學示範計畫」或「國中常態編班」等）之特色與相關配套措施問題。

3. 試從「教育與社會流動（social mobility）的關係」與「人力資本理論（human capital theory）兩個角度，論述教育的個人與社會功能。

4. 如何撰寫一份良好的教育研究計畫？試申論之，並說明、在撰寫學術論文時應遵循的原則。

中正大學‧成人教育所

八十二年度

1. 試為下列各教育學科下一定義，並簡要說明各學校與成人教育的關係：
   (1)教育哲學
   (2)教育心理學
   (3)教育社會學
   (4)比較教育
2. 試述教育目的、課程教材、教學方法、個人發展、社會文化之間的關係。
3. 我國在邁向開發國家的過程中，宜有何種教育政策？試申論之。
4. 試任擇一項教育理論或實際問題，擬提研究計畫。所提計畫應包括研究問題之定義與背景、研究動機與目的、研究範圍與限制、研究方法與步驟。

八十三年度

1. 試從哲學、社會學及心理學三種觀點分析我國師生關係的傳統及調整途徑。
2. 我國新師資培育法於二月七日公布，各級學校教師及各類

教育專業人員均將有新的培育管道。試評述此種改革的原因、可能發展趨勢及影響。

3. 試比較我國、美國、英國目前大學教育的特徵及發展趨勢。

4. 何謂多元文化教育？試說明其意義及發展趨勢。

八十四年度

1. 試(1)爲下列各項名詞下一定義，並提出代表各項名詞的主要指標；(2)說明各項名詞間的關係。

①經濟發展（economic development）

②文化發展（cultural development）

③教育發展（educational development）

④現代化（modernization）

2. 人格（personality）、角色（role）及價值（value）是科技整合的研究概念。試從教育哲學、教育心理學及教育社會學觀點分別予以說明，並指出不同領域觀點的獨特性及相關性。

3. 試說明補償教育（compensatory education）、教育優先區（educational priority areas）的起源、推動成效及發展趨勢。

4. 試分析社會科學研究中回溯研究（ex post factor research）及實驗研究（experimental research）的基本差別。

八十五年度

1. 試從教育哲學、教育心理學及教育社會學觀點分析教育的

個人功能及社會功能，並申論適合我國未來需要的教育目標。

2. 試比較我國、美國、英國高等教育學府入學選擇制度的改革動向。

3. 試列舉並簡述三種質的研究方法（qualitative method）。再就方法論（methodology）的角度評論質的研究方法在探究教育問題上的優越性與局限性。

4. 何謂多元文化主義（multiculturalism）？試論其相關理念在課程設計之蘊義。

八十六年度

1. 請從教育學的觀點論述「學校知識」之社會學基礎。

2. 請說明「教育評鑑」的「意義」與「標準」，並加以評述。

3. 有人將教學比喻成表演（performance）；教師就像是一位演員，或導演，或樂團指揮，或文藝作家等藝術工作者。請從「教學」這個觀點，說明與評論這一種隱喻（metaphor）的意義。

4. 試以「教師」或是與教師有關的題材為範圍，首先設想一個具體的研究主題或是題目，再分別從質性（qualitative）與量化（quantitative）兩種研究取向，說明如何進行該研究（請強調研究設計部份）。

八十七年度

1. 請從「終身學習」觀點，說明「課程」之意義，並論述

「課程」與「教學者」及「學習者」之間的教育關係。

2. 請從教育改革新觀點，評述台灣地區目前所推動之國民中小學教育改革行動（例如「小班制教學示範計畫」或「國中常態編班」等）之特色與相關配套措施問題。

3. 試從「教育與社會流動（social mobility）的關係」與「人力資本理論（human capital theory）」兩個角度，論述教育的個人與社會功能。

4. 如何撰寫一份良好的教育研究計畫？試申論之，並說明在撰寫學術論文時應遵循的原則。

成功大學‧教研所

八十五年度

1. 我國國民小學及國民中學課程標準總綱修定工作分別自民國七十七年十二月及七十八年展開，並陸續於民國八十二年、八十四年修訂完成並公布，試論述我國最新修訂公布之國民小學，國民中學課程標準的精神與特色。

2. 試討論閉鎖及開放型教育行政組織的架構，並進而申論我國教育行政改革的展望。

3. 團體輔導（Group Guidance）與團體諮商（Group Counseling）有何區別？試就成長團體與治療團體在下列八因素上闡述其區別：成員、人數、重點、主要目標、領導者、為時多久、每次時數及情境場所等。

4. 試就中美教育制度中的高等教育之任務作一比較。

八十六年度

1. 在學校教育過程中課程佔有重要的地位，課程負有傳遞文化及價值的功能，指引國家未來的發展方向，同時它也隱含某種意識型態。

   (1)請論述何謂「意識型態」？

   (2)課程與意識型態的關係為何？

(3)並評述現今有關中小學教科書意識型態的相關研究？

2. 各以一實證研究的例子為依據，論述結構功能論、衝突理論、及解釋學派在教育社會學上的應用、貢獻、與評價。

3. 當今台灣中小學學教育是否依循某一哲學觀？如果是的話，學校教育目標、課程內容、教學活動、與學習評量是否具體反映了此一哲學觀點？為什麼？您期望學校在教育目標、課程內容、教學活動、與學習評量上有什麼改變；換句話說，您認為理想的學校教育目標、課程內容、教學活動、與學習評量應以什麼哲學觀作為指導？

4. 試討論行為派、認知派、與人本派理論與方法在教育上的適用性，為什麼？

八十七年度

1. 中小學如何應用「全面品質管理（TQM）理論」來強化校務推動與教學革新，俾全面提昇教學品質？

2. 學校教評會成立與運作一年來各界看法互異，試就其組織功能及實際運作得失評析之，並簡述具體改進策略？

3. 分析與說明科學運動對課程發展的影響。

4. 任選下列一種教學法——協同教學法（Team teaching）或個別化教學法（Individualistic teaching）——說明其理論基礎、應用情境與實施策略。

台北市立師範學院・國教所

八十一年度

1. 專業精神是優良教師的必備的條件，請回答下列問題：
   (1)何謂「專業精神」？
   (2)如何培養教師的專業精神？
2. 美國布希政府最近提出「小學自由選校制度」和「實施全國標準化測驗」兩項新措施，請回答下列問題：
   (1)這兩項新措施是否適用於我國？原因何在？
   (2)這兩項新措施對我國初等教育有何啓示作用？
3. 請各以三點詳細說明孟子的教育哲學思想及在教學上的主張。
4. 請說明你如何應用斯金納（Skinner）、蓋聶（Gagne）和布魯納（Bruner）三者的教學理論於實際教學？

八十二年度

1. 選擇題：
   (1)試判斷下列陳述句（statement）何者較爲合理？
      ①教育思潮並不必然是一種教育哲學，但教育哲學可以成爲教育思潮。
      ②教育哲學即是教育思潮。

③教育理論即是教育哲學。

④教育理論或教育思潮必然要以哲學為基礎。

(2)有的哲學家（如 G. E. Moore）認為我們不能從事實的判斷（factual judgment）直接推到價值的判斷（valuative judgement），假如我們如此做的話，就犯了「自然的謬誤」（naturalistic fallacy）。試判斷下列陳述句何者犯了「自然的謬誤」。

①兒童和成人一樣享有「被尊重的權利」，所以在學校內不應有體罰。

②體罰是野蠻的行為，所以體罰是錯的。

③百分之九十的學生家長反對體罰，所以體罰是錯的。

④兒童有免於痛楚的權利，所以體罰是錯的。

(3)教育活動有其外在目的（extrinsic aims）也有其內在目的（intrinsic aims），試判斷下列陳述句中，何者闡述了教育活動的內在目的？

①教育活動的目的在於替社會培育有用的人才。

②教育活動的目的在於使受教者能夠體認到真、善、美。

③教育活動的目的在於提高人力素質。

④教育活動的目的在於使學生有就業及就學的能力。

(4)那一種測驗方式，最適用於「精熟學習法」？

①常模參照測驗驗

②標準參照測驗

③性向測驗

④人格測驗

(5)要想瞭解學童的心理社會發展危機，那位學者的理論最有幫助？

①馬斯洛（A. Haslow）

②斯肯納（B. F. Skinner）

③班都拉（A. Bandura）

④艾立克遜（E. Erikson）

(6)對於學生問題行為之處理，人本心理學者主張：

①以學生立場來瞭解學生

②獎懲運用

③發揮教師的批判角色

④提示學生解決問題的策略

(7)下列各問題，那一個屬於擴散性思考（divergent thinking）的問題？

①瑞典的首都在那裡

②46＋75＝？

③求學與登山有何關係

④戰國十雄包括那些國家？

(8)象徵互動論（symbolic interationism）對於教育社會學的研究方法有許多貢獻，請選出下列正確的敍述：

①米德（G. H. Mead）認為自我觀念的發展是由「遊戲」中角色扮演而來。

②柯萊（G. H. Coolay）提出「情境定義」對人格發展的影響。

③象徵互動論認為人類互動的特質是可預期的。

④象徵互動論特別注重師生對班級情境的界定，尤重老

師的角色。

(9)．知識社會學（the sociology of knowledge）是教育
社會學研究的新領域，請選出其基本觀點：

①認為教育社會學應重「制度」與「人」兩方面的分
析。

②知識是社會建構的，故學生應接受此知識。

③常以功能論的觀點來分析學校課程。

④認為學校課程與社會組織有關，並反映權力關係。

(10)包里斯（S. Bowles）對於美國當代教育制度的分析引
起相當大的討論及影響。請選出其重要觀點：

①教育制度是提供中低階層向上流動的機會。

②強迫教育並未與都市化及經濟成長有直接關係，卻與
工廠生產方式有關。

③學校可消弭不同階級既有的不公平，並教導學生成為
循規蹈矩的公民。

④認為功績主義社會中，學校是甄選優秀人才最有效的
方法。

2.問答題：

(1)我們總希望在國民小學內學生所參與的活動都是教育活
動。可是，什麼是教育活動呢？試闡述教育活動所特有
的性質（characteristics）。

(2)動機是促進學習的重要因素，請舉述你常用的激勵學生
學習動機的五種方法，並說明其理論依據。

(3)試述和諧理論與衝突理論的特徵，並比較二者之異同。

八十三年度

1. 試就專業工作應具的特徵，分析我國目前小學教師專業化的程度。

2. 什麼是博雅教育（liberal education）？其哲學基礎爲何？

3. 假如荀子「人性本惡」的主張是對的，我們在教育活動上應採取何種作爲？

4. 何謂「有意義的學習」？如何幫助學童進行有意義的學習？

八十四年度

1. 問答題：

 (1)教學的概念與活動，可從不同角度加以分析、探討，試就社會學觀點，論述教學歷程及其內涵。

 (2)國民有受國民教育的權利暨義務，其理由何在？並試以此例來說明權利與義務之間的關係。

 (3)請舉述五種您最常用的班級秩序管理策略，並分別說明其理論依據。

2. 解釋名詞：

 (1)次級文化（subculture）

 (2)社會階層化（social stratification）

 (3)道德循規期（conventional morality）

 (4)同化與調適（assimilation and accommodation）

 (5)主觀與客觀

八十五年度

1. 問答題：

　(1)何謂習得無助感（learned helplessness）？教師要如何作爲才能幫助學童克服習得無助感？

　(2)一九七〇年代以後，教育社會學受到知識社會學（The sociology of knowledge）的影響，而有新的發展，試述知識社會學的基本觀點，以及對教育內容（課程）方面的衝擊。

　(3)規範倫理學中，目的論與義務論之主張如何，其優、缺點何在？試加以說明並申述其在教育上的應用。

2. 名詞解釋：

　(1)擴散性思考（divergent thinking）

　(2)心理社會危機（psychosocial crises）

　(3)鏡中自我（Looking-glass self）

　(4)潛在課程（hidden curriculum）

　(5)社會解組（social disorganization）

八十六年度

1. 解釋名詞：

　(1)智力多元論（theory of multiple intelligences）

　(2)學習遷移（transfer of learning）

　(3)符號暴力（symbolic violence）

　(4)大學（university）

2. 問答題：

(1)試述「社會學習理論」（social learning theory）的要
　　點及其在教育上的應用價值。

(2)何謂積極性的差別待遇（positive discrimination）？
　　試加以說明，並申述其與教育機會均等的關係？

(3)教育目標是教育活動的核心，教育目標的訂定通常立基
　　於我們對什麼是「理想的人」和「理想的社會」的認
　　定。試根據你對「理想的人」和「理想的社會」的看
　　法，幫國民教育訂立一個教育目標。

台中師範學院・國教所

八十一年度

1. 教育機會均等和提高教育品質如何相輔相成，試論之。
2. 教育哲學或教育思潮對教育政策和教育方法有何影響，試舉例說明之。
3. 試述未來「師資培育多元化」對師範教育和國小教育的可能影響。
4. 教育活動設計要考慮那些因素？

八十三年度

1. 試述師資培育法與師範教育的關係。
2. 試述學校教育應如何維持政治中立的立場。
3. 裴斯塔洛齊為何人？試述略其生平及對國民教育原理的看法。
4. 試述葛聶（R. M. Gagn'e）與布魯納（J. S. Bruner）理論在教學上的意義，並比較其理論之異同。

八十四年度

1. 試述中華民國憲法上有關教育的規定。
2. 試評述尼爾夏山學校的教育理念。

3. 試論新課程標準（民 82）的精神和特色。

4. 試論課程的社會基礎，並以我國國小課程為例，說明在其社會學基礎。

八十六年度

1. 影響課程實施成敗的因素有哪些？
   在課程實施的過程中，教師扮演何種角色？

2. 試從組織再造的觀點，說明在多元開放的社會環境中，我國的師範院校應如何調整發展方向，以因應變革年代的挑戰。

3. 試歸納過去教學研究所發現之影響學生學習成就的相關因素，並說明教師應如何掌控這些因素，以提高教學效果。

4. 何謂「家庭學校（home schooling）」，試論其基本理念。

嘉義師範學院・國教所

八十二年度

1. 我國傳統社會已逐漸飄逝，現代化大工藝的資訊社會，已形成一個嶄新的時代，試分析說明此一新時代思潮所依的哲學導向及所循的價值系統，並據此闡明國民教育改革應具的新觀點與策略。

2. 目前國民小學班級教學有那些困難及限制？小學老師應如何靈活運用有效的教學方法及策略，使班上學生均能接受適性教育，充分發揮潛能？請舉例說明之。

3. 試分析說明國小情境教學的基本原理及其實施要領。

4. 請以「空無課程」的概念檢視我國目前初等教育階段的課程，並說出你的看法。如果你是一位小學校長，你將如何安排及運用潛在課程及非正式課程來彌補這些缺失？

八十三年度

1. 請就最新修正發布（民國82年9月教育部修正發布）之國民小學課程標準的修訂精神及內容，說明初等教育之課程應如何因應社會變遷與教育發展之趨勢。

2. 試分析「教育愛」的內涵與特質，藉以探究國小實施愛的教育途徑。

3. 試述我國初等教育現存的問題，並根據時代需求及教育發展趨勢說明其改革方向。

4. 試述培養國小學童思考創造力的教學原則與教學策略。

八十四年度

1. 課程設計有目標模式及過程模式，請評論二者之優劣點，並說明施行時可能的限制。

2. 師資培育法公佈之後，對師範教育產生極大衝突，請分析有哪幾方面的衝擊並提出解決對策。

3. 試從教室哲學（classroom philosophy），分析小學班級經營的特質，並據此說明其實行運作的策略。

4. 現代小學教育發展的新取向，在於培育全人兒童（the whole child），以符應貫徹國民教育目標之需要，試依人文心理學（humanistic psychology）泰斗馬斯洛（A. H. Maslow）的見解，說明全人兒童的人格特徵及其教育原理。

八十五年度

1. 社會不斷在改變，當前社會的家庭、經濟、技術、文化等等層面已不同於往昔。試以上述的這些社會層面因素為依據，分析現代社會兒童的特質，再以兒童的特質為出發點，闡述初等教育的目標，以及初等教育在社會中應扮演的角色。

2. 說明科學化課程理論的重點？此理論有那些嚴重的問題？應如何補救？

3. 教育行政組織推行變革時常遭到部份教育人士或社會人士的抗拒，請說明遭到抗拒的原因？並說明如何消除或減少抗拒的方法？

4. 試從小學班級教學的特質，分析小學教師應具備的專業知能，並請依此提出你個人對於大學校院設立國小教育學程之課程內容的建議。

八十六年度

1. 教育理論「形式訓練說」與「教育萬能論」是否能折衷協調？試申己見。

2. 何謂「目標管理」？如何將它應用在國民中小學學校行政管理？

3. 請闡述您個人對於中小學的教育目的、教材選擇與組織、教學方式、及教學評量的看法，並請援引適當的理論來支持您的看法。

4. 在教育史上，種種教學的革新（如進步主義教育、1960年代的新數學和新自然科學運動、無圍牆學校等等）常不如預期的成效，您認為原因何在？試從社會方面、學校及教師方面，倡導改革者本身，以及新式教學法本身等四個層面來探討，並以這些探討為依據，歸納出成功的教學革新所應具備的條件。

台南師範學院‧國教所

八十一年度

1. 哲學與教育有何關係？申述之。
2. 現代化是開發中國家的指標，試問現代化過程中，教育具有何種任務？
3. 行政決定人員所面臨的問題情境有那些？理性的決定者應採何種標準針對面臨的情境作決定？
4. 解釋名詞：
   (1)文化學派
   (2)觀念分析學派
   (3)機會成本
   (4)角色衝突
   (5)效能（effectiveness）和效率（efficiency）

八十二年度

1. 學校行政經營與管理方法的科學化是必然的趨勢，請問：
   (1)何謂目標管理？其基本理念為何？
   (2)目標管理的實施程序為何？
   (3)目標管理的成功條件是什麼？
2. 要有效的管理一所學校必須認識學校行政組織的特性，請

問：

(1)學校行政組織的基本特性爲何？

(2)學校校長要推動學校行政的革新，要如何配合學校行政組織特性來推動？

(3)您能舉一個實例來說明如何進行學校行政的革新嗎？

3.教育的目的，或強調促進個體社會化，或重視個性發展，兩者有無矛盾？若有，則如何調適？若無，則理由何在？

4.從善惡的觀點論人性，人性與人格有無不同？人性論與教育有何關係？

5.解釋名詞：

(1)唯實論

(2)文化學派

(3)社會流動（social mobility）

(4)新興教育社會學（Sociology of Education）

(5)人本主義

(6)教師自我形象（self-image）

八十三年度

1.比較德育與羣育之異同。

2.三民主義的教育哲學亦爲現代教育思潮之一，分析之。

3.分析智慧與知識之先天與後天條件。

4.促進個人社會化的途徑很多，就社會觀點而言，其較顯著者有那些？

5.試述教師角色演變對於師範教育的影響。

6.有學者認爲教育是消費，有學者認爲教育是投資，試申述

個人的看法。

7. 請說明賀滋柏（F. Herzberg）的激勵保健理論（Motivator-hygiene Theory），並加以評述。

8. 請說明費德勒（F.E. Fiedler）的權變理論（Contingency Theory），並加以評述。

9. 學校的科層體制與教師的專業自主間易主衝突，如何減輕或避免衝突？試述之。

10. 解釋名詞：

(1)同儕團體（peer groups）

(2)杜威主張學校即社會

(3)公共形象（public-image）

八十四年度

1. 功利主義與嚴格主義對道德主張各有所偏，試調和之。

2. 如何塑造有利的學校文化？試申述之。

3. 從本質分析教育與民主政治的關係。

4. 試述影響教師社會地位低落的因素。

5. 解釋名詞：

(1)現象學

(2)存在主義

(3)觀念分析學派

(4)參照權（reference power）

(5)鬆散聯接系統（loosely coupled system）

(6)控制幅度（span of control）

八十五年度

1. 試論通識教育（general education）與文雅教育（liberal education），並比較兩者的異同。

2. 「人是理性的動物」，你同意此一論點否？試從教育哲學的觀點申論之。

3. 試述賽蒙（Simon, H.A.）的決策理論，並說明如何應用在學校行政上。

4. 動機理論有不少派別，您覺得哪一種理論在激發教師的教學及工作動機最有效？試說明之。

5. 教育知識社會學主要研究的內容是什麼？請舉學者的研究加以說明。

6. 解釋名詞：

　(1)贊助性流動（sponsored mobility）

　(2)文化資本（cultural capital）

暨南大學・比較教育所

八十年度

1.「教育是使人成爲人的歷程」試從哲學心理學及社會學的觀點加以衍釋並評論之。
2. 試界定教育學的內涵與範圍，又當前我國教育學的研究有何缺失，如何改進？
3. 說明「學制」的意義，及現代學制的發展趨勢。
4. 從英、法、美三國的哲學傳統，比較該三國的課程理論。

八十五年度

1. 試述教育學的重要內涵與性質，並論如何建立教育學使其成爲一門嚴謹的學科。
2.「We teach children, not subjects.」Discuss.（可用中文作答）
3. 教育部年來推動「教育優先區」及「綜合中學」等教育改革措施，請說明兩者的意義、理論依據和預期達致的成果，並申論其可能的實施困難及解決之道。
4. 教育研究趨勢可大致分爲量的研究及質的研究，請就理論與實際兩個層面申論兩者之優缺點。

八十六年度

1. 請就當前比較教育研究的主要趨勢與成果，論述比較教育對於教育學建構成為一門嚴謹學科的可能貢獻。

2. 今日教育的中心問題可說是人格養成的問題，請具體說明我國學校道德教育應該如何因應文化多元、價值多元的後現代社會。

3. 教育改革中有「由上而下」（top-down）與「由下而上」（bottom-up）的改革模式，所指為何？請舉實例並說明之。這兩種改革模式有什麼哲學、心理學、行政學的理論依據。

4. 簡答下列問題：

   (1)「準實驗設計」與「實驗設計」有何差異？

   (2)「質的研究」與「量的研究」有何差異？

   (3)「local board of education」與「school board」有何差異？

   (4)何謂「分析單位」（unit of analysis）？

暨南大學‧教育行政所

八十六年度

1. 教育的本質是什麼？試評析之。
2. 試說明學校倫理的重要性，並研提建立現代學校倫理的策略。
3. 試申論民主教育的內涵及其重要原則。
4. 當前我國教師地位是否日漸低落？試就教育專業的特性加以評析。

花蓮師範學院‧多元文化教育所

八十五年度

1. 在某所學校中，有些老師較強調以學生的自由興趣爲中心的理念，有些老師則偏重以老師的權威指導爲中心的理念，若你是這個學校的校長，你會如何整合教育理念歧異的教師羣？
2. 民國成立後，第一任教育總長（相當於今日的教育部長）蔡元培曾提出那些新理念及採取那些新政策改造清末所留下的學校系統，以使教育體系產生將帝國型態之中國催化爲民國型態之中國的功能？試評述之？
3. 課程是學校教育的主要內涵，試說明課程的定義與結構，並闡述其對教育工作者的啓示。
4. 面臨廿一世紀的到來，當前我國中小學教育改革有哪些重要議題？請提出教育改革的具體可行途徑。

八十六年度

1. 試就多元文化教育起源的背景與發展過程，說明多元文化教育的意義與目的。並討論多元文化教育在我國當前社會之發展的可能性與方向。
2. 何謂行動研究法，它具有那些方法上的特性？試論這種研

究方法在改進學校教學的行動中將有那些價值與貢獻？

3. 教育與生活的關係密切，人類經驗中有「生活即教育」、「教育即為生活之預備」、與「教育即生活」等說法。請就當代人類的物質生活、精神生活、與羣體生活，論述教育與「理想的生活」之關係。

4. 在教育論述中，有人主張要針對處於「文化不利」（cultural deprived）的學童，施與「補償教育」（compensatory education）或給予補償性質的優惠待遇（compensatory discrimination）。但是有人認為這種措施會造成「標籤」（labeling）現象，而且有些優惠待遇（如降低入學時的錄取標準）可能會降低素質。試以有關學理評述此二觀點。

屏東師範學院・教研所

八十三年度

1. 行政管理，除了依據法令規章外，更要有具體管理措施，以激勵士氣，提高工作效率。目標管理（Management by Objectiues，簡稱MBO）是以目標理論為基礎的行政管理系統。試述其要點，及其在學校行政上的應用。

2. 生活教育為達成國民教育目標的基本教育設施。試述其內涵，並說明當前國民小學如何加強生活教育。

3. 課程定義有幾個大類型，其中之「課程是學科與教材」與「課程是經驗」的主張，你比較同意那一類？請參考其重要主張（或特徵）說明你做此選擇的理由。

4. 目前社會變遷快速，大家都很重視在小學實施「創造性教學」。請你說明你對「創造性教學」的重要性之看法。其次，你打算怎樣去實施它呢？

5. 何謂概念？何謂概念分析？概念為什麼需要分析？試分別舉例說明之。

八十四年度

1. 鄉土教育與地球村教育是否衝突？如何調和？試就自己的看法說明之。

2. 有人主張「教育即對話」，試就該主張評述之。

3. 基於社會正義之要求，「教育機會均等」乃成了各國努力的目標。請你依我國憲法之規定，以說明我國目前有關促進教育機會均等的實際措施，及應加強之處。

4. 「有怎樣校長，就有怎樣的學校」，此句話道出了一位領導者對組織的重要性。現在假定你是一所二十四班規模的國民小學校長，請你申述如何才能有效的提升學校的領導效能？請就相關的領導理論以說明之。

八十五年度

1. 何謂「教育鬆綁」？我國現行國民教育體制中哪些地方應該鬆？哪些應該綁？試說明之。

2. 現行國民小學課程標準已由教育部修正公布，即將自八十五學年度起逐年實施，請問此次修正之基本理念為何？身為國民教育工作者應如何貫徹之。

3. 身為國民小學教師，好的教學（good teaching）應包含那些要素？

4. 杜威（Dewey）說：「教育乃是生長，也是經驗的改造與重組的歷程。」根據這句話的意義，國小教師在教育工作與態度上如何因應環境的變遷，迎接二十一世紀的來臨。

八十六年度

1. 許多教育活動均具有其哲學基礎，請自初等教育的目標、課程、教學方法與訓育等層面，分別各舉一例，說明其所

植基之哲學理論為何？

2. 請從比較教育的觀點，說明當前世界主要國家初等教育的發展趨勢。

3. 蘇格拉底以反詰法教育學生，俗稱「產婆術」；我國古代《禮記‧學記篇》謂：「善待問者，如撞鐘，扣之以小者則小鳴，扣之以大者則大鳴，待其從容，然後盡其聲。」故有「撞鐘術」之名，請從各角度詳細比較此二術之優劣。

4. 行政院教育改革審議委員會自民國八十三年九月廿一日掛牌運作，至民國八十五年十二月提出「教育改革總諮議報告書」後，已功成身退，試就該會之成就與缺憾，條列評論之。

二、中西教育史

師範大學・教研所

六十八年度

1. 比較我國宋代書院與西洋中世紀興起之大學的異同及其對於後世的影響。
2. 簡述清末興辦新教育的時代背景及其得失。
3. 西洋教育發展史上有那些特徵異於中國教育史，試舉實例說明之。
4. 教育家康米紐斯（Johann Amos Comenius 1592～1670）在教育史上有何貢獻？試說明之。

六十九年度

1. 宋儒言性，分天命、氣質為二，其義及對於教育的影響各如何？
2. 試述三代學校教育的設施概況。
3. 試就教育史實，說明並評述羅馬人如何迎拒希臘文化的教育，以及基督教如何迎拒希臘羅馬之文化與教育。
4. 歐美首先注重研究所教育的是那些大學，它們的共同特色是什麼？

七十年度

1. 漢武帝時董仲舒對策所建議之教育政策為何？對後世之影響又如何？
2. 孟荀的人性觀點相異，其據此而建立的教育學說有何不同？
3. 在教育史上占有地位的教育家約可分為兩類：一是從事教育學理研究而有獨到見解者，一是實際從事教育工作而熱忱感人者。試以西洋教育史為例，各舉一位教育家說明之。
4. 體罰是自古以來即存在的教育史實，西洋教育史上有不少一流的教育者，討論此一問題。試就所知，評述他們的觀點。

七十二年度

1. 漢代的太學及宋代的書院在中國教育史上的意義及其地位？
2. 比較朱陸教育思想的異同？王陽明在此場爭執中所持立場如何？
3. 新教改革對國民教育的影響？並述國民教育的重點。
4. 舉一經驗主義的大教育家在實際教育上的教育方式？

七十三年度

1. 先秦養士之風盛行，試從教育的觀點，論述其作用及功能。

2.簡述宋元明三代書院的發展，並比較其設施。

3.試比較並評述康米紐斯及盧梭對學制的主張。

4.說明歐洲教育史上地方語文（各國現代語）的發展經過。

七十四年度

1.科舉盛行我國千餘年，試檢討其原因，並略述其對於政
　治、社會、文化與教育的影響。

2.試述清末民初（1897～1922）的師範教育設施並評論其得
　失。

3.分析盧梭《愛彌兒》一書的架構及要點，並略述此書在教育
　思想史上的創新地位。

4.敍述十八世紀中葉迄十九世紀初葉英國上層社會人士倡導
　貧童教育的用意，並略述其實際倡導的若干貧童學校運
　動。

七十五年度

1.我國傳統的大學教育，自漢武帝創設太學，其形式與內
　容，歷朝均有所變更，試略述其經過及其所顯示的意義。

2.或謂清初顏李學派的教育思想，與現代美洲的實驗主義不
　謀而合，其內容大要與二者之異同各如何？

3.文藝復興運動表現在「文化」上的有那些重要層面？表現
　在「教育」上的又有那些層面？爲何會有此種差別？

4.從教育革新之激進度而言，盧梭似同柏拉圖，試說明此二
　重要教育思想家在這方面的相同主張。

七十六年度

1. 明代國子監的教育設施甚爲完善，試略述其內容並評論其得失。
2. 先秦與兩宋爲我國教育思想的興盛時期，各有何時代背景與特色？
3. 西洋教育史上所稱之古代大學，中世紀大學及現代化大學各是指什麼？彼此之間有什麼重大差別？
4. 德國教育哲學家赫爾巴特（J. Herbart. 1776～1842）所提倡的「多方面興趣」，其意義何在？在教育上有什麼應用？

七十七年度

1. 北宋教育曾有三次改革，各由何人倡議？改革的內容大要若何？
2. 試述清末興辦新教育的時代背景。
3. 教育史家稱斐斯洛齊（J. H. Prestalozzi, 1746～1872）的學說及行誼，以「intuition」（直觀）爲核心，試問理由何在？（各從「智育」及「德育」詳述之）
4. 柏拉圖（Plato）及亞里斯多德（Aristotle）各有實際敎學活動及場所，試述其大要並比較其異同。

七十八年度

1. 南北朝時期學校教育頗多新猷，試自制度與內容略述其要。

2. 試據民元教育宗旨，析論蔡元培之教育思想。

3. 試就十六世紀英國教育家 Richard Mukaster 所提出的下列三句口號說明當時歐洲教育的改革傾向。

I love Rome, but London better,

I fever Italy, but England more,

I honor the Latin, but worship the English.

4. 由中世紀的大學稱為「母大學」（mother university）來說明中世紀大學對教育的貢獻。

七十九年度

1. 先秦時期何以盛行養士之風？其於教育之意義與影響各如何？

2. 試據董仲舒之生平事蹟與思想論述其在中國教育史之地位。

3. 德國柏林大學成立於西元十九世紀，其成立的背景及旨趣何在？有何特色？對後世的影響如何？

4. 國內學前教育，有人倡導蒙特梭利（Maria Montessori 1952）教學法，試述蒙氏主要教育見解，並予以評論。

八十年度

1. 教育應重視自然發展或文化陶冶？試就老莊與孔孟之論點加以比較評析之。

2. 試述墨家的哲學思想並論其教育涵義。

3. 羅馬人所使用的拉丁，相對於希臘語文而言，是一種「母語」或「方言」；英國人所使用的英語，相較於拉丁而

言，也是一種「母語」或「方言」。但拉丁的普及性大於
希臘，英語的普及性也大於拉丁，試說明教育史上此種發
展的狀況及其在教育史上的意義。

4. 本世紀二、三十年代，在美國學術界掀起「教育科目」大
論戰，試問原因何在？

八十一年度

1. 三代登庸人材的制度「貢士」與「興賢」，是異同與優劣
得失各如何？

2. 陸王「心學」可以上溯孟子，其間淵源遞嬗可得而述否？

3. 西洋教育史的發展，大致可分爲那些時期？每一時期請介
紹一位教育思想家對於教育目的的主張，以說明西洋在
「教育目的」的演變情形。

4. 解釋或說明下列各題：

(1)中世紀大學的特權

(2)十八世紀法國啓蒙運動

(3)德國的「哈勒學園」（Halle Paedagogium）

(4)美國進步教育運動

(5)英國的巴特勒法案（Butler Education Act）

八十二年度

1. 科舉在中國施行一千餘年，試略述其演變情形及其與學校
教育消長之關係。

2. 試自王陽明的「四句教」析論其教育思想。

3. 試說明西方中古修道院的制度及其在教育、文化及社會方

面的重要貢獻。

4. 何謂「派代亞」（Paideia）？美國「派代亞計畫」（the Paideia proposal）背景為何？實施要點為何？試分別說明之。

八十三年度

1. 試述我國現代師資培育制度的演進與變革，並評論其得失。

2. 張載主張學貴「變化氣質」，其理論依據為何？

3. 新大學法及新師資培育法公布後，影響師範教育之發展頗鉅，請說明歐美的師範教育演進史，各就：(1)師資培育機構單獨設立及(2)師資機構不單獨設立之背景予以說明。

4. 蘇格拉底之教學方法，教育史上稱為「產婆術」（maieutics）；福祿貝爾之教育理念，教育史家稱為「開展」（unfolding），試問二者有何理論上的相通處。

八十四年度

1. 試論漢代的太學在中國教育史上所顯示的意義。

2. 略述宋代理學興起的原因及其中心論題。

3. 何謂「消極教育」（negative education）？試從歷史、文化教育的觀點，分別說明其重要意旨。

4. 十九世紀歐洲各國學制，多為雙軌制，試闡明其形成的歷史背景，並說明二十世紀英、德、法三國制統一的重要措施。

八十五年度

1. 解釋下列「中」、「西」名詞：

  (1)博士

  (2)四學制

  (3)上庠

  (4)三舍法

  (5)世界觀教育

  (6)Guild

  (7)Lyceum

  (8)Renaissance

  (9)Pragmatism

  (10)Philanthropium

2. 試述下列人物的教育事蹟與教育主張。

  (1)Plato（427～347 B.C.）

  (2)Amos Comenius（1592～1671）

  (3)顏習齋

  (4)胡瑗

3. 請評議漢朝的太學與選舉制度及其對兩漢學風的影響。

4. 試評述二十世紀的西方教育，在民主運動與教育的互動關
係下的發展與影響。

八十六年度

1. 試比較下列八組名詞：

  (1)國學——鄉學

　　(2)選舉制度──科舉制度

　　(3)中體西用──全盤西化

　　(4)Academy──Lyceum

　　(5)Franciscans──Dominicans

　　(6)Humanistic Realism──Social Realism

　　(7)六藝──Seven Liberal Arts

　　(8)宋代書院──Medieval University

2.顧亭林主張「博學以文」「行己有恥」和蔡元培提倡「思想自由」、「學術自由」，兩者在教育文化上的價值為何？請評述之。

3.試評議西方工業革命對歐美十九乃至二十世紀教育的影響。

八十七年度

1.是非題

　　(1)「染於蒼則蒼，染於黃則黃，所入者變其色亦變，∵∵故染不可不慎也。」由此可知荀子強調境教的重要。

　　(2)春秋戰國時代，「儒」乃指通六藝之士。

　　(3)漢文帝下詔求賢，景帝後選士制度逐漸完備。大體可分三類：

　　　①「賢良方正」

　　　②「孝廉茂才」

　　　③「博士弟子」

　　(4)宋代中央設專科性質的學校有律學、算學、書學、醫學、玄學、武學、畫學。

(5)中國大陸自一九七七年五月之後，教育上提出三個面向的發展，亦即面向中國、面向世界和面向未來。

(6)韓愈認為佛教與儒家的仁義道德相違背，加上當時佛寺佛徒太多，占有大量土地和財產，奪去很多勞動力，與世俗人民利益發生嚴重衝突，於是他極力排佛，振興儒術。

(7)元代許魯齋身感亡國之痛，覺悟謀生是為學做人的基礎，所以強調生產教育的價值，主張教育目的在治生。

(8)宋文帝在京師設四所大學，即「儒學」、「玄學」、「史學」、「文學」四個學館，這是中國大學分科的開始。

(9)清末的奏定學堂章程（1902 A.D.）和欽定學堂章程（1903 A.D.）都因滿清國祚告終而無由實施。

(10)宋明理學程朱派大將乃程顥、朱熹為代表，其宇宙觀是理、氣二元論，人生修養主繁鎖，窮理力行，為學主張由博而約。

(11)中世紀的寺院學校，是主教座堂所附設的學校，招收預備做教士者和一般俗人，年齡不拘，除宗教課程外，亦教授「七藝」。

(12)英吉利王亞佛勒大帝（Alfred the Great）振興文教設立宮廷學校，禮聘亞爾坤（Alcuin）為教席。

(13)上古羅馬的傳統教育有家庭和學校教育，「尊親」和「愛國」是其教育目的，使男子成為良好公民，女子成為賢妻良母。

(14)伊拉斯默（Erasmus）是文藝復興時代人文主義教育中

最有名的人物，他主張培養青年在思想上有「智慧」，使之能正確的判斷，語文上有「辯才」，使之有嚴正的表達。

⒂西元前四七九年（波希戰爭）至西元前三三六年（希臘亡於馬其頓）之間，希臘以雅典為中心，公共教育衰落，私人學校興起，「哲人」應運而生成為新興的教師。

⒃宗教改革時期，為要人人皆能研讀聖經，所以提倡國民教育。

⒄強調兒童本位的自然主義教育思想，在十九世紀落實生根，由此一思想延展出來的勞作教育，直觀教學，兒童研究，教育心理化等等主張，成為西洋教育重要的潮流。

⒅面對決速的社會變遷，西方先進國家已進入「後工業化社會」，於是存在主義的教育思想，成為教育因應的重要思想。

⒆德王費特烈‧威廉一世（F. William I）在一七六三年公佈普魯士學校法典，規定父母有責任送子女就學，奠定普國國民教育的基礎。

⒇十九世紀國家主義教育思想促進了西方國民教育的普及和公共教育制度的建立。

2.試比較下列二組名詞：

(1)經院哲學的唯實論，唯名論，概念論的基本主張。

(2)宗教改革的路德教派，加爾文教派，安立甘教派的教育主張。

3. 因應二十一世紀社會特點與變遷，行政院教育改革審議委員會於民國八十五年十二月總報告中提出教育現代化的五個方向，試請評議之。

4. 何以說十五、六世紀西洋有「復古」的思潮，其對教育的影響如何。請評述之。

政治大學・教研所

七十七年度

1. 何謂存在主義，其對教育的觀點如何？
2. 試述美國殖民時期高等教育之發展。
3. 試析述張之洞及梁啟超在教育方面的貢獻。
4. 試評述清末「中體西用」的教育思想，及民初「全盤西化」的教育思想。

七十八年度

1. 試述杜威（John Dewey 1859～1952）民主思想之本質。
2. 試述啟蒙運動的思想特質及其對教育之影響（The Enlightment-A Philosophical movement in the 18th century）。
3. 試就所知略述唐宋士大夫黨爭對於教育的影響。
4. 試述明代科舉制度的流弊，及其對學校教育的影響。

七十九年度

1. 試分述《大學》、《中庸》、《學記》中所包含的教育思想。
2. 試述魏南朝時期，「九品中正」的選士制度，對於教育的影響。

3. 試述赫爾巴特（Johann Friedrich Hutchins）教育思想之
　價值，並就己見評述之。
4. 美國教育家赫欽斯（Robert Maynard Hutchins）曾出任
　芝加哥大學（University of Chicago）校長。於任期內，
　積極倡導通才教育，與當時盛行之進步主義教育思想相拮
　抗。請詳述赫氏之教育理念並評論之。

八十年度

1. 目前歐美各國教育發展趨勢？原因何在？
2. 美國歷年來國家對國辦教育或國家教育政策之制定均持冷
　漠態度，析述其原因。
3. 試比較宋代濂洛關閩以何人為代表，其教育思想之異同。
4. 比較民初壬子癸丑學制及民國十一年學制之異同。

八十一年度

1. 試述清代中央及地方教育行政機關演進情形。
2. 試析述漢代董仲舒的教育思想，並申論其對後世的影響。
3. 歐洲中古大學所標舉的大學理念或理想是什麼？此種理念
　對當時及其後大學功能有何影響？又，此種傳統的大學理
　念在十九世紀中葉之後的歐美先進國家有何演變。
4. 請就康美紐斯（Comenius, J.A.）的教育主張及其影響，
　試評述他在西洋教育史上的地位或重要性。

八十二年度

1. 試就教育目的、教育內容、教學方法三方面申述孔子的教

育思想。

2. 試比較張之洞、嚴復、梁啓超、蔡元培、孫中山等教育學
   者對於中學、西學及女子教育方面所持的見解。

3. 在西洋教育發展史中，有關「教育目的」的主張常隨時代
   而變遷，請依序概述各時代主張之特色。

4. 就西洋近代「十五至十九世紀」教育科學化的發展趨勢而
   論，那些人的貢獻或影響較值得重視？爲什麼？

中正大學・教研所

八十六年度

1. 試述顧亭林的教育思想及其對於陸王學派思想的批判。
2. 我國於民國十六年曾試行「大學院」制度，請回答下述有關的問題：
   (1)何謂「大學院」制度？
   (2)此一制度係仿自哪一個國家？
   (3)此一制度施行不久及宣告失敗，其原因何在？
3. 在盧梭（J.J.Rousseau, 1712～1778）的自然主義教育思想中，兒童並非成人的縮影，請依此論點論述盧梭對各階段教育重點之看法，及其對教育的主要論點。
4. 是比較說明希臘時期的「古代大學」、中世紀時期的「中古大學（medievaluniversity）」，以及近代時期的「美國現代化大學（modern American university）」之特色及其異同。

八十七年度

1. 說明漢代大學制度中有關師資、學生、課程、教學、和考核的詳細情形。
2. 請就教育目的、品德修養、學習原理、學教方法、和教育

功效五方面，說明荀子的教育思想。

3. 裴斯泰洛齊（ Jean H. Pestalozzi 1746～1827 ）的教育思想深受盧梭（ Jean-Jacques Rousseau 1712～1778 ）的影響，試述(1)裴斯泰洛齊對於教育的主張，及(2)其與盧梭教育觀點之差異。

4. 試述宗教改革運動(1)的起因、(2)對於平民教育的主張、及(3)對於教師地位的主張。

高雄師範大學・教研所

七十五年度

1. 清末（1862～1911）採行新教育制度之動機及經過若何？
   試分別言之。
2. 對於人文主義教育的內容，仍主保留的「人文的實在論」
   （Hunanistic Realism）。
   (1)其共同主張為何？
   (2)其有力的代表為誰？有何著作？
3. 中國傳國子學及太學，起於何時？盛於何時？西方現代大
   學的起源又是如何？請分別予以說明之。再者，中國傳統
   的國子學及太學，在組織型態及課程內容上面，與西方大
   學的早期情況，有何歧異之處。
4. 請選取教育哲學的一個學派或一個具有代表性的思想家，
   而說明其知識論、道德論、教育目的論與教育方法論，並
   予以評論之。

七十七年度

1. 老子之中心思想為「道」，其所強論之「教育宗旨」為
   「弘道明德」。此「弘道明德」之意義若何？試闡釋之。
2. 中世紀「歐洲學」運動之「勃興」背景，及其「傳播」情

形若何？其於世界教育史上有何特殊「功績」？

3. 柯門紐斯、赫爾巴特、洛克、培根及盧梭等儒，對於知識與教育，有何共同的觀點？請討論之。

4. 漢、隋、唐、宋四代的教育行政及學校教育有何具體的特色？請比較分析。

七十八年度

1. 請說明我國科舉制度的沿革，及其與任官制度的關係。又請評論傳統科舉制度的社會的功能，而具體列舉其正面的貢獻與負面的影響。

2. 第二次大戰以後新興的當代哲學，對於教育的思想與實際，有其重要的涵義或影響。請就您所知而討論。

3. 請比較說明中、西大學的興起、功能、及大學生的角色。

4. 請以杜威（John Dewey）之教育目的觀，分析孔子、老子對教育歷程的看法。

八十年度

1. 請就您所知，簡要地說明，我國傳統的學校制度及選士制度，並討論二者的關聯及功過。

2. 實驗主義及存在主義為本世紀的重要哲學運動。請討論此二主義的哲學與教育。

3. 科技發展對人文的威脅，議論者甚多，並有藉教育實施化解此種危機者。試舉中西教育史實，闡明化解之道及其限制。

4. 請依知識論觀點，詮釋下列主張：

(1)物理不外于吾心，外吾心而求物理，無物理矣！

(2)知無體，以物爲體。：：人心雖靈，非玩東玩西，靈無由施也。

東華大學・教研所

八十五年度

1. 試舉中國先秦時代著名的批判性思想家，說明他對古代社會文化的批評與省思，並舉出此種想法在現代教育改革上的啓發。
2. 中國古代有六經和六藝的教育內容，希臘、羅馬的傳統中則有七藝教育之說。試分別就其歷史根源、大致內容，並比較其異同。
3. 美育在古代是全人教育，如今則成爲五育中不可或缺的部分，試分析美育思想的歷史背景，代表性經典著作，並比較中、西美育觀念之異同。
4. 試簡述歐洲雙軌學制形成的歷史文化背景，漫長過程，以及其對日後的重大影響。

高考

七十五年度

1. 我國選士創始於西周，至漢代業已確立，試述漢代選士制度的大要及其特色。
2. 試分別各舉一位代表人物說明我國近代「中體西用」，「中西兼通」，「融會中西」三種類型的教育思想之特徵。
3. 試述英國公學的起源與演變。
4. 福祿貝爾的教育思想中充滿著神祕的宗教色彩，試以他的幼稚園教育觀念實際措施加以說明。

七十六年度

1. 試就我國私立小學發展背景，分析說明之。
2. 試分析說明我國兩宋學派及黨爭對學校制度與教育實際產生之影響。
3. 請就西洋國家主義思想的發展，評述其對教育的影響。
4. 自幼兒教育發展趨勢，申論我國幼教行政上應有的改革。

七十七年度

1. 試說明京師大學堂章程頒布的歷史背景、主要內容，及其

在新教育制度發展上的意義。

2. 試分析漢武帝「獨尊儒術」的眞義，及其對中國教育學術發展所造成的影響。

3. 解釋名詞：

　　(1)Aristotle（B.C.384～322）

　　(2)Marcus Fabius Quintilian（35～86）

　　(3)La Salle（1651～1719）

　　(4)Wolfgang Ratke（1571～1635）

　　(5)Johann Heinrich Pestalozzi（1746～1827）

4. 試述文藝復興、啓蒙運動、產業革命等史實在西方教育史上的意義及影響。

七十八年度

1. 兩宋的學術風氣有什麼特色？對當時與後代具有那些啓發性的影響。

2. 先秦私學興起的原因爲何？私學興盛在教育發展的歷程中有那些意義或價值？

3. 試比較雅典與斯巴達教育的異同。

4. 解釋名詞：

　　(1)七藝（Seven Liberal Arts）

　　(2)人文主義（Humanism）

　　(3)法蘭斯・培根（Francis Bacon）

　　(4)愛彌兒（Emile）

　　(5)耶魯報告書（The Yale Report, 1828）

七十九年度

1. 說明魏晉南北朝選士制度對教育的影響。
2. 我們常說孔子主張「因材施教」，有何證據？請從論語中任舉三例加以說明。
3. 詳析英國貧民教育家蘭開斯特與貝爾的論爭。
4. 試申柏拉圖《理想國》中教育機會均等的理念。

八十年度

1. 試以北宋三次教育改革爲例，說明政治、經濟因素對教育發展的影響。
2. 請說明《禮記・學記篇》的教育觀點並評述之。
3. 試比較雅典與斯巴達的教育，在教育目的、課程內容和教學方法的異同。
4. 試說明下列人物在西洋教育史上的地位或價值。
   (1)培根（Francis Bacon, 1561～1626）
   (2)洛克（John Locke, 1632～1704）
   (3)紐曼（J. C. Newman, 1801～1890）
   (4)洪保德（B. W. Hunboldt, 1767～1835）
   (5)蘭開斯特（Joseph Lancester, 1778～1835）

八十一年度

1. 中國教師的地位較西方爲尊崇；西方大學學術獨立的風氣較中國爲貫徹，試就中西方的歷史傳統及社會文化背景分別予以申述。

2. 東、西方在中世紀前後有修道院（Monastery）教育，試就中國隋唐之時的山林寺院教育作一異同的比較。

3. 我國教育家陶行知的教育思想雖深受杜威（John Deway）的影響，然亦多創新。試比較陶行知所主張的「生活即教育，社會即學校」與杜威所倡導的「教育即生活，學校即社會」教育理念的異同。

4. 何謂「級（班）長制」（Monitorial System）的教學，試述其起源及其發展。中國於何時？由何人亦創有類似的制度教學，並說明當時教學的梗概。

八十二年度

1. 試以北宋三次教育改革為例，說明政治、經濟因素對教育發展的影響。

2. 試述「顏李之學」的代表人物及其教育思想之重要內容。

3. 試述中世紀大學的興起，教學活動及其影響。

4. 試說培根（Francis Bacon, 1561～1626）在西方唯實思想發展上的貢獻；唯實教育思想有何重要主張？

八十三年度

1. 希臘與羅馬的教育理想有何不同？試闡明之。

2. 試述杜威（J. Dewey, 1859～1952）試驗主義教育思想之主要觀點。

3. 漢代用選舉擢用人才，試問選舉的方式有幾種？實施的辦法又如何？

4. 試述顧亭林（顧炎武）對教育目的及求學方法方面所持的

精闢見解，並申述顧氏對晚明理學及科學制度所作的批評。

八十四年度

1. 試以現代教學原理，分析我國古代「時然後教」與「揠苗助長」的涵義，並評論其得失。
2. 魏晉南北朝政局紛亂，但在文化傳播方面卻有一些意外的收穫，試舉事實說明。
3. 下列人物對西方教育有何重要貢獻？影響若何？
   (1)Philip Melanchthon（1497～1560）
   (2)Johann Sturm（1507～1589）
   (3)John Knox（1505～1572）
4. 中世紀基督教會有哪些文教活動？其貢獻何在，試說明之。

八十五年度

1. 孟、荀同為儒家，何以其言教育，一主「求其放心」，一主「化性起偽」？
2. 試比較說明兩漢與魏晉南北朝的學風。
3. 皮亞傑（Jean Piaget. 1896～1980）為本世紀重要心理學家及教育學家，主張「發展結構主義」（Genetic Structuralism），試闡述其理論對於課程設計有何涵義？
4. UNESCO 是何組織的簡稱？其組織成立之任務與宗旨為何？對世界教育文化發展有何貢獻？

八十六年度

1. 明代王陽明主張「心即理」，認為教育的作用在「致良知」，試申其義。
2. 董仲舒對策，凡所建言，對於當時的教育設施有何影響？
3. 蒙特梭利（M. Montessori, 1870～1952）為現代幼兒教育理論與實踐的先驅者，試說明其學說與現代幼兒發展和教學理論之關係。
4. 在古代羅馬時期，最重要的思想家是誰？他的教育主張是什麼？試加說明之。

高等檢定考試

八十四年度

1. 解釋名詞：
   (1)大學中三綱領、八條目
   (2)中體西用
   (3)正蒙
   (4)三舍法
   (5)學記
2. 試述兩宋學術思想發達的原因。
3. 造成唐代學校教育盛衰之原因。
4. 試述清代咸豐以前反理學重致用的教育思想。

八十五年度

1. 教育史的體裁共有那幾種？那一種體裁是正統的教育史？
2. 教育實際的問題改進，為什麼要從教育史中去尋求指導的原則？
3. 試述宋代書院的性質、目標及其特點？並加以簡述之。
4. 試述孔子教育思想？其對後世有何貢獻？

基層乙等特考

八十一年度

1. 試述張居正在教育改革方面的重要主張。
2. 試述隋唐科舉制度，並加以批評。
3. 試述蘇格拉底「知德一致」的主張及其限制。
4. 十八世紀末以來西方世界因為其文化的優越型態，感覺到有一股強制的力量，讓他們將西方文明傳播到世界各地，此即英國人所謂的開化使命（Civilizing Mission）。西方國家開化使命中的教育活動，可以說是世界現代化過程中的一個核心部分，試申明西方開化使命思想中的主要因素。

八十四年度

1. 試從教育政策與學校制度兩方面，析論秦對於漢，隋對於唐之影響。
2. 斯巴達的教育有那些特色？
3. 試說明教育史研究的意義和功能。
4. 清朝顏習齋思想富有實用色彩，試與美國杜威之實驗主義比較之。

八十五年度

1. 簡述蘇格拉底（Socrates 470～399 B.C.）教育思想的重點。
2. 試述我國科舉制度起於何時？廢於何時？並請分析其利弊得失。
3. 試述明代學校制度及學術風氣對於後世的影響。
4. 一九六六年「聯合國教科文組織」於法國巴黎所宣示的「關於教師地位之建議」（Recommendation Concernig the Status of Teachers）為當前國際間有關教師權利義務等問題重要之文件，試述其內容重點及精神。

簡任升等考

八十四年度

1. 試比較日據時代與光復以後台灣地區之教育設施及其所產生的影響。

2. 戰後英國大力推行綜合中學（comprehensive school），其經驗可供我國試辦綜合中學之參考？

3. 漢代太學之設立在中國教育史上具有何種意義？

4. 試述柏拉圖（Plato）在其《共和國》（Republic）中的教育主張並評論其得失。

八十六年度

1. 顏元、戴震二人的主要教育思想爲何？請予以說明及評論。

2. 宋明學術思想有何特色？同一時代的書院教育之實況如何？請分別討論之。

3. 歐洲各國推行初等及中等普及教育之時代背景及重要貢獻爲何？請予以討論之。

4. 古代希臘三哲的主要教育思想爲何？請予以說明及評論。

退除役乙等特考

八十四年度

1. 試說明民國十一年新學制公布的背景及其學制概要。
2. 試說明我國科舉制度之起源。
3. 試說明美國單軌學制的產生及其發展。
4. 試說明西方中世紀大學的起源及其發展。

職訓局薦任現職人員任用資格考

八十四年度

1. 試分述清代中央及地方教育行政制度之演進情形。
2. 孟子性善說的根源爲何？對教育又有何影響？
3. 試說明西方人文主義思想產生的背景及其教育的理想。
4. 解釋下列名詞：
   (1)Catechism
   (2)Ciceronianism
   (3)Pedagogue
   (4)Academy
   (5)Quadrivium

三、教育研究法（含測驗與統計）

師範大學・教研所

八十一年度

1. 何謂受試者間受試者內「混合設計」？試舉一個二因子 ANOVA例子說明。

2. 各舉一例說明X^2統計法有那四種用途。

3. 解釋名詞：
   (1)多元共線性
   (2)變異數同質性假定
   (3)非次序性交互作用
   (4)σ 不偏估計數
   (5)第一類型錯誤

4.

	前測	後測
A	8	9
B	3	1
C	10	8
D	9	4
E	5	2
F	7	6
和	42	30

平方和	328	202
交乘和	243	
Y=	0.785	
$\overline{X}$	7.0	5.0
S	2.608	3.225

(1)前測之變異數為 $S^2 = \dfrac{(X-\overline{X})^2}{N-1}$ 求前測之SS＝？

(2)前、後測之共變數C＝？

(3)斜率b＝？

(4)前後測平均數差異顯著性考驗的t＝？

(5)單因子變異數分析下考驗F＝？

八十二年度

1. 名詞解釋：

(1)（STEM-AND-LEAF PLOT）

(2)向平均數迴歸（REGRESSION TO THE MEAN）

(3)考驗的強韌性（TEST RUBUSTNESS）

(4)事前正交比較（PRIORI ORTOGONAL CONTRASTS）

(5)中央極限定理（CENTRAL LIMIT THEOREM）

2. 試證皮爾遜（PERSON）積差相關的數值在＋1與-1之間。

3. 試說明X^2統計法獨立性考驗與同質性考驗相同與相異之處。

4. 根據心理學家的研究，國小三年級學童的智力分數與學業成績的相關為0.50，某教師在其服務的學校，隨機抽取國小三年級學生45人，求智力分數與學業成績的相關為0.40，他是否能說其服務學校國小三年級學生智力分數與學業成績之相關不是0.5呢？已知 $\alpha = 0.05$。

八十三年度

1. 名詞解釋：
   (1)五等第九分制
   (2)校正削弱（ correction for attenuation ）
   (3)文化公平測驗（ culture-fair test ）
   (4)學業性向（ scholastic aptitude ）
   (5)實徵計分（ empirical scoring ）
   (6)試題分析（ item analysis ）
   (7)評定量表（ rating scale ）
   (8)效度概化（ validity generalization ）
   (9)計分鑰（ scoring key ）
   (10)實作評量（ performance assessment ）
2. 校正與補充：
   (1)非語文測驗（ noverbal test ）就是作業測驗（ performance test ）。
   (2)比西量表或魏氏兒童智力量表智力等級分類具有診斷的意義。
   (3)依據教學前訂定的標準解釋測驗結果是標準參照測驗（ criterionreferenced test ）之必要條件。

3.問答題：

(1)寫出評鑑或選擇標準化測驗之資訊來源國內外各兩種。

(2)就①使用目的②測量技能類型③建立智效度之程序或方法說明成就測驗與性向測驗之不同處。

(3)使用百分等級和標準分數表示受試者，相對地位各有何優點？

(4)寫出中等學校測驗計畫所需測驗之優先順序。

4.計算題：

(1)利用下列數據，求 $\overline{X}$, $\overline{Y}$, S_x, S_y, a_{xy}, b_{xy}, Y_{xy}, S_{xy} 之值。

$N=25$, $\Sigma_X=40$, $\Sigma_Y=60$, $\Sigma_Y2=850$, $\Sigma_{XY}=456$

(2)茲由都市、城鎮、鄉村國中生中各隨機抽取若干名學生參加體能測驗，獲得下列數據，試據此作一變異分析摘要表，但不必作假設檢定。

都市樣本　　1.2,　0.9,　2.3,　2.9

城鎮樣本　　3.6,　3.2,　1.7,　2.7

鄉村樣本　　3.6,　1.9,　3.5

5.解釋名詞：

(1)正偏態

(2)亂數表

(3)質的變數

(4)最適合線

(5)列聯相關

(6)多重比較

(7)複相關

⑻拒絕區

⑼多因子實驗

⑽無母數統計

6.簡答題：

⑴使用迴歸分析進行統計處理，需符合那些基本的假定？

⑵推論統計有那些主要的範圍？

⑶敘述繪製次數分配圖的步驟。

⑷舉例說明良好的估計數所需具備的條件。

八十四年度

1.名詞解釋：

⑴常模（ norm ）

⑵切截分數（ cutting score ）

⑶標準化測驗（ standardized test ）

⑷百分位數帶（ percentile band ）

⑸新法考試（ new type examination ）

⑹點量表（ point scale ）

⑺反應定勢（ response sets ）

⑻系列思考量表（ sequential processing scale ）

⑼教育與心理測驗標準（ Standards for Educational and Psychological Testing ）

⑽累積文件評量（ assessment of protfolios ）

2.校正或補充說明：

⑴國民中學一年級新生應以智力測驗或成就測驗實施常態編班。

　⑵已知張生某智力測驗之實得智商是90，測量標準差爲
　　10，正確的解釋是：張生的眞實智商落入80至100的機
　　率爲68.26％。

　⑶某甲向某乙建議：托福考試可多考幾次，必要時可到補
　　習班補習，用最高分的成績單申請學校，但是研究生入
　　學測驗（GRE）則必須充分準備之後才參加考試，使
　　用第一次以後的成績單將不利於申請學校。

　⑷魏氏兒童智力量表中某些部分測驗（如常識測驗）開始
　　實施之題號因受試者之年齡不同而有差異，主要是爲了
　　省時。

　⑸各種人格測驗、特殊性向測驗、父母管敎態度測驗、學
　　習態度測驗在學校並無全面實施的必要。

　⑹假設某人研究使用學業性向測驗（SAT）甄選高中生
　　進入大學之可行性。結果發現這些錄取學生之學業性向
　　測驗分數之皮爾遜積差相關係數爲0.20，他認爲此係數
　　太低，因此建議不可以SAT作爲甄選高中生進入大學
　　之用。

3. 簡答題：

　⑴良好的集中量數應具備那些條件？

　⑵試作一簡圖，說明假設檢定中，犯第一、第二類型錯誤
　　機率的關係。

　⑶試以平均數爲例，說明區間估計的重要步驟。

　⑷利用電算機分析研究資料，有何優點及限制？

4. 解釋名詞：

　⑴事前非正交比較

(2)臨界值

(3)等分散性

(4)負相關

(5)期望次數

(6)重複量數

(7)單側檢定

(8)逐步迴歸分析

5. 計算題：

(1)已知$N＝49$, $\Sigma_x＝104.3700$, $\Sigma_x^2＝223.2489$

試求$\overline{X}$, SS_x, S_x^2, $S\overline{x}$，以及$S\overline{x}$之值。

(2)利用下列數據製作「共變數分析摘要表」，但不必作假設檢定。

都市樣本	共變量	3	1	2	4	3
	變量	5	2	4	3	6
城鎮樣本	共變量	4	3	2	6	5
	變量	13	11	10	12	12
鄉村樣本	共變量	10	6	12	10	7
	變量	14	11	15	12	12

八十六年度

1. 解釋名詞與比較異同：

(1)測驗（test）、量表（inventory）

(2)安置決定（placement decision）、分類決定（classifilcation decision）

(3)普通性向（general aptitude）、特殊性向（special aptitude）

(4)系統誤差（systematic error）、非系統誤差（unsystematic error）

(5)T分數（T-score）、T量表分數（T-scaled score）

(6)試題信度指數（item-reliability index）、試題效度指數（item-validity index）

(7)形成性測驗（formative test）、總結性測驗（summative test）

(8)古典真分數理論（classical true-score theory）、弱真分數理論（weak truescore theory）

2.問答題：

(1)寫出論文題評分原則六項。

(2)試從心理計量的觀點，說明學校段考題目要難度適中的理由三項。

(3)試述心理測驗在學生生涯輔導方面的功能。

3.請分別就投擲一枚均勻銅板（正面出現率為0.5）四次及投擲均勻銅板十六次的情況寫出其各自正面出現次數的二項分配並計算各自的平均數與標準差。又投擲另一枚銅板900次，有人聲稱此一銅板不均勻。請問當銅板正面出現次數是在多少時，均勻銅板的假設才會被拒絕（顯著水準為5％）。

4.請以期望值的觀念說明或算出以下的問題：

(1)五個選項的單選式選擇答錯倒扣四分之一的分數。

(2)四個選項的複選式選擇題（至少有一個選項是正確答

案）答錯，應倒扣多少分數？

5. 某國中一年級學生標準化智力測驗，其常模平均數爲500，標準差爲100。對某社區一個獨立且隨機的國中一年級學生樣本九十名，實施此一智力測驗，得到樣本平均數爲506.7。根據這個資料請問此社區國中一年級學生的智力測驗分數是否異於常模？前述假設考驗之虛無假設：H_0：$\mu = 500$；若對立假設：H_1：$\mu = 510$，請問統計考驗力（power）爲多少？若對立假設：H1：$\mu = 480$，那統計考驗力又是多少？

6. 某成就動機測量工具測得學生學習成就動機（X），得分爲-1(X＝-1)的是低成就動機者：得分0(X＝0)的是中等成就動機者；得分1(X＝1)的高等成就動機者。假設學理上母羣出現低成就動羣機者、中等成就動機者與高成就動機者的的比爲1:2:1。請問母羣X的平均數（μx）是多少？母羣的X標準差（σx）又是多少？從該母羣隨機取樣樣本數爲3的樣本，計算樣本的X平均數。請問樣本平均數的抽樣分配爲何？樣本平均數抽樣分配的平均數與標準差又爲何？

7. 請比較說明：

(1) 淨相關（partial correlation）與部分相關（part correlation）

(2) 點二系統相關（point-biserial correlation），二系列相關（biserial correlation）與多系列相關（ployserial correlation）。

政治大學‧教研所

八十一年度

1. 請根據美國心理學會出版手冊（publication manual of APA）回答下列問題：

    (1)何謂直接引用與間接引用，請各舉一例說明

    (2)寫研究報告後面的參考書目（references）時，書與期刊的寫法是否一樣，請舉例說明如何寫參考書目。

    (3)寫研究報告時，討論部份要寫些什麼？

2. 或如何使實證研究具有外效度？

3. 證明題：

    假設Y為依變項，X為自變項，$\overline{X}$和$\overline{Y}$分別為X和Y的平均數，Sx和Sy分別為X和Y的標準差。已知以X預測Y的預測線為$\overline{Y}=a+bX$，其中a為截距，b為迴歸係數。試以最小平方法（least squares），微積分（calculus）、最大近似值估計法（maximum likelihood estimation）、或貝氏估計法（Bayesion estimation）（任選一或二種方法皆可），證明：

$$\hat{b}=\frac{\Sigma XY-\dfrac{(\Sigma X)(\Sigma Y)}{N}}{\Sigma X^2-\dfrac{(\Sigma X)^2}{N}}（即迴歸係數的估計值）。$$

$\hat{a} = \overline{Y} - \hat{b}\overline{X}$（即迴歸線的截距估計值）

並且根據預測值 $\hat{Y} = \hat{a} + \hat{b}X$，及相關係數 r_{xy}，證明：

$S_{yx} = S_y\sqrt{1 - r^2_{xy}}$（即估計標準誤）。

4. 計算題：

已知去年度政大教育研究所碩士班入學考試共有123名考生報名，三科共同科目：教育研究法（代號①）、國文（代號②）、英文（代號③）？彼此間的預測迴歸係數恰好如下列對稱性矩陣中的元素所示（如：$b_{3 \cdot 2} = .80$ 即代表著以國文預測英文的迴歸係數）。試問國文、英文二者與教育研究法間之相關是否達 $\alpha = .05$ 的顯著差異，請考驗並說明之？

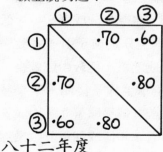

臨界點參考值：$x^2_{100} = 124.34; F_{1,100} = 3.94; F_{1,125} = 3.92; F_{3,100} = 2.70; F_{3,125} = 2.68; t_3 = 3.18; t_{60} = 2.00; t_{120} = 1.98; t_{100} = 1.96$

八十二年度

1. 「自變項」（independent variables）和「控制變項」（controlled variables）都是實驗者要加以控制的變項，但控制的目的不太一樣，其差別在那裡？

2. 在某家企業裡面，勞、資雙方正在談判，勞方希望提高薪資，也就是想說服資方說：「本企業的薪水偏低。」資方希望不調薪水，想說服勞方說：「我們的薪水不低。」統

計資料顯示，該企業的薪水略呈正偏態分配（N＝1萬人）。問：假如你是勞方代表，你會在衆數、中位數、和平均數之中選擇那一個做爲集中趨勢的代表數？爲什麼？假如你是資方代表呢？爲什麼？

3. 在一個 $\mu=100, \sigma=20$ 的標準化測驗裡，某生得90；問：直線轉換成 $\mu=500$，$\sigma=50$ 之後，該生分數應爲多少？

4. 已知X的變異量爲4.00，Y的變異量爲6.25，X和Y的共變量爲3.85，問：X和Y的積差相關，r_{xy}＝？

5. 根據前一題的資料，假如我們把X和Y兩套分數相加：Z＝X＋Y，試問：Z的變異量爲多少？

6. 某老師認爲，他的「引導式教學法」對高成就學生比較不利，對中成就學生沒有影響，對低成就學生比較有幫助。他給他班上的60個學生一個前測，將學生分成高、中、低三種成就組，然後親自對三組學生分別施予引導式教學（在不同教室進行）：他先教高成就組，再教中成就組，再教低成就組。全部教完後，給學生施予後測，結果發現：高成就組成分數果然降低（統計結果顯著），中成就組分數變化很小（統計結果不顯著），低成就組分數果然昇高（統計結果顯著），前、後測爲複本測驗。相關達.65。該老師認爲，他的假設得到支持。試批評老師的研究，並提出改進之道。

7. 選擇題：

(1)下列何者可以反應峯度（Kurtosis）的變化①一級動差；②二級動差；③三級動差；④四級動差。（動差：moment）

(2)令 X 的平均數、中數及眾數分別為 M, Md 和 Mo，則右列何者的值為最小？ ①$\Sigma(X-M)^2$ ②$\Sigma(X-Md)^2$ ③$\Sigma(X-Mo)^2$。

八十三年度

1. 在實驗設計中，隨機取樣（random sampling）與隨機分派（random assignment）的目的有何不同？

2. 在測量情境中，試舉一個「有信度而無效度」的例子（可為一個測量工具或一種測量方法），並簡要說明為什麼。

3. 在統計分析中，假定隨機取樣與測量程序都完成了，你會各自使用那一個統計方法來分析（或回答）下列研究問題？

   (1)受教育年數愈多的人，是否就業後的薪水（以元為單位）也愈高？

   (2)男生的薪水是否比女生的薪水高？

   (3)宗教信仰（分成佛教、回教、基督教及無宗教信仰四類）不同的人是否有不一樣高的薪水？

   (4)性別是否與宗教信仰有關（例如女生信教的比率是否比男生信教的比率高）？

   (5)男生之間的薪水差異程度是否比女生之間的薪水差異程度來得大？

4. 在科學哲學（Philosophy of science）中，下列各學說／派別／人物的主要觀點如何？試簡要敘述之。

   (1)邏輯實證論（logical positivism）。

   (2)Karl Popper 的否證論（falsificationism）。

(3)Thomas Kuhn對「科學革命的結構」之分析。

5.請扼要解釋下列名詞:

(1)action research

(2)meta-analysis

(3)naturalistic study

(4)quasi-experiment

(5)suppressor variable

6.試比較下列兩種實驗設計方法的異同?

(1)完全隨機化設計（completely randomized design）

(2)隨機化區組設計（randomized block design）

八十四年度

1.選擇題:

(1)教育民族誌是一種質的研究方法,採用此種方法進行研究時,必須具有什麼信念?

①為了客觀,應該儘量把所有的資料量化。

②為了避免干擾實驗效果或干擾所欲觀察的現象,最好不要讓觀察者與被觀察者互動。

③研究者應該儘量從被觀察者的角度與世界觀來理解與詮釋資料。

④在觀察與蒐集資料之前,應先將研究假設做得愈具體愈好,以便檢定。

⑤為了深度解釋,研究者應從歷史、社會及文化脈絡來瞭解被觀察者的語言與行為。

(2)已經知道變項X會影響變項Z,而且變項Y也會影響變

項Z，則我們可以預測什麼？

①X與Z應該有顯著相關。

②Y與Z應該有顯著相關。

③X與Y應該有顯著相關。

④X與Y之間應該互相獨立。

⑤無法做任何合理的推測。

(3)某甲從理論上認為：社會智力與語文智力並不相同，是二個獨特的能力，但是二者互相影響。他自編了一份社會智力測驗，並以傳統語文智力測驗為效標，進行效度考驗，下列那些（個）結果能做為他的自編測驗的良好效度證據？

①社會智力測驗分數與語文智力測驗分數有顯著的高相關（r＞.90, p＜.01）。

②兩個測驗分數之間有顯著的中度相關（r＝.45,p＜.01）。

③兩個測驗分數之間無關（r＝.08, p＞.05）。

④兩個測驗的信度都很高（係數高於.90）。

⑤男女在社會智力測驗分數上面有顯著的差異（t＝12.73, p＜.01）

(4)某甲從我國全部的大學生當中隨機抽取300人，調查他們的就讀學校（公立vs.私立），及其社經地位（高vs.中vs.低），得到結果如右表。根據此表資料，你能下什麼結論？

①就讀公立或私立大學與社經地位無

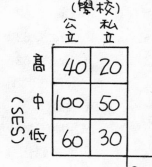

關。

②就讀公立或私立學校與社經地位有關。

③樣本太小，無法下任何結論。

④未給卡方（X^2）分配表，無法進行卡方考驗，故無法下任何結論。

⑤中等階級比高等階級子弟更有機會讀公立大學。

(5)你是一個統計諮商師，有人問你說：「我的自變項是性別，依變項是學習時間，請問我應該用那一種統計分析方法？」做為一個優秀的統計諮商師，你應該怎麼回答？

①「建議使用獨立樣本 t 考驗。」

②「建議使用相依樣本 t 考驗。」

③「建議使用獨立樣本變異數分析。」

④「建議使用相依樣本變異數分析。」

⑤「請問使點二系列相關。」

⑥「請問你的變項是如何測量得到的？」

(6)已知$r_{xy} = .62$, $z = 500 + 100X$, $c = 9$，則：

①$r_{xz} > .62$

②$r_{xz} = .62$

③$r_{xz} < .62$

④$r_{xc} < .62$

⑤無法判斷

2.申論題：

試說明(1)為什麼科學研究中比較喜歡「預測」，而不喜歡「事後歸因」？(2)就驗證理論或詮釋資料的功能來看，

　「事後歸因」有何優缺點？如何改進缺點？

3. 影響教育實驗的內外在效度之因素有那些？

4. 解釋名詞：

　　(1)分層取樣（ stratified sampling ）

　　(2)迴歸係數（ regression coefficient ）

　　(3)內部一致性信度（ internal consistency ）

　　(4)測驗的構念效度（ construct validity ）

　　(5)操作定義（ operational definition ）

八十五年度

1. 請敍述(1)ethnographic method（ 人種誌法或稱民俗誌法 ）。(2)action research（ 行動研究法 ）及(3)case study（ 個案研究法 ）的主要研究程序，並指出那些地方是科學所不能接受的，如何改，才能變成科學可以接受。

2. 一九九四年版的 APA（ American Psychological Association ） publication manual，在參考書目（ references ）的寫法上有作何修正？請舉一例說明之。

3. 某研究者想研究是否可透過訓練來提高智力，故進行為期一年的實驗。另外想知道訓練效果在男女生及不同年齡層是否相同，他安排了一個實驗設計，在訓練期間測了三次智力測驗（ 題目不同，但難度相當 ）。結果如表1，請用變異數分析的方法，寫出(1)變異數之源，(2)自由度，(3)離差的平方和（ Sum of squares ），(4)離差的均方（ Mean of squares ），(5)期望均方（ expected mean of squares ），及(6)F值的分子與分母項。除了自由度以外，

其他都不必寫出數值，只寫公式即可。自由度除寫公式以外，也請寫出數值。

表1　智力訓練的實驗結果（表中數值為智商分數）

受試者	測驗次		
男	I	II	III
國小一年級 n1	93	95	98
n2	99	99	110
國小三年級 n1	103	102	109
n2	110	111	123
國中一年級 n1	95	98	97
n2	121	125	134
高中一年級 n1	98	95	117
n2	115	119	119
女			
國小一年級 n1	102	103	110
n2	94	93	97
國小三年級 n1	109	118	120
n2	112	115	114
國中一年級 n1	92	93	91
n2	134	133	134
高中一年級 n1	101	107	106
n2	99	98	107

4.「解讀」題：請先閱讀下列一份研究摘要之後再簡答問題。

A large-scale experiment is described in which kindergarten students and teachers were randomly assigned to small and large classes within each participating school. Students remained in these classes for 2 years. At the end of each grade they were measured in reading and mathematics by standardlized and curriculum-based tests. The results are definitive:(1)a significant benefit accrues to students in reduced-size classes in both subject areas and(2)there is evidence that minority students in particular benefit from the smaller class environment, espacially when curriculum-based lests are used as the learning criteria. A longitudinal analysis of a portion of the sample tndicated that students in small classes outper form their peers in kindergarten classes of regular size and also gain more in readng outcomes during the second year. The question of wby these effects are realized remains largely unanswered, but in light of these findings, is particularly important to pursue.

（Source: Finn, J.D. & Achilles, C.M. （1990）, AERJ, 27（3）, p.557）

問：(1)這算不算一個實驗研究？爲什麼？

(2)本研究的自變項（獨立變項）是什麼？

(3)本研究的依變項是什麼？

(4)本研究是否有嚐試去控制干擾變項？你如何知道？

5.「解圖」題：

(1)假設你隨機取樣得十人爲樣本，並測得 X 與 Y 兩個變項，其積差相關係數爲 $r_{xy}=.71$（達 .05 顯著水準），其散佈圖如右圖。請問：

①你是不是會很有信心地認爲 X 與 Y 之間有正相關？爲什麼？

②你會如何處理圖右上方的那一個界外值（outlier）？

(2)有一個研究生在他的論文裡想瞭解「究竟教育會啓發或扼殺創造力」，他找出了國內外發表在學術期刊上的論文共24篇，每一篇都是實證研究，都根據其樣本估計出了「教育年限」與「創造力」之間的關係；他根據這24篇研究各自所抽樣本的人數及所估計的相關係數，繪成這24篇研究的散佈圖如右上方，試問：

①這散布圖的中間爲什麼是空的？請推測一個最可能的原因。

②此圖的中空部份及分佈外型爲什麼呈三角型、上窄下寬？

6.幾乎所有的研究方法，不論是質的研究或量的研究，都會強調「避免偏見」。請問：使一篇研究報告盡量減少偏見或避免偏見的最佳方法是什麼？

八十六年度

1. 選擇題：（含單選及複選）

　(1)下列敍述，何者正確？

　　①界定一個心理學構念（construct）的方式通常只有一個。

　　②心理測量乃植基於對行為的取樣。

　　③對行為的取樣導致測量誤差。

　　④心理測量的單位通常難以適當界定。

　　⑤心理測量的結果必須和其他變數有關係才能產生意義。

　(2)下列敍述，何者正確？

　　①假如對相關係數r_{xy}的統計考驗顯示 X 與 Y 之間有因果關係。

　　②假如我們對母羣普查取得資料，則統計考驗能幫助我們下更客觀的結論。

　　③樣本變小會增加第一類型錯誤率。

　　④顯著水準應該在計算統計結果之。

　　⑤顯著水準定得愈嚴時，統計考驗力（statistical power）就愈佳（其他條件恆定）

　(3)下列敍述何者正確？

　　①為了避免偏見，不宜在看到研究結果之前做出預測。

　　②為了避免主觀與偏見，盡量只呈現表，儘量減少或取消解釋。

　　③為了避免偏見，儘量不要受過去研究或文獻探討結果

　　　的影響。

　　④爲了避免偏見，儘量不要受理論立場或科學典範
　　　（paradigm）的影響。

　　⑤爲了避免偏見，盡量邀請其他研究者對自己的研究結
　　　果進行批判。

(4)請先閱讀下列研究摘要再回答問題：

後設認知訓練團體對國中英語
低閱讀能力學生之輔導效果研究

張寶珠（台北市立松山高中）

（中國心理學年會，民81）

　　　本研究主要目的在探討後設認知訓練團體對於增進國中
英語低閱讀能力學生的英語學習態度、閱讀理解能力、策略
性閱讀能力、後設認知經驗能力、後設認知知識能力、以及
學習策略遷移能力是否具有立即效果、持續效果，並探討其
對於國中英語低閱讀能力學生閱讀補救教學的可行性，以提
供學習輔導上的參考。

　　　研究所採取的後設認知訓練團體，主要結合後設認知策
略訓練和自我教導訓練，以團體方式進行。本研究以台北市
立瑠公國中三年級十八名英語低閱讀能力爲對象。實驗設計
採用籌組後測設計。所得資料以 t 統計法驗證假設。

　　　研究結果顯示：後設認知訓練團體對國中英語低閱讀能
力者，在故事體文章閱讀理解能力、策略性閱讀理解能力、
後設認知經驗能力、後設認知知識能力、以及實驗組的輔導
效果、具有增進效果，但在英語學習態度方面，學習遷移能

力未見有增進效果。

關於本研究，下列敍述何者正確？

①這是一個準實驗設計（Quasi-experimental dsign.）。

②因為樣本很小，所以實驗的內效度（internal validity）不佳。

③實驗設計將受試者分成二組。

④依變項的測量結果被當成連續變項。

⑤本研究對干擾變項未採取任何控制措施。

(5)請先閱讀下列對話，再回答問題。

甲：「我們的中小學應全力加強兩性平權教育。」

乙：「男女兩性天生就不一樣，強力抹平他們的差異，只是使這個世界變得單調。」

關於乙對甲的攻擊，乙犯了何種謬誤？

①打擊稻草人的謬誤

②過分簡單化的謬誤

③斷章取義的謬誤

④訴諸權威的謬誤

⑤訴諸人身攻擊的謬誤。

2.「單因子變異數分析」與「用於重複量數的單因子變異數分析」有何不同？試「就變異數之源」、「自由度」、「期望均方和」及「F值之分子與分母」加以比較。

3.**情境**：在教育研究中，研究者常會企圖收集一筆資料，即進行量化的統計分析（單變量統計或多變量統計），而忽

略考慮資料本身的基本特性及統計方法的基本假設是否符合。假設您的研究問題是想了解；是否具有「應試技巧」（testwiseness）的學生，其考試成績之間是否具有顯著差異？尤其是，您從文獻探討中已知具有應試技巧的學生，其考試成績會比不具有應試技巧的學生考試成績較好時。

問題：此時，您收集的資料應該具有什麼特性？您應該使用何種統計方法來進行資料分析？以及您使用的該種統計方法的基本假設又是什麼？請簡述之。

4. 「小班小校」的政策是否應實施，近來引起教育學者對社會大眾之爭議，正反雙方對於小班小校是否能提升教育水準看法不一，以下臚列雙方之主張如下：

贊成	反對
藉由小班小校之實施，較能提升教學效果，教師負擔減輕，可因材施教。	現今已存數量不少之小班小校，其教學成就並不比大班大校好，甚而更差。
可由國家編列預算實施	都會地區土地即使有錢也難尋

依以上資料請回答以下問題：

如果你是一位研究者，並決定採用質化方法的個案研究法，及量化方法的調查研究法，試就小班小校問題，說明你將如何分別加以規畫與作為

八十七年度

1. 假如你有一個研究問題是：「人本主義取向的教學是否能降低青少年的犯罪行為？」請完成下列工作：

   (1)請將此研究問題再加以分化或具體化，使包含 2～4 個小問題。

   (2)請定義此一研究問題中涉及到的變數。

   (3)請提出一個研究方法來幫助你回答此一研究問題，質或量的方法不拘，但必須描述其研究對象、研究程序、或研究設計等必要訊息，以說明為什麼此一方法可以回答你的研究問題。

2. 近年來大學學費逐年調漲，反對者認為會傷害清寒學生的就學權益，贊成者則認為天下沒有白吃的午餐。為解決爭議，請使用已學習過的教育研究方法，擬定一份有關「學費調整」的研究大綱。

3. 簡答題：

   (1)對用 t 考驗之研究作統合分析（meta-analysis）時，每篇研究之個別效應量（effect size）如何求？又全部總效應量（Effect Size）如何求？

   (2)作 t 考驗時，組內獨立，組間獨立，及組間不獨立如何區分？

   (3)作變異數分析時，期望均方和（expected mean squares）之作用何在？

   (4)個案實驗法裡，何謂倒返設計（reversal design）？又何謂多基線設計？

　　(5)一篇實證性研究報告通常包含那五個重要部份，每部份
　　　要寫些什麼？

4. 解釋名詞：

　　(1)準實驗設計

　　(2)內部一致性信度

　　(3)相依樣本

　　(4)淨相關

　　(5)質的研究

彰化師範大學‧教研所

八十五年度

1. 用以評估心理測驗信度有那些方法？如何評估？
2. 試說明安置性評量、形成性評量、診斷性評量及總結性評量之目的何在？
3. 在考驗效標關聯效度（criterion-related validity）時，有那些效標可以採用？
4. 何謂適性測驗（adaptive testing）？其優點何在？
5. 何謂解釋式題目（interpretive exercise）？有那些類型？
6. 區分性向測驗（Differential Aptitude Tests, DAT）是美國應用很普遍的多元性向測驗，國內也曾經加以修訂使用。問：
   (1)國內有那些版本，名稱如何？
   (2)各修訂本是由那些學者專家或機構所修訂？
   (3)各修訂本適用對象或範圍如何？
   (4)各在何時修訂？

八十六年度

1. (1)何謂內容效度（content validity）？
   (2)它尚有何其他稱呼？

(3)它適用於下列那些測驗？

　　①態度測驗

　　②人格測驗

　　③性向測驗

　　④成就測驗

(4)它不適用於上列那些測驗？

2. 試說明有那些因素會影響信度係數的大小高低？

3. (1)什麼是配合題？

　(2)配合題的作答方式如何？

　(3)配合題的命題原則如何？

4. (1)屬於情意方面學習結果的評量方法有那幾種？

　(2)每一種又可採用那些方法或技術？試列示之。

八十七年度

1. 選擇題：

　(1)採用次序量表作為測量工具時，用來代表「平均」這個
　　統計概念的最正確方法是計算　①平均數　②中數　③
　　眾數　④指數。

　(2)用來表示倍數的平均值的統計方法是採用　①算術平均
　　數　②加權平均數　③調和平均數　④幾何平均數。

　(3)第三個四分位數其實就是指　①P_{35}　②P_{55}　③P_{75}
　　④P_{95}

　(4)如果集中量數的最佳代表值是平均數，則最佳離中量數
　　應是　①標準差　②平均差　③四分差　④離均差。

　(5)如果X變項為連續變數，Y變項為二分變項，則X與Y

的相關應計算 ①皮爾遜積差相關 ②司皮門等級差異相關 ③四格相關 ④二系列相關。

(6)比較兩羣的差異時，如果資料是間斷變數，其正確的統計方法是 ①t test ②chi-square test ③ANOVA ④ANOCOVA。

(7)某生接受智力測驗得T分數60分，若轉換成魏氏離差智商為 ①105 ②110 ③115 ④120。

(8)當n＝30, r＝.36, p＞.05，指兩變數之間的相關 ①等於零 ②顯著 ③很顯著 ④非常顯著。

(9)常態機率曲線是Gauss發現的，t分配（t distribution）是誰發現的？ ①Pearson ②Fisher ③Gossett ④Spearman。

(10)某校共有30班學生，今隨機抽出兩個號08及35，因此各班該兩號學生均被選為樣本，這種抽樣方法是 ①隨機抽樣 ②分層抽樣 ③叢集抽樣 ④系統抽樣。

(11)良好的測驗特徵中那一個最重要？ ①效度 ②實用性 ③信度 ④常模。

(12)測量的目的在於及時發現學生的困難以改進教學，宜作 ①診斷性 ②預備性 ③形成性 ④總結性 評量。

(13)屬於多重記分的測驗，若採用折半信度，最適宜採用 ①克氏α係數 ②斯一布校正公式 ③庫李KR20公式 ④福樂蘭根公式 來計算其信度。

(14)下列何者屬於情意測驗的範疇？ ①投射 ②速度 ③典型表現 ④難度測驗。

(15)如果測驗是用來比較兩個團體的成就差異，其信度至少

應達到　①.65　②.75　③.85　④.95　以上。

(16)如果某生在某智力測驗上得120分，而其測量標準誤 SEmcas.＝5分，則其真實分數落在　①115～125　②110～130　③105～135　④100～140　之間的可能性為 95％。

(17)所謂效度係指　①特殊　②共同　③誤差　④個人　因素在總變異量中佔的比率。

(18)用以選擇與分配人員最宜用　①效標關聯　②構念　③預測　④內容　效度。

(19)因素分析法是獲致那種效度證據的方法？　①同時　②預測　③內容　④構念　效度。

(20)某試題通過率P＝.84, Z＝-.10，則其難度指數△等於多少？　(1) 9　(2)10　(3)14　(4)15。

2.計算題：

隨機從某國中二年級學生中抽取55人接受國中英語科成就測驗，其成績如右，問：

(1)甲生得66分，其百分等級多少？

(2)乙生的百分位數80，得幾分？

(3)該樣本的標準差是多少？

Scores	f
80～84	3
75～79	5
70～74	9
65～69	12
60～64	10
55～59	8
50～54	8
	n＝55

3.問答題：

(1)何謂投射技術？

(2)常用的投射技術有那幾種方法？每種方法各舉兩種測驗加以說明。

彰化師範大學・輔導所

七十九年度

1. 各種信度任何種狀況下使用？
2. 差異標準誤（有程度高下之分）
3. 集中趨勢、離中勢：(1)性質(2)在學習上的解釋
4. 人格測驗在結構及受試者反應上，其結果、信度比能力
5. 測驗低的因素
6. 意義解釋：
   (1)T分數轉換
   (2)標準九
   (3)終極效標
   (4)順序量尺
5. 計算：
   (1)X^2考驗

八十年度

1. 解釋名詞
   (1)四格相關
   (2)社交測量
   (3)標準九分

(4)邏輯效度

(5)中央極限處理

(6) t 考驗

(7)統計考驗力

2. 同一個人，在相繼兩次接受不同的智力測驗，所得的分數相差懸殊，試分析所有可能的原因及改進之道。

3. 何謂項目分析：在常模參照測驗下，說明使用項目分析的手續，並說明在解釋資料結果時，應注意的事項。

4. 試說明「供應型」與「選擇型」的客觀測驗題式，其間的特色與功能為何？

5. 簡述T檢定的基本假設說，並扼要說明其原因。

6. 以常態分配的觀點，說明 Z 分數、比西測驗、GRE在「集中」與「離差」的分布趨勢。

7. 何謂母數統計法？其基本假定為何？舉出二種母數考驗方法。

8. X變數為正偏態，若改為Y數則成為何種情形。若改為Z分數又將如何？T分數時又如何？

9. 要增加T考驗的有效性應如何達成？

10. 如何編製常模參照test。

11. 學習障礙學生之診斷工具：內容與標準測驗名稱評量標準過程。

12. 第一，二類錯誤，請說出其真實性，即一類型不為接受。

八十一年度

1. 眾數的意義為何？其功能為何？何時使用？

2. TYPE I ERROR為何？請提出避免犯錯的策略。

3. 何謂事後比較？請提出事後比較的五種方法。

4. 某國中施行智力測驗，男生得平均數80，標準差3.6，抽樣236人，女生得平均數76，標準差 4 ，抽樣200人，試加以分析男女兩性在智力上的差異。

5. 某新編國中數學性向測驗以速測驗為主。請問該用何種方法建立信度？若改為難度測驗，又該如何建立信度？

6. 某大學智力成績與其大學成就測驗之相關為0.07如果以你們這羣考生為立意樣本，試說明 r （相關）會如何改變（降低或提高），請加以說明。

7. 如果這研究所測驗分數成U字型，那麼試就試題加以分析，並說明之？

8. 何謂輻合效度？其使用時機？如何使用？

9. 試說明T score與T test。

八十二年度

1. 請說明基氏人格測驗是由何人編譯，內容為何，及適用對象。

2. 請說明柯氏性格量表參考國外何種測驗，有那些分測驗，並請舉出二個在臨牀上的例子。

3. 設某生在一40題多重選擇題且每題有 5 個選項的測驗中，答對24題，則其可能真實答對幾題？猜對幾題？

4. 請解釋$\hat{Y}$的意義

5. 請說明常態分配的特點

6. 何謂重測信度

7. 何謂相對地位量數

8. 計算題：

　T score及Stanine

9. 請說明無母數統計法

八十三年度

1. 常見的衆數（Mode）有那幾種？各如何界定、確認或計算？

2. 某高三學生參加某大學入學推荐甄試，接受各種測驗，其

　(1)史比離差智商爲116

　(2)科學性向得百分等級86

　(3)創造力測驗得標準九（STN）8分

　(4)空間關係測驗得T分數65

　(5)人際關係測驗的標準分數（standard score）爲＋0.93

　試就常態分配原理，依所得分數之優劣，自優而劣排出其代號順序。

3. 假設隨機從某國中二年級學生中抽出120位男女學生，以隨機分派方式分成四組，分別接受A、B、C、D等四種不同的實驗處理。若依變數是連續變數。問：

　(1)要辨別四種處理效果之間的差異，應採用何種正確的統計方法？

　(2)若想瞭解自變數與依變數有無密切關係，可以何種相關係數表示？

4. 測驗題目的內部一致性（internal consistency）分析之目的何在？有那些方法可採用？其題目經分析後採用與否的

原則如何？

5. 從評量的表尺說明下列變項的性質及理由：

(1)諮商員的同理心

(2)當事人在內外控量表上的得分

(3)諮商員所用的特殊技術

6. 說明「合併變異數」（pooled variance）及其使用理由。

7. 何謂「受試間設計」（within-subjects design）？並以常用的方式（三種）說明，及其主要利弊。

8. 說明「語意區分法」（the method of Semantic Differential）。

八十四年度

1. WISC和比西量表在心理測量的功能各有何長短？

2. 列舉投射技術與心理測量（Psychometric）二者的對立觀點，並就投射技術的項目刺激、反應方式、及衡量方法，略述其特色。

3. 解釋某生相繼接受智力測驗所得WISC:IQ 99、 SPM:PR 85、CTMM-Ⅱ:T分數60的意義，並判定該生的智力層級。

4. 某一性向測驗的標準差為10，其信度係數在機械性向測驗為0.94，在文書性向測驗為0.90，受試者在這兩種分測驗的得分相差須達幾分始能認定在.05的顯著水準有其差異？

5. 受試樣本185人在某學科測驗預試的得分形成常態分配，其高分低分二組在各個項目通過的人數如下。試以量的分

析自前面六題抽出可用的項目，並按其難易排列先後。
（分組的依據：A欄係依個人所得測驗總分的高低，B欄
係據受試樣本在該學科另一外在效標的得分高低。）

區分	組別	項			目		
		1	2	3	4	5	6…
A	Ph 27%	40	44	27	50	26	25
	P1 27%	20	41	11	26	38	3…
B	Ph 27%	42	42	12	45	24	24
	P1 27%	24	40	22	23	22	4…

6. 試列舉五種統計圖的名稱，並簡單地繪出其圖形。

7. 試各舉例說明何謂系統抽樣（systematic sampling）及叢集抽樣（cluster sampling）？

8. 國民中學智力測驗，二年級常模 $\mu = 87$, $\sigma = 11.50$；某國中二年級李姓學生接受該測驗，得110分。問：

　(1)該生得分換成史丹福——比奈離差智商是多少？

　(2)該生得分換成T分數是多少？

9. 在某項測謊研究中，隨機抽出 400 位家境良好的兒童，發現其中有 180 位有欺騙行為；另隨機抽出 600 位家境貧困的兒童，發現其中也有 180 位有欺騙行為。問：不同家境兒童的欺騙行為有無顯著差異？（設 $\alpha = .05$）

10.用以表示兩變數之間關係的相關係數有許多種，試說明下列條件的正確相關係數名稱。

　(1)自變數是連續變數，依變數是真正二分變數。

　(2)自變數與依變數都是次序變數（ordinal variables）。

(3)自變數與依變數都是二分變數（dichotomous variables）。

(4)自變數分成三類，依變數分成四類。

(5)自變數是狹距變數（narrowly ranging variable），依變數是連續變數。

八十五年度

以下是一份人格測驗的使用手冊之摘要，凡是下列敍述未提及的信度、效度、常模資料均為該測驗未曾提供的資料。

本測驗根據容格（Jung）的人格類型理論測量人格。容格認為個人經由感官知覺（S）或直覺（I）讀取環境訊息；藉由思考（T）或感覺（F）評判環境訊息或生活經驗；並以外向（Ex）或內向（In）的態度面對環境。本測驗共有三個分量表（各10題），分別測量：內向或外向（In-Ex）、感官知覺或直覺（S-I）、思考或感覺（T-F），此三分量表分數可以組合成八種人格類型。

下面分別列舉三個分量表的題目：

In-Ex分量表：在羣體中，我通常會主動和別人打招呼，而不會靜靜地等著別人來和我說話。

S-I分量表：你比較喜歡做一個「實際」的人，而非「富有想像力」的人。

T-F分量表：你比較會用你的「心」來管你的「頭」，而非用「頭」來管「心」。

　　受試根據題目敍述與個人相符合的程度以「1」到「5」作答，「1」表示「非常符合」、「5」表示「非常不符合」。本測驗有兩種信度係數：三個分量表的 α 係數分別是.90、.93、.84；間隔一週的再測係數是.27、.12、.21。

　　本測驗有兩項效度考驗：因素分析結果得到三個因素，其特徵值分是9.32、5.02、1.96，能夠解釋88％的變異量，因素結構相當清晰；In-Ex分量表和另一份具有良好信效度的內外向測驗之積差相關係數是.85。

　　本測驗題目需要國中一年級以上的閱讀能力。

　　本測驗在82年建立全國大專生常模，各分量表的原始分數必需轉換為百分位數，以說明受試在三個人格向度上的傾向。

　　本測驗列有適合各種人格類型（三個分量表分數的組合）的職業。

1. 是非題：

　(1)這是一份根據「內容效度法」（content validation）編製的人格測驗。

　(2)「思考或感覺」是本測驗所欲測量的特質之「行為樣本」（behavior sample）或「行為指標」（behavior indicator）。

　(3)「你比較會用你的『心』來管你的『頭』，而非用『頭』來管『心』」是本測驗所欲測量的「構念」（construct）。

　(4)本測驗所採用的是「等比尺度」（ratio scale）。

　(5)In-Ex分量表內的各個題項彼此之間具有高度的「同質性」或「相似性」。

(6)受試在「不同時候」對S-I分量表的回答「相當一致」。

(7)如果在T-F分量表中加入與原先題目性質相似的10道題目應可「提高其α係數」。

(8)本測驗結果可以「有效地」（具有效度）預測受試適合的職業。

(9)本測驗所提供的因素分析資料是一種「構念效度」（construct validity）的考驗。

(10)本測驗的信度係數比效度係數「高」是合理的。

(11)本測驗結果可說明受試和國內其他大專生在「感官知覺或直覺」上的差異。

(12)本測驗適用於國中二年級的學生。

2.問答題：

(1)如何根據集中量數中的平均數（M）、眾數（Mo）、中數（Md）的值，去判定測量結果是屬①常態分配②正偏態③負偏態？

(2)隨機抽取國中學生52人接受國民中學英語科成就測驗，其結果如下：

分數	40-45	46-51	52-57	58-63	64-69	70-75	76-81	82-87
人數	2	2	6	9	12	10	7	4

問：①甲生得72分，有百分之多少的學生成績比他差？
　　②乙生成績比35％的學生成績高，他實得幾分？

(3)某大學舉辦座談會，主題是「違紀行為應如何處遇？」在座談會前，隨機抽取與會學生80人，調查他們是否贊

成「違紀應受勞動服務處遇」，結果有30人贊成，50人反對；座談會後再調查這80人，贊成的有55人，反對的有25人；前後兩次均持反對意見的有10人。問：與會學生在座談前後之態度有無顯著之改變？

(4)假如你是學生輔導中心的輔導老師，有一位物理系三年級男學生（21歲）前來求助，他表示想做一份人格測驗，他說：「因為我想多了解自己」。你需要進一步收集那些「關鍵性資料」以判斷他是否適於使用上述測驗？請以「問句形式」列舉出三項重要問題。

註：所謂的「問句形式」是指像「你今年幾歲？」這樣的問句。相似性質的問句只算一項問題，例如「你父母工作狀況如何？」和「你兄弟姊妹的就學或就業狀況如何？」是屬同一性質（家人升學就業狀況）的問句。

(5)第4題的學生在In-Ex分量表上的得分顯示他相當內向（百分位數95），他說：「我覺得這個測驗不準，根本不像我。」你將以什麼樣的陳述或問句引導他運用該結果來增進自我瞭解？請以三句話分別描述出這三種思考方向。

八十六年度

1.解釋名詞：

(1)中央極限定理（central limit theorem）

(2)抽樣變動（flucturations of sampling）

(3)效標（criterion）

(4)測量的尺度（scales of measurement）

(5)艾德華斯個人偏好量表（EPPS）

2. 某班學生二十人，統計學成績分別如次：

座號	01	02	03	04	05	06	07	08	09	10
學號	74	75	76	75	78	74	79	76	35	77

座號	11	12	13	14	15	16	17	18	19	20
學號	78	74	73	73	71	75	72	79	78	75

①請以適當統計量說明該班學生統計成績的中央趨勢及離散情形。

②請以適當統計圖描述該班學生統計成績的分佈情形。

③請以適當統計量說明08號學生（統計成績）在班級中的相對地位。

3. 胡適之先生在一篇追念史學大師George, L. Burr文章中，大力闡述Burr氏的一句名言「我年紀越大，越感覺到容忍（tolerance）比自由重要」之要義。胡適之先生說「這一點『我不會錯』的心理，就是一切不容忍的根苗」。請從假設考驗的程序申論研究結論錯誤的可能，以及研究人員對研究結果應有的心胸態度。

4. 某研究中兩樣本羣（N1＝N2＝60），平均數的標準化差值（Z值）為1。如果訂定的顯著水準是.05，是否要拒絕此一差值來自抽樣變動。

5. Glass與Stanley（1971）何以稱T-test為「強而有力的考驗」（robust test）。

6. 所謂鑑往知來，如果我們曾經對母羣進行過五百次的抽樣，也得到這五百次抽樣的「樣本平均數的次數分配」。那要如何估計第五百零一次的抽樣平均數和其機率？請說明其估計的程序。

7. 一位輔導教師受縣教育局委託探究縣內小學生的生活適應。以小學人格測驗（路君約，民七十二）為工具，試圖將研究問題的焦點概念「生活適應」加以量化。該縣共有四十二個小學，合計九萬八千七百多位的小學生（有些學生更是時來時不來，不易精確掌握學生總數），輔導教師在取得縣內全體小學生「生活適應」的量化資料上有相當的困難。於是在取得全體小學生的名册之後，逐一編號，並採用亂數表進行隨機取樣，抽選144位學生為樣本，進行「小學人格測驗」的取樣施測，以得到學生樣本生活適應的量化資料。經計算後，得知這羣學生樣本的平均數為99.95，標準差為8.90（變異數為79.2）。接下來應如何依據所得到的樣本學生的資料來推估縣內小學生的生涯適應呢？

8. D. Goleman 的「Emotional intelligence」一書刊行之後，踵續討論的文章和報告漸多。國內隨著中譯本的發行，EQ儼然成為具有科學品味的標誌。請從智力理論與評量工具的發展，討論時下EQ概念的限制，以及EQ概念和實務上的可能應用和發展。

八十七年度

1. 何謂最大表現測驗（test of maximum performance）？

何謂典型表現測驗（test of typical performance）？兩者有何不同？

2. 在台灣修訂的魏氏兒童智慧量表（WISC-R），其內容包含那幾個部份？那幾個分測驗？怎麼求IQ？

3. 編擬客觀式的選擇題（multiple-choice item），一般應把握那些原則？

4. 何謂內容效度（content validity）？何謂效標關聯度（criterion-related validity），兩者有何不同？

5. 什麼叫自陳量表（self report inventory），大致可分為幾類？缺點為何？如何克服？

6. 請就生活周遭觀察可及，列舉五種量尺（scale），並依Stevens的分類方式，說明該五種量尺的類別屬性。

7. 有一班級，全體學生統計課期末成績如下表所示。請選用適當的統計量數（measures）說明該班級統計成績的中央趨勢（central tendency）、散佈情形（dispersion）；並請說明選用該統計量數的理由。

有一班級，全體學生統計成績一覽表

座號	成績	座號	成績	座號	成績	座號	成績	座號	成績	座號	成績	座號	成績
01	89	06	78	11	73	16	92	21	87	26	72	31	83
02	76	07	87	12	78	17	72	22	65	27	78	32	85
03	52	08	83	13	72	18	68	23	70	28	74	33	80
04	88	09	81	14	70	19	93	24	73	29	69	34	91
05	79	10	89	15	86	20	84	25	87	30	82	35	78

8. 請說明相關係數（pearsonian production-moment cor-

relation coefficient）、共變數（covariance）、Z分數
（Z score）三者的意義，以及其和離均差之間的關係。

9. 何謂平均數的抽樣分佈？如何建立平均數的抽樣分佈模
式，其內涵爲何？平均數的抽樣分佈模式在推論統計上有
何價值？

10.請說明迴歸係數（coefficient of regression）、迴歸預測
值（the predicted value of）、決定係數（coefficient of
determination-r^2）三 者 的 意 義 ， 以 及 其 和 標 準 差
（standard deviation）之間的關係？

彰化師範大學·特教所

八十年度

1. 是非題：

(1)重測信度的誤差來源有時間取樣與內容取樣兩種。

(2)庫李信度的誤差來源有內容取樣和內容異質性。

(3)折半信度及複本信度的誤差來源有時間取樣及內容取樣。

(4)信度高效度可能低，但效度低信度一定低。

(5)通常求取重測信度及複本信度採用皮爾遜積差相關方法。

(6)教育與心理測量乃是根據量尺用數字來描述個人身心特質的程序。

(7)智力測驗是在測量普通的學習能力，所以屬於普通性向測驗。

(8)人格測驗的效度通常較高，因為有理論構念的存在，且外在效標容易取得。

(9)所謂社會期許的反應心向乃是指受試者按照個人接受的標準回答題目。

(10)自陳量表的基本假設乃是個人的感受或思想可以經由強迫選擇式的題目加以反應。

⑾依據智力穩定性的研究智力分數的變動隨年齡的增長而增加。

⑿依據研究發現，智力測驗的成績與學業成績有很高的相關，顯示兩者功能有很多重疊，故同理兩者可以互相替代。

⒀文化公平的智力測驗材料主要是採用圖畫或圖形。

⒁評定量表適合用來評量個人的態度與行為而且使用簡便，容易量化，缺乏主觀性。

⒂月暈效應是指評定者對被評定者的某一項行為或特質的印象會影響其對被評定者一般的印象。

⒃通常常模參照測驗的試題分析是根據試題的難度與鑑別力而定，所以鑑別指數低的題目，即表示題目的品質不佳。

⒄就試題難度而言，在常模參照測驗中，較強調難度與鑑別力的關係，而在標準參照測驗中，較重視題目的難度與教學品質的關係。

⒅採用內部一致性分析試題鑑別力的方法乃是認為整個測驗的總分數與個別試題的反應之間具有一致性。

⒆試題的鑑別力與其難度有密切的關係，但其與測驗的信度則無密切關係。

⒇團體的變異量與測驗工具的信度有密切關係，即變異量愈大，則信度愈高，反之，則愈低。

㉑原始分數轉換成直線標準分數後，分數的分配型態仍然維持和原來的一樣。

㉒由於測驗沒有完全的效度，所預測的效標分數會有誤差

存在，故採用「估計標準誤」加以估計。

⒇在檢驗測驗之構念效度時，必須先對所欲測量的抽象構念及其依據的理論有所認識。

⒇所謂最高年齡（ceiling age）乃指受試者在該年齡組上可正確無誤地回答所有的題目，順利通過該年齡組的測試。

⒇離差智商的觀念乃是根據測驗之標準化及常態分配而與標準差的觀念無關。

2. 簡答題：

⑴請說明影響統計考驗力的因素有那些？又如何增加統計考驗力（power）？

⑵請比較七分配和常態分配有何異同點？

⑶請解釋r＝.76和r＝-.76兩者的異同點？

⑷請以判斷的方式（非計算）說明下列兩實驗中，何者t值較大？請同時說明個人理由？

實驗一		實驗二	
A	B	A	B
4	3	2	4
7	6	7	12
3	8	4	9
6	9	12	1
5	7	0	7
25	33	25	33

5. 是否所有的Z分配組成的次數分配都是常態分配？為什麼？

6. 若某資料顯示$n_0＝16$，$m＝10$，請說明mdn大約是多少？請同時大致畫出此次數分配圖，並標明三種集中量數的位置？

7. 某心理學家做有關教師接納身心障礙兒童態度的問卷調查，他把教師依背景分成(1)無專業背景(2)二十特教學分班(3)特教系（組）(4)研究所四種，問卷選項依接納態度的程度分成(1)非常願意(2)願意(3)不願意(4)非常不願意四等分，當取樣全台灣地區320名教師後，資料依每一選答之人數分析請說明此研究設計之格式及統計處理的最好方式為何？

八十一年度

1. 解釋名詞：
   (1)中央極限定理
   (2)變異數
   (3)決定係數
   (4)線性轉換
   (5)估計標準誤
   (6)月暈效應
   (7)雙向細目表
   (8)試題反應理論

2. 填充題：
   (1)在正偏態分數分佈中，數值最大的為＿＿＿＿＿＿
   (2)當$X_1＝40$, $X_2＝45$, $X_3＝50$，則$S^2＝$＿＿＿＿＿＿
   (3)當$X＝176$, $\mu＝163$，$Y＝26$，則Z分數為＿＿＿＿＿＿

(4)在常態分配下，$\overline{X}=0$, $S=1$,則$Z=1.0$以上的面積為＿＿

＿＿＿＿＿

(5)若$r=1.0$，且$Z_x=-.5$，則$Z=$＿＿＿＿＿＿

(6)當$S_x=15$, $S_y=3$，則S_{xy}可能的最大值為＿＿＿＿＿＿

(7)3×2聯列表之自由度為＿＿＿＿＿

(8)當H_0是正確，但研究者卻接受H_1，則研究者犯了＿＿

＿＿＿＿錯誤

(9)某一學生作答一份10題是非題試卷，其中有5題他不知
　道正確答案，如果他以猜測方式作答，則他得分為6、
　7、8、或9分的機會為＿＿＿＿＿

(10)某研究者以放映一部與死刑有關之影片來探討60位民衆
　在觀賞該影片前後，對執行死刑的看法是否有差異，其
　資料如下：

觀賞前

		不贊同	贊同
觀賞後	贊同	13	20
	不贊同	23	4

　請問當臨界值爲3.84時，該研究者應該拒絕或接受H_0？

＿＿＿＿＿＿

3.問答題：

(1)請說明由一位未受過專業訓練人員來擔任教育診斷工
　作，會有哪些問題產生？

(2)請說明比西智力量表第五次修訂的測驗理論架構，施測
　　方式及適用對象。

(3)比較庫李信度與克朗巴克 α 係數之異同。

(4)說明效標關聯效度的意義與種類。

八十二年度

1.解釋名詞：

(1)診斷處方教學

(2)社會期許

(3)特殊性向測驗

(4)文化公平測驗

(5)評定量表

(6)臨界區

(7)適合度考驗

(8)中央極限定理

(9)等分散性

(10)最適合線

2.填充題：

(1)某校有1000名學生，其學業性向標準差為10分，若從此
　　1000人中，以隨機方式選出100名學生，則這100名學生之
　　學業性向平均數標準差為＿＿＿＿＿。

(2)當樣本人數增加3倍時，其樣本平均數標準誤應除以＿＿
　　＿＿＿＿。

(3)若$S^2_{XY}＝12.16, S_x＝2.40, S_y＝1.60$則$r＝$＿＿＿＿＿。

(4)兩個變項間的關係是否達到統計顯著水準，與＿＿＿＿＿

＿有很大關係。

(5)以隨機方式從母羣體中取出400名學生，若其學業成績平均分數爲50分，標準差爲18分，則在99％的信賴水準下，這些學生的眞正學業成績會界於＿＿＿＿＿＿之間。

(6)若高中成績與大學聯招成績的相關值爲0.75，則：

　　①高中成績爲預測變項，大學聯招爲效標變項，以標準分數方式所寫出之直線迴歸公式爲＿＿＿＿＿。

　　②有＿＿＿＿＿％大學聯招成績中，是由高中成績來解釋的。

　　③其疏離係數值爲＿＿＿＿＿。

(7)若某研究者探討啓仁、啓明、啓智和啓聰共四類教師240位在工作壓力上是否有不同，現請回答下列的問題：

　　①請依該研究者的目的，寫出：

　　　虛無假設：＿＿＿＿＿。

　　　對立假設：＿＿＿＿＿。

　　②請將下列變異數分析摘要表有關之資料填上

變異來源	離均差平方和	自由度	均方	F
組間（類別）	2266.80	＿＿	＿＿	(13)
組內（誤差）	19835.80	＿＿	84.05	

　　③若臨界值爲2.60時，該研究者應拒絕或接受虛無假設？＿＿＿＿＿。

3.問答題：

根據你對測驗信度效度與試題難度鑑別力的瞭解回答下列的

問題：

　　(1)信度與效度的關係

　　(2)難度與鑑別力的關係

　　(3)信度與難度的關係

　　(4)效度與鑑別力的關係

八十三年度

1. 請以判斷的方式（非計算）說明下列兩實驗中何者t值較大？

實驗一		實驗二	
A	B	A	B
5	4	3	3
8	6	7	12
6	7	5	4
7	8	12	7
3	9	2	8
29	34	29	34

2. 請說明何時X^2公式須作適當的校正，又如何校正？

3. 假如X和Y變數之間的相關係數為.82，若每一X分數減去3，而每一Y分數乘以3，請問轉換後新的X與Y變數，其相關係數是多少？請說明理由？

4. 若某團體分數分配的標準差為0，此代表何種意義？

5. 在何種情況下，某班相當於Z＝0的分數會低於PR＝50的分數，請解釋並繪出該班得分大致的次數分配圖？

6. 試比較母羣已知和μ已知和μ未知的統計處理方式？

7. 請比較標準化分數（standardized score）和常態化分數（normalized score）的優缺點。

8. 請說明在建立效標關聯效度時，效標之選擇應具備哪些條件？

9. 除了計算難易度和鑑別度之外，還有哪些方法可以用來作試題分析呢？

10. 請從（測驗的信度與測量誤差）方面說明測驗的使用者或測驗的編製者在使用測驗或編製測驗時應遵守哪些規範？

八十四年度

1. 名詞解釋：

　(1)錨定測驗（anchor test）

　(2)適性測驗（adaptive test）

　(3)試題反應曲線（item response curve）

　(4)眞實分數（true score）

　(5)側面圖（profile）

　(6)差異係數（coefficient of variation）

　(7)費舍（R. A. Fisher）r值的Z轉換

　(8)統計考驗力（power of test）

　(9)F分配

2. 填充題：

　(1)設一常態分配中，每個受試者都有一個Z分數，研究者想要找出在此分配中爲位於中央的68％的人，則這些人的Z分數，其全距爲＿＿＿＿＿＿。

　(2)今有下列一組分數3、4、5、5、5、6、7、8、8、15。

使用何種集中量數表示集中趨勢，最具代表性？其值又
是多少？＿＿＿＿＿，＿＿＿＿＿

(3)設b_{xy}＝-0.64為x對y之迴歸係數；b_{xy}＝-1.44為y對x之迴
歸係數，則相關係數r為多少？＿＿＿＿＿。

(4)已知一數列之標準差為15，若此數列中每一數值者除以
3則所得新數列之標準差為＿＿＿＿＿。

(5)一袋內裝有11個球，分別標號自1到11，今每次抽出一
球再放回，如此一再重複，則平均數為＿＿＿＿＿，變
異數為＿＿＿＿＿。

(6)當研究者用α＝.01，你看到P＞.01時，表示研究結果
應為＿＿＿＿＿。

(7)某君研究受過良好幼稚教育之國小一年級小朋友的智力
發展，他隨機抽取81人，測得魏氏智商平均數為
102.8，則某君的研究結論應為＿＿＿＿＿。

（註：單側α＝.05，Z_α＝1.645；雙側α＝.05，Z_α＝1.96）

3. 計算題：

(1)某研究者從常態分配之母羣體中，隨機抽取37人，接受
綜合能力測驗結果得到平均數（X）為72，標準差
（SD）為12，則母羣體之平均數（μ）的95的信賴間
距是多少？

（註：df＝30, $t_{\alpha/2}$＝2.042;df＝40,$t_{\alpha/2}$＝2.021）

(2)某甲做健美先生選拔意見調查，選取樣本60人，結果同
意者有30人，反對者有15人，無意見者有15人，則此三
種意見的人數是否達顯著差異？

（註：df＝2, $X^2.05$＝5.991; df＝3, $X^2.05$＝7.851）

4.問答題：

某研究者欲探討兒童的閱讀能力與父母對於閱讀所持態度的關係。因此，編製兩份研究工具，一份是閱讀能力測驗，共計60題，其題型為四選一的選擇題；另一份是父母對閱讀的態度量表，共計30題，其題型為五等量表，請問：

(1)對於閱讀態度量表，較適當的試題分析方法為何？

(2)對於閱讀能力測驗，較適當的效度建立方法為何？

(3)對於閱讀態度量表，較適當的信度分析方法為何？

八十五年度

1.名詞解釋：

(1)試題反應模式（item response model）

(2)生態評量（ecological assessment）

(3)教育測驗服務社（Educational Testing Service, ETS）

(4)測量標準誤（standard error of measurement）

2.問答題：

(1)試比較標準化成就測驗與教師自編成就測驗之異同，並針對這兩類成就測驗分別列舉三種適用的情況。

(2)教育部參照全國身心障礙教育會議的結論與建議所編定之「中華民國身心障礙教育報告書」中有關健全學生鑑定制度的主張有那些？試列舉三項。

3.(1)試解釋變異數（variance）、共變數（covariance）、積差相關係數（productmoment correlation）的意義，並說明三者間的關係。

(2)某位評審老師，先後兩次對十二件自製敎具予以評分，結果如下表所示，問兩次評分的等級相關有多大？是否達到顯著水準？

（設 $\alpha = .05$, $t(1-\alpha)(10) = 1.812$, $t(1-\alpha/2)(10) = 2.228$）

評分	等第
第一次（x）	第二次（y）
9	6
8	9
3	5
11	10
5	7
2	3
7	8
4	1
6	4
1	2
10	12
12	11

4. 填充題：

(1)當樣本人數愈大時，σ_x 則 <u>(1)</u>。

(2) $\alpha = .05$ 時，t的臨界值會有N愈大t值愈 <u>(2)</u>。

(3)當試題愈難時，其次數分配圖可能呈 <u>(3)</u> 偏態。

(4)若隨機選取30名學生，根據高中成績（X）預測大學聯考成績（Y），進行迴歸分析，得到 $r_{xy} = .81$, $b_{y,x} = .72$, a＝13.6, SSt＝3618.6 SSreg＝2640.2, SSres＝978.4，

問：

①迴歸公式爲(4)。

②某甲高中成績40分，預測大學聯考成績爲(5)。

③決定係數＝(6)

④估計標準誤$S_{y,x}$＝(7)

⑤某甲將有95％的機率，其聯考成績會落在(8)之間。

(5)已知母羣的μ和σ，在考慮某樣本某特值的平均數$\overline{X}$是否顯著時，應查(9)分配表，若樣本N爲無限大，且爲雙側考驗，並定α＝.05，則臨界值爲(10)。

(6)利用隨機分派方法，將三十名受試者分爲兩組，分別接受閱讀推理訓練，下面是訓練結果的資料：

甲組：N＝15, $\overline{X}_1$＝46.2, S_1＝3.6

乙組：N＝15, $\overline{X}_2$＝42.6, S_2＝2.8

設以α＝.05考驗兩組的成績，有無顯著差異？

①依研究者的目的，寫出

虛無假設：(11)

對立假設：(12)

②不偏估計值S_p^2(13)

③t值是(14)

④若臨界值爲2.408，研究者應拒絕或接受虛無假設？

(15)

八十六年度

1.選擇題：

(1)庫李信度的誤差來源有：　①時間取樣與內容取樣　②時間取樣與內容異質性　③內容取樣與內容異質性　④樣本取樣與內容取樣。

(2)下列對人格測驗的描述何者為真？　①因有理論構念，所以通常效度較高　②人格測驗的信度通常較智力測驗為高　③人格測驗中受試者的回答是相當可信的　④人格測驗較其他能力測驗遭遇更多的編製及測量的問題。

(3)下列對智力測驗的描述何者為真？　①Wechsler認為智力是一種普通能力　②比西量表是點量表而魏氏量表是年齡量表　③所謂最高年齡組（ceiling age）指測驗一直進行到受試者答錯全部題目的年齡組為止　④智力測驗與普通能力測驗的意義是不同的。

(4)下列描述何者為非？　①MMPI中的L與F量表在檢視偽裝答案的反應　②自陳量表的基本假設是個人願意且能夠正確的報告自己的感受　③孟氏行為困擾調查表的編製強調內容效度　④在心向反應的控制上最常用的方式是隱藏測驗的目的。

(5)鑑定學習障礙最為廣泛使用的方法為　①標準分數比較法　②年級水準差異法　③智力測驗分量表差異法　④迴歸分析。

(6)下列對聽障評量的描述何者為非？　①正常的聽覺在25分貝以下　②語言能力的評量為安置聽障生的重要項目　③對聽障生實施智力測驗應以非語文性測驗為主　④聽障學生在閱讀及書寫能力上與同年齡正常兒童相當。

(7)注意力缺陷的兒童有可能是與大腦的那個部位有關？

①顳葉　②枕葉　③額葉　④以上皆非。

(8)下列描述何者為非？　①百分等級是指各百分點的測驗分數　②樣本愈大測驗誤差愈小　③魏氏智力測驗以離差智商來表示該分數　④最基本且最簡單的直線標準分數是Z分數。

(9)下列描述何者為非？　①鑑別力指數並不等於題目效度　②鑑別力指數低必表示試題有缺點　③試題分析資料是假設性的　④應完全依照統計的特性選擇題目。

(10)使用IPA記錄說話樣本算是一種　①聲學分析法　②說話生理分析法　③運動學分析法　④聽知覺分析法。

2. 填充題：

1. 某班期中考英文成績之次數分配表如下，又知 $\Sigma X = 2950$，$\Sigma(X-\overline{X})^2 = 6237.5$

成績	人數
90以上	3
80-89	10
70-79	14
60-69	7
50-59	4
40-49	2
	40

問：①前25％，得分最低者是得多少分？＿＿＿＿＿＿
　　②全班平均數是多少分？精確值取到百分位。＿＿＿＿＿＿

③該一分配，標準差是多少？＿＿＿＿＿＿＿

(2)設有800名學生的數學成績合乎常態分配，其平均成績
為70分，標準差為6分，試估計：

①成績在82分以上者有若干人？＿＿＿＿＿＿

②成績在64分與76分之間者有多少人？＿＿＿＿＿＿

③成績60分者，其T分數是多少？＿＿＿＿＿＿

(3)有五個數2, 4, 6, 8, 10，從這五個數中任抽2個（可以放
回）為樣本，考慮所有樣本。試估計：

①整體平均數是多少？＿＿＿＿＿＿

②整體的標準差是多少？＿＿＿＿＿＿

③樣本平均數分配的平均數是多少？＿＿＿＿＿＿

④樣本平均數分配的標準差是多少？＿＿＿＿＿＿

(4)四種知動實驗結果變異數分析摘要表

變異來源	SS	df	MS	F
組間（反應時間）	16.98	（＿＿）	5.66	（＿＿）
組內	25.92	（＿＿）	（＿＿）	
全體	42.9	19		

$F_{.05}(3,16)=3.24$

結果解釋：＿＿＿＿＿＿＿＿＿＿＿＿＿＿＿＿＿＿＿

(5)已知受試者8名，在X、Y兩變項之反應結果如下：

① $\Sigma X=56, \Sigma(X-\bar{X})^2=132$

② $\Sigma Y=40, \Sigma(Y-\bar{Y})^2=56$

③ $\Sigma(X-\bar{X})(Y-\bar{Y})=84$

則a. X之變異數是＿＿＿＿＿＿

　　　b. Y之變異數是＿＿＿＿＿

　　　c. X和Y之共變數是＿＿＿＿＿

　　　d. X和Y之相關是＿＿＿＿＿

　　若積差相關係數（r）顯著性臨界值為df＝n-2; $r_{.05}$＝.707，則本題所求得的相關應解釋為＿＿＿＿＿

3. 解釋名詞：

　　(1)標準參照測驗

　　(2)文化公平測驗

　　(3)同時效度與預測效度

　　(4)試題反應理論

　　(5)真實分數

　　(6)自由度（degree of freedom）

　　(7)第一類型錯誤（type I error）

　　(8)Z分數（Z score）

4. 申論題：

試說明你會用何種評量標準、方法、或診斷工具來區分下列各種兒童？若有困難請說明理由。

　　(1)學習障礙

　　(2)語言障礙

　　(3)情緒障礙

　　(4)學習遲緩

八十七年度

1. 解釋下列術語：

　　(1)等距變數（interval variable）

(2)變異數（varience）

(3)T分數（T score）

(4)第一類型錯誤（type I error）

2. 某研究者利用「受試者內設計」進行實驗，測試結果摘要如下：

$\overline{Y}_1 = 69.28$　$S_{r1} = 5.13$

$\overline{Y}_2 = 71.34$　$S_{r2} = 6.25$　$N = 41$　$r_{y1y2} = .86$

請利用 $\alpha = .05$，考驗「後測成績比前測成績爲優」的說法是否成立？請依統計推論步驟紋寫。（單側，$t_{.05(41-1)} = 1.684$；雙側，$t_{.05(41-1)} = 2.021$）

3. 下列是100名學生智商與國文測驗結果：

	智商（X）	國文（Y）
平均數	110	76
標準差	12	9
相關係數	.80	

(1)試求以智商預測國文成績的迴歸公式。

(2)某生智商125，預測其國文成績。

(3)計算估計標準誤，以及設定該生眞正國文成績可能落於95％的信賴區間。

4. 試說明下列相關統計法適用於何種資料：

(1)r（積差相關，product-moment correlation）

(2)ø相關（phi correlation）

(3)C（列聯相關，Contingency correlation）

(4)W（Kendall和諧係數，coefficient of concordance）

(5) η（相關比，correlation retio）

5. **變異數摘要分析表**

變異來源	離均差平方和	自由度	均方	F
組間	290.75		①	②
組內	③		④	
全體	424.5	⑤		

$F_{.01(2,15)} = 6.36$

(1)請在①、②、③、④、⑤空格內填入適當數字。

(2)分析結果如何解釋及可能做那些處理？

6. 試比較課程本位評量與動態評量之優缺點。

7. 請說明為何效標（標準）參照測驗不能使用常模參照測驗之試題分析法來分析。

8. 請說明選用一份適當的標準化評量工具應注意哪些原則。

9. 某性向測驗有三個分量表，分別為語文推理、空間關係和機械推理。語文推理的標準差為15，空間關係為20，機械推理為24。該測驗的信度為0.84。現有甲、乙兩個考生的得分如下：

	甲	乙
語文推理	82	75
空間關係	68	79
機械推理	55	65

(1)在95.44％機率下，請問甲生空間關係的真實分數可能落在哪一個範圍？

(2)請比較甲、乙兩人在機械推理上的能力表現。

10.請說明驗證構念效度的方法。

國立台北師範學院‧初教所

八十一年度

1. 試述教育研究的功用、特徵與類型。
2. 請自定一個研究題目，寫出「標題」，並敍問「研究動機」、「研究目的」與「待答問題」，然後說明「研究方法」。
3. 請說明教育研究中「取樣」（sampling）的方法及其適用時機。
4. 解釋下列名詞：
   (1)假設性構念（hypothotical construct）
   (2)標準誤差（standard error）
   (3)研究效應（validity of research）
   (4)霍桑效應（Hawthorne effect）
   (5)參與觀察（participant observation）

八十二年度

1. 試釋「研究」（research）的涵義，並說明研究的步驟。
2. 何謂研究的「派典」（paradigm）？教育研究有何主要派典？
3. 若一項有關「家長教育參與與學生學業成就之相關研

究」，所得結果是：父母在家指導子女課業的時間長短，
與子女學業成就之高低成負相關。試就此研究結果之意義
及原因加以分析。

4. 調查（survey）、實驗（experimentation）、事後回溯
（erpostfacto）及相關研究（correlational research）是
教育研究中常用的研究方法，試簡要說明這四種研究方法
的性質與功用。

5. 解釋下列名詞：

(1)分層隨機取樣（stratified random sampling）

(2)參與觀察（participant observation）

(3)不連續變項（discrete variables）

(4)內在效度（internal validity）

八十三年度

1. 請以「兒童分配公平概念之發展研究」為題，先說明應用
「縱貫」（longitudinal）與「橫斷」（cross-sectional）
兩種設計型式的實施程序，然後比較這兩種設計的優缺
點。

2. 何謂「準實驗」（quasi-experimentation）？「準實驗」
與「真實驗」（true experimentation）有何不同？請自
擬一個有關教學方法的準實驗設計，並說明其功用與限
制。

3. 試述編製「問卷」（questionnaire）的原則，並說明提高
問卷回收率的要領。

4. 何謂「行動研究」（action research）？國民小學宜如何

推展「行動研究」，試抒己見。

八十四年度

1. 請說明研究誤差（errors）的來源，以及控制誤差的方法。
2. 何謂「信度」（reliability）？常用的信度有那幾種？
   何謂「效度」（validity）？如何了解測驗的效度？
3. 就「開放教育在國民小學之實施」此一主題，討論質與量不同的研究取向。可從社會現象的基本假定，研究方法，研究者角色，及研究目的四方面切入探討。
4. 有一研究以某國小一年級學童為對象，偶數班級參加數學課程建構教學法，奇數班級採用講授演練法，一年之後觀察他們在20題非例行性數學問題上的解題策略。此研究中
   (1)依變項是什麼？
   (2)自變項是什麼？
   (3)可能之混淆變項是什麼？
   (4)如何將此變項化為中介變項？

八十五年度

1. 請舉例說明測量尺度（scale）的種類與性質。
2. 請分別說明「基本研究」（basic research）、「應用研究」（applied research）、「評鑑研究」（evalvation research）、「行動研究」（action research）等四類研究的性質與功用。
3. 在研究方法的領域中，提及研究必須有效度。在測驗與評

量的範疇中，也提及一個好的測驗評量必須有效度。同樣是效度概念，在不同的範疇中，是否其意義也隨著轉變？請闡述效度概念在測驗評量中與在研究方法中的共同及差異之處。

4. 假設您現在是一個班級的級任老師，您想要探討一個現象：「班上的小朋友座位若以小組方式，每一小組五、六個人坐在一起，不知學習及互動的情況會怎樣？」您覺得應如何進行研究以探究這個問題。

台北市立師範學院‧國教所

八十一年度

1. 選擇題：

(1)今天台北的氣溫爲攝氏30度，這種量數是屬於：　①名義變數　②次序變數　③等距變數　④比率變數。

(2)某一測驗常模羣的平均數爲50分，標準差爲 4 分，張生的得分爲10分，則他的Z分數是　①0　②41　③－1　④100

(3)統計上使用t考驗（t-test）的時間爲比較：　①兩個平均數　②兩個以上平均數　③一個平均數與一個已確立的興趣值　④①與③皆是

(4)某研究者欲瞭解性別與閱讀書籍種類之關係，其應採取的統計考驗爲：　①t考驗　②變異數分析　③皮爾遜相關　④卡方考驗

(5)以下何者爲發生第一類型錯誤的時機：　①拒絕錯誤的虛無假設　②拒絕眞正的虛無假設　③維持錯誤的虛無假設　④維持眞正的虛無假設

2. 填充題：

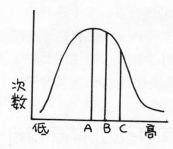

(1)左圖次數分配的特徵是呈①分配。此時，平均數、中數及眾數的位置分別是②③④。（請以A、B、C表之）

(2)某次測驗，包括國語和數學兩科，請問在該次測驗中，⑤得到最好的分數；⑥得到最差的分數；⑦得到最差的平均數。

	平均數	標準差	甲生	乙生	丙生
國語測驗	90	30	60	85	100
數學測驗	20	4	25	19	22

(3)相關係數的值介於⑧與⑨之間。

(4)標準九是一種全部為正整數的常態化標準分數，其平均數為5，標準差為⑩。

3. 解釋名詞：

(1)研究變項

(2)試題分析

(3)顯著水準

(4)行動研究法

(5)關聯樣本

4. 問答題：

(1)教育研究有「量的研究」及「質的研究」之分，試各舉一研究法說明其優點及限制。

(2)某研究者從事「國民小學教師角色衝突與工作滿意之關係」研究，其研究對象爲台灣地區公立國民小學教師。首先，自台灣地區各縣市選取若干國小，然後從這些國小教師中抽取若干爲樣本，發出「國民小學工作及教學狀況調查問卷」共計800份，最後收回400份。其取樣分配如下：

縣市別	台北市	高雄市	台北縣	台中市	雲林縣	台南縣	花蓮縣
校數	10	10	8	8	7	8	5
人數	150	150	120	110	95	105	70

試就該研究所採之研究方法、取樣方式、過程及問卷回收等分析評論並提出改進之方。

(3)簡述「研究計畫」的功用及主要內容。

八十二年度

1. 選擇題：

(1)學生的准考證號碼是屬於那一種變數？　①類別變數　②次序變數　③等距變數　④比率變數。

(2)四分差所最重視的一個團體中那一部份人的得分？　①前25%　②後25%　③前10%　④中50%　⑤後50%。

(3)甲研究生在計算3×5的X^2列聯表時，其自由度是多少？　①15　②12　③10　④8　⑤6。

(4)下列敍述中何者是最正確的

①T分數的平均數是50，標準差是5。

②常態分配中，得分在上下一個標準差之間者，占總人

數的68％左右。

③有相關存在，不一定有因果關係存在。

④敘述統計是從樣本推論母羣體的特徵。

(5)下列敘述中何者是錯誤的？

①效度是指測驗結果的一致性與穩定性。

②信度是指一個測驗在使用目的上的有效性。

③信度是效度的必要條件。

④克郎巴赫（L. J. Cronbach）所創的 α 係數是一種信度資料。

2.填充題：

(1)某研究所舉行「教育研究法」的考試，每一考生均答完全部題目，則全體考生答對題目數與答錯題目數的相關係數是(A)。

(2)陳老師決定要將該班第二次段考的國語成績，每人均加6分，則他原來為全班計算的下列各項統計量數，將有何變化？

①全距：(B)　②平均數：(C)　③標準差：(D)

④中數：(E)　⑤衆數：(F)　⑥變異數：(G)

(3)周生想研究「女老師的任教意願是否比較高」的這項問題，試就此研究回答以下問題：

①此問題的虛無假設是：(H)

②在本研究中，第一類型錯誤是指：(I)

③在本研究中，第二類型錯誤是指：(J)

(4)試為下列研究問題，選擇一項最合適的統計方法：

①李生想探討「投考與未投考研究所的國小老師，其對

　　　工作的滿意程度是否有差異」：(K)

　　②張老師想研究「該班學生上學期缺席的次數與數學三
　　　次段考的總分的關係如何？」(L)

　　③林校長想研究「該校低、中、高家庭社經背景的學
　　　生，其假日休閒活動的種類是否有差異？」(M)

3. 解釋名詞：

　(1)自變數（independent variable）

　(2)依變數（dependent variable）

　(3)名義變數（hominal variable）

　(4)連續變數（continuous variable）

　(5)中介變項

4. 問答題：

　(1)請簡述三種隨機抽樣的方法。

　(2)請簡述論文的結構。

　(3)如果你想以「國小學生智力與創造力之關係研究」為題
　　進行研究，試回答以下問題：

　　①有關「智力」這個名詞，試擬一「概念性定義」，和
　　　一「操作性定義」。

　　②請為該主題，擬定一項待答問題及其研究假設。

八十三年度

1. 簡答題：

　(1)試依下列各項所述狀況，為每項選擇一種最合適的研究
　　方法。

　　①林教授想比較海峽兩岸國小國語科教科書中，有關鄉

土教育方面的教材份量與性質：<u>(A)</u>

②張研究生請二位級任老師協助，分別將其教室座位排成馬蹄形以及傳統的縱行方式，以比較學生學業成績的差異情況：<u>(B)</u>

③陳先生想由我國的歷代相關文獻中，探討中國人對教師體罰的觀念：<u>(C)</u>

④丁研究生想住在師範學院大學部的學生宿舍中，以研究師範學院學生的次文化：<u>(D)</u>

⑤孫老師想研究班上一位單親家庭的學生，其問題行為的原因，以進行適當的輔導策略，解決問題行為：<u>(E)</u>

(2)假設你正想以「我國教師對罷教權之意見調查」為題進行研究，試回答以下問題：

①請為該主題擬定一項待答問題：<u>(F)</u>；此問題的研究假設是：<u>(G)</u>

②假設目前我國有教師二十萬人，其中屬公立者有十七萬人，私立者有三萬人，如果我想抽出五千人為樣本，為使樣本具代表性

a.你所抽的私立學校教師樣本人數應為：<u>(H)</u>

b.這種抽樣的方式稱為：<u>(I)</u>

c.此研究的母群體是：<u>(J)</u>

c.此研究的抽樣單位是：<u>(K)</u>

(3)劉生在論文中參考了<u>民國67年</u> <u>台北市</u> <u>中華書局</u> 出版的
<u>楊國樞</u>等人所編之《<u>社會及行為科學研究法</u>》之中的第十
七章（493～548頁），這章的作者是<u>林清山</u>，章名為

儀器記錄法。若依照美國心理學會（APA）所訂參考書目的格式爲標準，劉生將上述資料列於書目時，其正確的排列順序應爲：（請以代號寫出）(L)

2. 問答題：

(1)試舉出一項連續變項（contlnuous variable），然後再說明如何將之轉變爲類別變項（categorical variable）。

(2)試申述研究者應怎樣對待研究對象，才算是遵守了研究倫理。

(3)從事教育研究時，研究者需根據研究結果所造成的影響來設定統計的顯著水準，請簡述設定顯著水準的原則，並舉例說明。

(4)當代主要的測驗統計理論爲古典測驗理論和試題反應理論，請簡述這兩種理論，並比較其優缺點。

(5)當完成研究資料收集工作後，接著就是誰有資料輸入電腦檔案的工作，請簡述資料輸入的基本步驟和注意事項。

(6)在統計中，各種變數的類型會隨著其量尺的性質而改變，請簡述下列各項變數的定義。

　①名義變數（nominal varible）

　②次序變數（ordinal variable）

　③等距變數（interval variable）

　④比率變數（ratio variable）

(7)請簡述卡方考驗（Chi-square Test）的適用時機與限制。

八十四年度

1. 解釋名詞：
   (1)外在鑑定（external criticism）
   (2)隨機分派（random assignment）
   (3)one-way ANOVA
   (4)simple regression
   (5)Reliability
2. 試說明行動研究法（action research）的意義，然後比較其和一般傳統研究的差異。
3. 試簡要說明某一調查研究、觀察研究或者歷史研究的一個論文實例，然後就研究方法上評論此一論文的優劣。
4. 今年初，台北市教育局爲減輕國小學生的考試壓力，下令全台北市公立國小本學期各學科學習成果第一次定期考察全部改爲採用「非紙筆測驗」。假設你正好也是台北市公立國小教師，請問你要如何進行「非紙筆測驗」？請先從國語、數學、自然或社會等四個學科中，任選一科，然後列舉一個簡短的實例說明之；最後再簡要評述「非紙筆測驗」的優缺點。

八十五年度

1. 問答題：
   (1)請簡述變數或量尺的分類法與類別。
   (2)實驗研究法是教育研究中常用方法之一，惟實驗結果的可靠程度，則必須考慮實驗效度，請就您所知，分別列

舉影響實驗的內、外在效度的因素，並說明之。

(3)某研究者進行「台北市國民小學校長領導風格與教師工作滿足關係之研究」，其研究主要變項為領導風格、工作滿足，請回答下列問題：

①請就其主要變項說明其概念性定義和操作性定義。

②請就您所知，說明其研究問題和研究假設。

2.解釋名詞：

(1)歷史研究（historical research）

(2)系統抽樣（systematic sampling）

(3)甘特圖法（Gantt chart method）

(4)Significant Level

(5)Type I Error

八十六年度

1.解釋名詞：

(1)因素分析（factor analysis）

(2)變異數分析（analysis of variance, ANOVA）

(3)迴歸係數（regression coefficient）

(4)三角測量法（triangulation）

2.問答題：

(1)請說明事後回溯法（causal-comparative study）的研究步驟，並指出它與相關研究法和實驗研究法的異同。

(2)請說明研究計畫的意義和功能，並指出一研究計畫應該包括那些內容。

(3)從事研究必須進行文獻探討，試說明文獻探討的目的何

在？組織文獻的方式有那些？以及撰寫文獻探討時應注意那些事項？

(4)試舉出一項適合採用「內容分析法」探究的教育研究主題？並依此主題合理地擬出二項研究問題、該研究所欲分析的對象、以及該研究考驗信度的方式。

新竹師範學院・國教所

八十二年度

1. 試說明並比較下列各名詞：
   (1)變異數（variance）
   (2)標準差（standard deviation）
   (3)測量標準誤（standard error of measurement）
   (4)平均數的標準誤（standard error or mean）

2. 試就(1)抽樣的研究樣本，(2)資料的分析方法與(3)信度與效度的求法來比較「內容分析法」與「問卷調查法」的異同。

3. 教育研究大體上可分為兩個派典（paradigm）：質的研究（qualitative research）與量的研究（quantitative research）。請就其對於社會世界（social world）的基本假定、研究的目的、研究的方法、研究者的角色與研究派典五方面，扼要比較兩者不同，並以你個人的觀點，分析孰優孰劣？兩者可有調和應用之可能？

4. 有位教授想了解「師院生之學校生活適應與自我概念的相關」，因此他以新竹師院四年級的學生一共二百五十二名來做研究。其中初教系男生三十名，女生四十名；語教系男生二十名，女生十五名；社教系男生十七名，女生十九

名；數理系男生二十名，女生三十一名；幼師科女生六十名；合計男生八十七名，女生一百六十五名。研究的工具包括(1)學校生活適應量表，是採用萊克（Likert）五等量表，分別是非常滿意、滿意、無意見、不滿意和非常不滿意；(2)自我概念量表，也是採萊克的五等量表。請就下列的研究目的，提出(1)你個人的研究假設，(2)陳述該假設下的自變項、依變項或混淆變項，(3)提出適當的統計方法，(4)使用該統計方法的理由。

研究目的如下：

(1)瞭解師院不同科系與性別在四年級師院生之學校生活適應上的差異情形。

(2)瞭解師院四年級學生之生活適應與自我概念的相關情形。

八十三年度

1. 試解釋下列名詞：
   (1)分層隨機抽樣（stratified random sampling）
   (2)統計迴歸（statistical regression）
   (3)三角測定法（triangulation）
   (4)常態分配（normal distribution）
   (5)Z 分數（Z-score）
2. 試以「師院生對師資培育多元化的態度調查研究」為例，簡要提出你對此一研究問題的：研究目的與假設，抽樣方法，研究工具設計，資料處理方法。
3. 質的研究一般要求長時間的田野工作，請針對下列三方

面：研究者本身先入為主的成見，研究者與被研究者的關係，研究者可能涉及之研究倫理問題，分別說明對於一個田野工作者而言，最大的挑戰為何？如何克服之？

4. 一般而言，對一筆研究資料進行統計分析時，須依研究者的研究目的、研究興趣與研究假設，再依其資料的特性來選擇適當的統計分析方法。請說明下列四種統計分析方法，並分別舉例說明其適用之情境。

(1) t 檢定（t-test）

(2)變異數分析（analysis of variance）

(3)迴歸分析（regression analysis）

(4)卡方檢定（X^2 test）

八十四年度

1. 試解釋下列各名詞。：

(1)月暈效應（halo effect）

(2)中介變項（intervening variable）

(3)交叉檢核（cross checks）

(4)統計考驗力（power of test）

2. 研究者想瞭解新課程對數學成就的影響，並施以性質相近的前後測，前後測的總分各為100，測驗結果發現前測分數低者，後測時進步較多（X2-X1＝22.1），而前測表現較好者，後測進步反而少（X2-X1＝3.6）。根據這個結果，研究者認為新課程對程度較差者較有效。試問這個結論是否合理？是否有其它的原因可以解釋此進步分數的差異？應如何克服此現象，請提出合適的實驗設計。

3. 如何建立質的研究之效度（validity）？一項質的研究應
   具備那些基本條件，才算是「好」的研究？請列出五項條
   件，並分別說明之。

4. 何謂「集中量數」（measures of central tendency）與
   「變異量數」（measures of variability）？此兩種概念
   在統計分析學上之重要性為何？

八十五年度

1. 名詞解釋：
   (1)效標關聯效度（criterion-related validity）
   (2)中央極限定理（central limit theorem）
   (3)霍桑效應（Hawthorne effect）
   (4)亨利效應（Henry effect）
   (5)變異數同質性（Homogeneity of variance）

2. 試比較下列五種基本的抽樣方法：
   (1)隨機抽樣
   (2)系統抽樣
   (3)分層隨機抽樣
   (4)叢集抽樣
   (5)配額抽樣

3. 某位教育研究所碩士班學生選擇以質的研究為方法來進行
   其碩士論文研究。起初她曾明確對參與研究的當事人保
   證，將充份保障其匿名性並將保護其不受到可能的傷害。
   但在研究過程中，研究者發現此位研究當事人經常在教室
   內對學生實施不正當體罰，甚至曾有學生因此受傷。研究

者內心頗為掙扎，不知應該信守最初承諾，對於該位當事人的行為保密？還是應該舉發不當體罰事實？研究者曾嘗試與當事人及校長溝通，均不得要領，而研究者之碩士論文也即將完成：：。如果是你，你將如何抉擇？基於什麼理由？

4. 某研究者想探討「對於不同性別（男或女）、不同學習動機（低或高）的國小學童是否應使用不同教學法（Ａ或Ｂ或Ｃ）才能使學童的數學科學習效果達到最大」。請問上一研究者所設立之研究假設為何？為考驗這些假設，此研究者應進行何種變項測量？另外，為考驗這些假設，此研究者應進行何種統計分析，為什麼？

台中師範學院・國教所

八十一年度

1. 已知甲乙兩校六年級學生之體重均符合常態分配，今自兩校六年級學生中，各隨機抽取十名，得樣本平均數與標準差分別爲$X=34$, $S1=5$, $X_2=30$, $S_2=2$試問 (1)兩者體重之變異數的差異是否達到0.05顯著水準？(2)兩者平均體重的差異是否達到0.05顯著水準？

〔$F_{0.775}(9.7)=4.03$, $t_{0.975}(18)=2.101$, $t_{0.975}(12)=2.179$〕

2. 五位受試者在一套八題所構成用以測量對學校態度的五點量表上的反應情形，得重要數據如下述變異數摘要表所列：

變異數摘要表（ANOVA）

變異來源	離均差平方和（SS）	自由度（d.f）	均方（MS）	Y值
試題間	1.4	7	(c)	(F1)
受試者間	(A)	4	(D)	(F_2)
誤差	14.0	(B)	(E)	
總和	30.2	39		

(1)試依序寫出上表中A, B, C, D, E, F1, F2 七處之正確數

值？

(2)試問試題間變異是否達到0.05顯著水準？

(3)試問受試有間變異是否達到0.01顯著水準？

(4)試求此態度量表之P亦將（C.Hoijt）信度係數？

〔$F_{0.95}(7, 4)=5.07$, $F_{0.95}(7,28)=2.36$, $F_{0.99}(1,7)=7.85$, $F_{0.99}(9,28)=0.07$〕

3. 假設的類型有那兩種，請舉例說明之，良好的假設應符合那些標準（criteria）？

4. 行動研究何以特別適合於學校實際問題之研究？其限制如何？

八十二年度

1. 請簡答下列各項：

(1)質的研究（qualitative reserch）

(2)時間系列設計（time series design）

(3)田野研究（field research）

(4)評鑑研究（evaluation research）

(5)非結構性觀察（unstruitured observation）

2. 個案研究法資料之來源可分為幾類？試說明之。

3. 試列舉你所知之各種多重比較法？並說明其適用時機？另分別在兩類型錯誤機率大小為優先之準則下比較有關之多重比較法之優劣？

4. 已知甲乙兩校六年級學生之數學成績X1,X2符合常態分配 $N(\mu_1, \sigma_1^2)$, $N(\mu_2, \sigma_2^2)$，今分別自甲乙兩校六年級學生中各隨機抽取隨機樣本，樣本大小依次為n1＝8（人），

n2＝10（人）得數學成績之樣本平均分別爲$\overline{X}_1$＝89, $\overline{X}_2$＝85樣本不偏標準差分別爲S1＝2, Si＝5試在 α ＝0.05之顯著水準下考驗下列三者：

(1)H_0： $\sigma_1^2 \sigma_2^2$V.S. H1: $\sigma_1^2 \gneqq \sigma_2^2$

(2)H_0： $\mu_1＝\mu_2$V.S.　H1: $\mu_1 \gneqq \mu_2$

(3)H0： $\mu_1＝\mu_2＋2$ V.S. H1＝ $\mu_1 > \mu_2＋2$

〔$F_{0.975}(8,10)$＝3.85 $F_{0.975}(10,8)$＝4.30

$F_{0.975}(7,9)$＝4.20 $F_{0.975}(9,7)$＝4.82

$t_{0.95}(.18)$ ＝ 2.101　$t_{0.975}(16)$ ＝ 2.120　$t_{0.975}(13)$ ＝ 2.16

$t_{0.72}(12)$＝2.8

$t_{0.95}(.18)$ ＝ 1.734　$t_{0.95}(16)$ ＝ 1.746　$t_{0.95}(13)$ ＝ 1.771

$t_{0.95}(12)$＝1.78

八十三年度

1.(1)變異數分析的基本假定爲何？

(2)試列舉變異數同質性考驗的方法？

(3)當變異數分析基本假定經考驗不合時，應考慮採用那幾種資料之轉換？

(4)若經各種資料轉換均不合時，則應採用何種統計分析方法？

(5) 何 謂 變 異 數 分 析 之 關 聯 强 度 （ strength of association ）？

2.(1)在迴歸分析中「不偏估評標準誤$\hat{S}y.x$」與「不偏標準差$\hat{S}y$」有何不同？

(2)迴歸方程決定之直線通常必會通過一定點，此定點爲

何？

(3)相關係數、決定係數（coefficient of determination）與疏離係數（coefficient of alienation）三者之關係為何？

(4)若已知Sxy、Sx、Sy、x̄、ȳ則迴歸方程式應為何？

(5)迴歸分析與變異數分析有何關係？

3.請簡答以下各類：

(1)大慧法（DELPHL Technique）

(2)叢集抽樣（cluster sampling）

(3)同時效度（concurrent validity）

(4)內容分析法（content analysis）

(5)泛文化研究（cross-cultural study）

4.單一受試者設計何以不能與個案研究混為一談？其與團體設計的內在效度特徵，有何差別？

八十四年度：

1.請簡答下列各題：

(1)實驗設計與變異數分析之關係為何？

(2)試舉例說明實驗控制與統計控制之異同處？

(3)事前多重比較與事後多重比較之適用時機為何？

(4)何謂簡單相關（simple correlation），複相關（multiple correlation）與典型相關（canonical correlation）？其幾何意義分別為何？

(5)何謂平衡對抗法？試舉例說明之。

2.解釋下列名詞：

(1)自由度（degree of freedom）

(2)樣本合併變異數$S_p{}^2$（sample pooled variance）

(3)統計考驗力（power of test）

(4)交互作用（interaction effect）

(5)Box-Cox冪轉換（power transformation）

3. 請簡答以下各題：

(1)John Henry效應（John Henry effect）

(2)標準參照測驗（criterion-referenced tests）

(3)Alpha係數（Alpha coefficient）

(4)所羅門四組設計（Solomon four-group design）

(5)雙盲實驗（double blind experiment）

4. 觀察研究法，根據記錄（recording）觀察資料的方式，可以分為幾種類型？並舉例說明之。

八十五年度

1. 在獨立樣本二因子實驗中，若A因子有 2 水準，B因子有 3 水準，且各細格中同具 8 受試常態反應值，試就各種可能假設列出其變異數分析之重要過程。

2. 試列出你所知之試題分析方法並比較其優劣。

3. 試述量的研究與質的研究各有何優缺點。

4. 觀察方法中，要如何減少觀察者的偏誤（Biases）或影響（Effect）？試申論之。

八十六年度

1. 兩常態母體N(μ_1, $\sigma_2{}^1$),N(μ_2,$\sigma_2{}^2$)獨立樣本之檢定，已

知樣本大小$n_1, n_2 = 16$樣本平均數$\overline{X_1} = 80$，$\overline{X_2} = 70$，樣本不偏變異數$S_1^2 = 64$, $S_2^2 = 36$，設定$\alpha = 0.05$，試檢定下列各項：

(1)$H_0: \sigma_1^2 = \sigma_2^2$　V.S. $H_1: \sigma_1^2 \neq \sigma_2^2$

(2)$H_0 = 3\sigma_1^2 \leq 2\sigma_2^2$ V.S.$H_1: 3\sigma_1^2 > 2\sigma_2^2$

(3)$H_0: \mu_1 \leq \mu_2$ V.S. $H1: \mu_1 > \mu_2$

(4)$H_0: \mu_21 \leq \mu_22 + 5$ V.S. $H_1: \mu_1 > \mu_2 + 5$

(5)$H_0: \mu_1 - \mu_2 \leq 6$ V.S. $H_1: \mu_1 - \mu_2 > 6$

　　（ 其中$F_{0.95}(15,15) = 2.40$ $F_{0.975}(15,15) = 2.86$

　　$T_{0.25}$ {30} $= 1.6971$ ）

2. 解釋下列名詞：

　(1)峯度係數g2（ Coefficient of kurtosis ）

　(2)疏離係數（ Coefficient of alienation ）

　(3)估計標準誤（ Standard error of estimate ）

　(4)正交比較（ Orthogonal Comparison ）

　(5)單純主要效果（ Simple main effect ）

3. 試舉例說明多基線設計，多基線設計應注意那些要點？

4. 以實驗法研究教育問題時，影響其內外效度的因素有那些？試述之。

嘉義師範學院・國教所

八十二年度

1. 選擇題：

(1)研究國小教室設備現況時，按照智、仁、勇三類學校的比例來抽取樣本實施調查，這種抽樣方法為： ①簡單隨機抽樣法 ②分層抽樣法 ③系統抽樣法 ④叢集抽樣法

(2)下列何者是「操作性定義」： ①字典中對名詞的定義 ②將數學能力定義為期考的成績 ③將寂寞定義為孤單的感覺 ④以一種概念定義另一種概念

(3)下列何者為有方向性的假設： ①男生和女生在閱讀上有顯著的差異 ②領導方式與工作效率間無顯著相關 ③高收入家庭和低收入家庭父母教養子女的態度並無差異 ④修過教育研究法課程的比沒有修過的具備較多研究方面的知識

(4)下列何者為虛無假設： ①聯考考高分的考生比聯考考低分的成績好 ②採用啟發式教學法與採用創造式教學的學習效果不同 ③室內燈光強弱與閱讀的成績沒有關係 ④智力與焦慮有正向相關

(5)如果有人想要探討懲罰是否會抑制個體表現某種行為，

則這種研究屬於： ①應用研究 ②基本研究 ③教學研究 ④評鑑研究

(6)下列何者會直接影響研究的外在效度： ①研究過程中因意外事故而影響受試者的表現 ②研究的測量工具有誤差 ③參與研究的受試者是志願參加的 ④研究程序有瑕疵

(7)觀察者在觀察之前，若事先知道了被觀察者的成績，因而影響其對被觀察者的學習動機的觀察，這種效應稱為： ①觀察者對被觀察者的影響 ②觀察者的偏見 ③評定的誤差 ④混淆

(8)採用觀察法觀察教師發問的性質是記憶性或啓發性的，則所觀察的變項屬於： ①描述性 ②推論性 ③評論性 ④分辨性

(9)下列何者屬於歷史資料的內在鑑定範圍？ ①鑑定資料的眞正作者是誰 ②原始資料筆跡的比較 ③作者是否具有報導此一領域的能力 ④文章的寫法是否和時代背景符合

(10)準實驗研究法與實驗研究法的主要差異處在於： ①隨機抽樣 ②隨機分派 ③隨機處理 ④隨機分化

(11)如果想要探討水質對人類健康的影響，下列那一種研究方法較適宜： ①調查研究法 ②實驗研究法 ③事後回溯研究法 ④相關研究法

(12)從事實驗研究時，以隨機的方式讓部份受試者接受實驗處理，另一部份則作爲控制組，這稱爲： ①隨機抽樣 ②隨機分派 ③隨機處理 ④隨機分化

⒀某班的學生被告知要接受一種新教學法的實驗，在實驗期間表現特別認眞，因而影響了實驗的效果，這種影響稱爲： ①同時事件 ②強亨利效應 ③霍桑效應 ④差異的選擇

⒁如果選取特別高分或特別低分的對象從事實驗研究可能會影響實驗的： ①內在效度 ②外在效度 ③建構效度 ④效標關聯效度

⒂想要了解國小校長對體罰的看法時，下列那一種研究方法較適宜： ①調查研究法 ②實驗研究法 ③事後回溯研究法 ④相關研究法

⒃下列敍述何者是對的： ①個案研究法係用來解決問題，不能用來考驗假設 ②個案研究的結果具應用性而不具普遍性 ③個案研究的研究對象是個人而非團體 ④個案研究必須廣泛蒐集資料，因此研究不易深入。

⒄下列何者不是調查研究法的特徵： ①是一種廣度而非深度的研究 ②所研究的變項主是社會學變項及心理學變項 ③可用於探討變項間之因果關係 ④是屬於決定導向而非結論導向

⒅下列敍述何者是正確的： ①相關係數的顯著性並不受樣本人數的影響 ②樣本的能力愈不一致相關係數愈大 ③相關係數90代表兩變項相互預測的比率爲90％ ④相關係數說明了某一變項影響另一變項的程度

⒆如果某次測驗所成的分配中P70是70分，則下列何者是對的： ①這個測驗的滿分爲100分 ②P80是80分 ③這個分配是正偏態 ④中位數低於70分

⒇在一個偏態的分配中，均數、中位數、及衆數的關係應
是： ①中位數比衆數大 ②均數比中位數大 ③均數
最小 ④衆數最小

(21)某班月考數學的平均爲45，標準差是10，如果數學老師
爲每位同學各加25分，則新的標準差是爲： ①10 ②
15 ③35 ④7

(22)某校國文會考某生考60分，其Z分數爲0，百分等級爲
10，則下列何者是錯的： ①國文會考的平均數爲60分
②有半數學生考不及格 ③該生的T分數爲60 ④在常
態分配下，國文會考的中數爲60分

(23)已知一常態分配的中位數爲100，變異數爲64，若某生
的Z分數爲0.5，則其原始分數爲： ①96 ②104 ③
132 ④無法算出

(24)下列何者的表現最差： ①P50＝23.5 ②Z＝-1.2 ③
T＝30 ④PR＝55

(25)以某校1000名學生爲研究對象，發現其智力與成就間的
相關.80，但是僅以資優班的100名學生爲研究對象，卻
發現相關只有.10，下列何者可以說明這種差異的原
因： ①因爲資優班的人數較少，所以相關較低 ②因
爲資優班的素質較齊一，所以相關較低 ③因爲資優班
中，智力與成就的關係並非直線的，所以相關較低 ④
因爲測量工具有誤差

(26)在下列四種情況中，何者應使用雙側考驗： ①考驗女
生的語文能力是否比男生好 ②考驗常翹課的學生成績
是否比一般學生差 ③考驗體育組的學生體能是否優於

其他學生　④考驗個別化教學的效果是否有別於團體教學

⑵假設其他條件不變，增加抽樣的樣本人數，抽樣分配的標準誤會：　①變大　②變小　③不變　④不一定

⑵兩個母群體的 μ 均為10，σ^2 均為100，如果各由其抽出 N＝100 的樣本，則樣本平均數所成之抽樣分配的 μ 為：　①10　②100　③0　④1

⑵下列何者不是估計標準誤的意義：　①是被預測分數的標準差　②是誤差變異量占總變異量的比率　③是預測誤差的標準差　④是用推估預測分數的真正分數

⑶試題項目分析的主要作用在於：　①分析試題所包含的向度　②檢驗試題的性質　③瞭解學生的學習程度　④檢驗試題內容的範圍

⑶下列何者為獨立樣本：　①選修教學原理與教育統計二門課程的學生　②二十對雙胞胎　③一年甲班教育統計的月考成績及期考成績　④兩輛公車上的乘客

⑶考驗假設時，下列何者最容易拒絕統計性假設：　① α ＝.01的單側考驗　② α ＝.05的單側考驗　α ＝.01的雙側考驗　④ α ＝.05的雙側考驗

⑶下列何者為名義尺度：　①教育研究法的基中考成績　②宿舍寢室的號碼　③衣服的型號：大、中、小、特大　④各圖書館的藏書量

⑶下列何者不適合用常模參照測驗：　①國語文競賽　②教師能力檢定　③評定學生名次　④大學入學考試

⑶如果我們想購買坊間現成的測驗卷作為學習評量工具，

　　則最值得考量的是：　①內容效度　②表面效度　③建
　　構效度　④效標關聯效度

2. 名詞解釋：
　(1)整合分析（meta-analysis）
　(2)操作性定義（operational definition）

3. 何謂「統計迴歸效應（statistical regression）」？該效應
　常被誤解為實驗效果，請問如何降低此種效應？（請從測
　量工具及樣本上去思考）

4. 質的研究（qualitative research）通常是採演繹法或歸納
　法去分析資料？其主要的研究技巧有那些？您認為此種研
　究方法最適合何種時機下使用？

5. 為何一個測驗的信度高，效度不一定高？

6. 教育行政單位常將學生之測驗分數直線轉換（linear
　transformation）為標準分數（standard score），請問：
　(1)其目的是什麼？
　(2)在什麼情況下這種轉換分數會有誤差（bias）？
　(3)如有上述情況，該如何處理以避免可能造成的誤差？

7. 何國安老師想探討學生智力與其家長社經地位的關係，他
　從嘉義市的國小中隨機抽取了三所學校，並以這三所學校
　的學生為研究對象。根據家長之社經地位，將學生分成
　高、中、低社經地位三組。比較三組學生智力測驗分數
　後，發現三組有顯著的差異，高社經地位組平均分數顯著
　高於中社經地位組，中社經地位組則顯著高於低社經地位
　組，因此何國安老師乃下結論指出「家長的社經地位會影
　響其子女的智力」。問題：

(1)何國安老師所用的是何種研究方法？

(2)何國安老師所用的是何種的抽樣方法？

(3)何國安老師所用的應該是何種統計方法？

(4)何國安老師所下的結論正確嗎？請說明理由。

8. 某一資料分析者為探討國小四、五、六年級學生之出席率是否有所差異，而進行單因子變異數分析，結果如下表：

變異來源	SS	Df	MS	F
組間	70	□	□	□
組內	□	□	□	
總數	280	23		

問題：(1)請在□填入正確數字，以代為完成變異數分析摘要表。

(2)若 α 定在.05，則本題的F顯著水準的臨界值應為3.48，請問根據變異數分析摘要表中的 F 值應作何推論？有何意義？

9. 請說明：

(1)第一類型錯誤（Type I error）與第二類型錯誤（Type II error）之關係。

(2)Type I error與統計考驗力（power）之關係。

(3)樣本大小與統計考驗力（power）之關係。

10.積差相關係數學與卡方考驗的目的都是在檢定二個變項間之關係，請問此二種統計方法在應用上有何差異？

八十三年度

1. 請從對社會世界的基本假定、研究目的、研究方法與研究者角色來說明「量」與「質」兩種研究派典的差異。

2. 王老師想研究「不同年級學生與學校態度的關係」，請根據王老師的研究提出方向假設、非方向假設與虛無假設，並說明研究假設所採用的顯著性檢定方法。

3. 試以下列資料，繪製相關矩陣；並以.40為該項研究相關的顯著水準臨界值，來說明其發現。

   智力與成就動機　　　　.52
   智力與焦慮　　　　　　-.24
   智力與學業成就　　　　.75
   成就動機與焦慮　　　　-.33
   成就動機與學業成就　　.63
   焦慮與學業成就　　　　-.45

4. 劉老師想研究某大學學生的人際承諾及自我統整的關係，乃從該大學學生中抽取500人為樣本，該大學各年級學生人數分別為大一是1040人，大二是850人，大三是660，大四是450人，劉老師以比例分層取樣，請說明取樣比例及各年級應抽取的人數。

5. 請舉例說明發展研究的綜合設計（含橫斷設計、縱貫設計與時間差隔設計）。

6. 請說明文獻閱覽的功用及撰寫文獻的要領。

7. 何長青老師想探討性別對於創造力有否影響，因此決定以國小六年級學生為對象從事實證性研究。他從嘉義市的國

小中隨機抽出八所學校，經徵得這八所學校的校長同意後，向這些學校的所有六年級學生施以薛瑞氏創造力測驗。經以統計方法考驗男女受試者在薛瑞氏創造力測驗上的得分後，發現有顯著差異，因此乃下結論云：「性別因素影響創造力」。

試問：

(1)本研究之研究問題為何？

(2)本研究之研究假設為何？

(3)本研究之抽樣方法為何？

(4)本研究之樣本為何？

(5)本研究對創造力的操作型定義為何？

(6)本研究之研究變項為何？

(7)本研究所用之研究方法為何？

(8)較適切的統計方法為何？

(9)本研究之外在效度為何？

(10)本研究所下之結論是否適切？請陳述理由。

8. 電腦輔助教學被認為能增進學生的學習興趣，為了驗證這個論點，李大同老師從他服務的國小中，隨機抽了四班五年級的學生，並隨機將其中的兩班學生分派至實驗組，其餘兩班則當作控制組。在進行研究之前，兩組學生均施以李大同自編之學習興趣量表，而後實驗組學生每天接受兩小時之電腦輔助教學，控制組則否。三個月後，兩組學生再次施測學習興趣量表，經統計分析後，發現實驗組在這次測驗的表現顯著優於控制組的學生，因此下結論謂：「電腦輔助教學確能增進學生的學習興趣。」

請問：

(1)本研究之研究問題為何？

(2)本研究之研究假設為何？

(3)本研究所用之研究方法為何？

(4)本研究之實驗設計為何？

(5)本研究之研究變項為何？

(6)資料分析方法是否適切？請陳述理由。

(7)若資料分析的方法不適切的話，請提出改進之建議。

(8)實際從事本研究時，最可能遭遇之困難為何？

(9)最可能影響本研究內在效度之因素為何？（至少舉出兩個）

(10)本研究最適切的題目為何？

八十四年度

1. 選擇題：

(1)下列何者是常態化（normalized）標準分數？　①T分數　②T-scaled分數　③Z分數　(4)離差分數

(2)過分自責的人在明尼蘇答多人格量表（MMPI）的得分中，何種效度分數會偏低？　①說謊分數（L）　②效度分數（F）　③校正分數（K）　④沮喪分數（D）

(3)（甲）標準分數常模（乙）年級常模（丙）年齡常模（丁）百分位數常模上述常模中，那兩種屬於團體內常模（within-group norm）？　①甲乙　②乙丙　③丙丁　④甲丁

(4)下列何種教學評量常希望測驗分數的變異量愈大愈好？

①診斷性評量　②常模參照評量　③標準參照評量　④形成性評量

(5)根據Campbell & Fiske（1959）的觀點，欲建立區別性效度與輻合性效度，可使用下列何種方法？　①多重特質——多重方法分析　②探索式因素分析　③羣聚分析　④區別分析

(6)下列何種測驗分數量表現最差？　①PR（百分等級）＝10　②Z＝-1.0　③T＝30　④Z＝0

(7)T分數分配之標準差爲多少？　①50　②1　③100　(4)10

(8)下列何種峯態係數可以描述高狹峯之特質？　①＞0　②＝0　③＜0　④以上皆非

(9)某一數學競試共有100人參加，已知百分等級爲25與75的得分分別是90與60，請問本競試分數之四分差是多少？　①30　②7.5　③15　④10

(10)下列那一個相關係數強度最大？　①.55　②-.85　③.75　④-.55

(11)（甲）數字（乙）文字（丙）統計（丁）敍述　以上那兩項特最能描述「質」的研究之特徵？　①甲乙　②乙丁　③丙丁　④甲丙

(12)教師即研究者是下列何種研究之基本特色？　①基本研究　②應用研究　③行動研究　(4)評鑑研究

(13)從母羣中抽取樣本進行研究，首重什麼？　①方便性　②地緣性　③時效性　④代表性

(14)下列何種效度涉及實驗研究結果的「可靠性」問題？

①內在效度　②外在效度　③區辨效度　④關聯效度

(15)「喜歡念教育研究的人，多半是性情中人」的測量最高
　　層次是什麼？　①等距量尺　②等比量尺　③名義量尺
　　④次序量尺

2.問答題：

(1)教育研究的題目至少應包含那些要素？

(2)為何相關性之研究結果不能作為因果推論？

(3)一位國小教師計畫進行一項遊戲治療之研究，對象為生
　　活適應欠佳之國小兒童，請代為擬出幾個合理之待答問
　　題（或研究假設），並據此規畫出研究架構（research
　　frame），以明確標示出自變項（含主要變項、次要變
　　項等）與依變項間之整體關係。

(4)某國小校長想利用暑期為五年級數學較差的學生進行課
　　業輔導，因此根據前一學期數學期考的成績挑出低於30
　　分的學生共36名，經得其家長同意後，於暑假進行連續
　　四週，每週兩次之課業輔導。為了評估課業輔導的成
　　敗，乃商請以鄰近另一所國小的五年級學生作為比較之
　　用。由於這校期考均採相同的試卷，經查閱該校五年級
　　學生的期考成績後，發現共有41名學生低於30分。課業
　　輔導結束後，參加課業輔導的學生和鄰近學校的這41名
　　學生均再施以前學期期考的試卷。經統計分析後，發現
　　參加課業輔導和未參加課業輔導者之成績並無顯著差
　　別。但經比較參加課業輔導學生的前後測成績，卻發現
　　有顯著進步。請回答下列問題：
　　①本研究所用的研究方法為何？

②本研究之實驗設計爲何？

③本研究所用的統計方法爲何？

④有何原因可用以解釋該研究的結果？（請聞出最重要者）

(5)某一研究者編製了一份測驗，欲驗證這份測驗的信度，他用奇數題的總分和偶數題的總分求相關，結果發現相關只有.437，他覺得測驗的信度並不高，因此不打算使用這份測驗。請舉出有那些可能的原因，使得這份測驗的信度不高。

(6)大學生魏氏成人智力測驗的平均數100，標準差爲15，如果由大學生中隨機抽出一人數爲25的樣本，則有95％的機率，這個樣本的平均數介於多少之間？

(7)何謂隨機抽樣分配（Random Sampling Distribution）？隨機抽樣分配與顯著性考驗（Test of Signifance）間的關係爲何？

八十五年度

1.選擇題：

(1)一位國小三年級的級任老師，在他所教的兩個班上進行速讀研究，其中一班爲男生班級接受傳統式閱讀訓練，另外一班爲女生班接受速讀訓練；一年後發現女生班學生的閱讀能力顯著優於男生班的學生，請問這項研究結果最可能缺乏那種效度？　①內在效度　②同時效度　③外在效度　④預測效度

(2)在歷史研究法中，非由觀察事件者提出的文件或錄音報

告通常被視爲何種史料？ ①次要史料 ②主要史料 ③可疑史料 (4)主要史料

(3)下列何種教育研究最能確定因果關係？ ①事後回溯研究 ②實驗研究 ③個案研究 ④相關研究

(4)霍桑效應（Harthorne Effect）旨在說明何種效度之重要性？ ①人口效度 ②內在效度 ③關連效度 ④環境效度

(5)目前我國教育研究論文或報告中，偏重於使用哪種研究法？ ①調查研究法 ②實驗研究法 ③個案研究法 ④歷史研究法

(6)目前國小教師自編期中或期末測驗，應歸類於何種測驗？ ①常模參照測驗 ②典型表現測驗 ③源準參照測驗 ④標準化測驗

(7)一研究者如欲瞭解其研究工具所測量之結果在時間上是否具有穩定性，下列何種信度應是其最爲關心的？ ①折半信度 ②庫存信度 ③複本信度 ④重測信度

(8) Z 分數（Z-score）的平均數等於多少？ ①0 ② 1 ③10 ④50

(9)編製一份國小教師性向量表作爲國小師資篩選之工具，最需重視何種效度？ ①表面效度 ②同時效度 ③內容效度 ④預測效度

(10)百分等級爲何種量尺？ ①等比量尺 ②等距量尺 ③次序量尺 ④名義量尺

(11)統計上最常使用之集中量數是什麼？ ①衆數 ②中位數 ③幾何平均數 ④算術平均數

⑿統計上最常使用之散量數是什麼？ ①標準差 ②平均差 ③四分差 ④全距

⒀相對應於第二十五個百分等級的統計量數是什麼？ ①Q1 ②Q2 ③中位數 ④平均數

⒁已知rxy＝0.60，則以 X 預測 Y 的變異量解釋度有多少？ ①40％ ②36％ ③16％ ④60％

⒂通常我們先假設虛無假設為真，再計算其發生之機率，如果所出現之機率甚微（如＜0.05），則可以——— ①拒斥虛無假設 ②接受虛無假設 ③拒斥對立假設 ④接受對立假設

2.簡答題：

⑴陳老師想收集相關的文獻，作為進行「電腦輔助教學能否增進國小兒童閱讀能力」研究的參考，請在下列各問題上予以協助

①有人告訴陳老師說，利用「ERIC」可以幫他找到想要的資料，請你告訴陳老師什麼是「ERIC」。

②如果陳老師想檢索有關中文的文獻，你會建議用何種檢索工具？

③如果陳老師找到了如下所示的一份參考書目，請幫助他瞭解這份參考書目各部份的意義。

Hardin. B., & Carrol. R.（1977）. On the reading horizon. Teacher. 93(5). 53-56.

a. Hardin. B., & Carrol. R.指的是什麼？

b. On the reading horizon指的是什麼？

c. Teacher指的是什麼？

　　　d. 93(5)指的是什麼？

　　　e. 53-56指的是什麼？

(2)下列各問題之探討以何種研究方法來進行較爲適切？

　　①女生的語文能力較男生爲佳

　　②接受過「寫作修改歷程教學」的學生其寫作能力顯著
　　　高於未接受過這種教學的同年級學生

　　③高創造力學生的成就動機比低創造力學生爲强

　　④學生上課出席率與其學業成就的關係

　　⑤高中生對於自學方案能提昇學生學習興趣的看法

(3)簡單說明隨機選擇（random selection）、隨機分派
　　（random assigment）與研究結果之內、外在效度間
　　的關係。

(4)扼要說明干擾變項（extraneous variable）、控制變項
　　（control variable）、與調節變項（moderator
　　variable）二者間之關係。

3. 下表是五位學生月考、期考及由月考預測期考的成績，由
　　月考預測期考之估計標準誤爲何？

座號	月考	期考	期考之預測值
1	80	78	75
2	82	74	77
3	76	72	71
4	68	60	64
5	70	69	66

4. 假設一位研究者擬利用實驗組與控制組及研究工具:「小

學人格測驗」探討下述研究問題:「團體輔導對國小適應欠佳學童的輔導效果」，請利用操作性定義擬出兩個適當之研究假設。

八十六年度

1. 問題解決（Problem Solving）的能力向來是國小數學教育所強調的，大多數人傾向於認為問題解決的能力與智力有密切的關連。為了探討這項看法的真確性，某一研究者以嘉義市一所國小的五年級學生為對象進行研究。由於該校五年級學生人數頗多，該研究者乃抽還學號為五的倍數的學生 390 位為研究的對象。首先他對這 390 位學生施以智力測驗，根據智力測驗的結果將受試者分成高、低兩組，然後再讓受試者接受「數學問題解決測驗」，經統計分析後發現高智力組在「數學問題解決測驗」的得分並未顯著高於低智力組的得分。請回答下列問題：

(1)本研究之樣本為何？

(2)本研究之研究變項為何？

(3)本研究所用的研究方法為何？

(4)本研究之外在效度為何？

(5)請協助其進行統計分析：

①請列出虛無假設及對立假設。

②抽樣分配（Sampling Distribution）為何種分配？

③若高智力組的人數為186，標準差為13.82；低智力組之人數為204，標準差為12.96，請估算抽樣分配之標準差應為何？

2. 第一題中，若該研究者決定自行編製「數學問題解決測驗」，他首先編擬了一些數學應用題，然後請一些五年級的學生試做。根據試做的結果，分別計算各題的難度與鑑別度。當檢視難度及鑑別度時發現有一題的難度為1.0，另一題的鑑別度為-0.9，於是他決定將這兩題刪除，其餘題目編訂為正式測驗，進行信度及效度的考驗。考驗信度時，他分別計算出受試者在奇數題和偶數題的得分，然後求其相關；考驗效度時，則計算「數學問題解決測驗」得分及受試者四年級下學期數學成績之相關。請回答下列問題：

(1)難度為1.0代表何意義？

(2)鑑別度為-0.9代表何意義？

(3)該研究者利用試題難度及鑑別度來鑑定試題品質的程序稱之為何？

(4)本測驗所用的是何種信度？

(5)本測驗所用的是何種效度？

3. 請分別從「研究目的」、「研究取向」、「研究資料之分析」、「研究者角色」、「研究結果之推論」等五個向度，說明量的研究與質的研究二種派典間之差異。

4. 有一教師認為創造力教學能有效提高學生的創造力表現，遂在附近大學研究人員協助下，進行一項實驗。他從所任學校之二、四、及六年級學生中隨機抽取九十名為樣本，並將他們隨機分派至實驗組與控制組，所利用之實驗設計模式如下：

實驗組	托浪斯創造力測驗	創造力教學訓練	托浪斯創造力測驗
控制組	托浪斯創造力測驗	－	托浪斯創造力測驗

根據上述之實驗設計，請回答下列問題：

(1)本研究所用之實驗設計爲何？

(2)本研究中最可能之標的（target）母羣及可接近（accessible）母羣爲何？

(3)本研究最適當可行的資料分析統計方法爲何？

(4)若研究者研究的結論犯了第二類型錯誤，其實驗的意義爲何？

(5)本研究中「創造力」之操作型定義爲何？

(6)若研究者想檢測是否出現「前測敏感性」這項實驗誤差，在實驗設計上如何改變？

(7)請舉出二個最可能在本實驗中「影響內在效度」之因素？

5. 選擇題

(1)P80＝72之意義是指在團體中：

①有80％的人分數低於72分

②有80％的人分數高於72分

③有72％人分數低於80分

④有72％的人分數高於80分

(2)在推論統計中，變項之集中量數最常用之統計量爲平均數，而較少用中位數或衆數，其原因主要爲平均數是：

①最具不偏性（unbiasedness）的統計量

②最具有效性（efficiency）的統計量

　　　③最具一致性（consistency）的統計量

　　　④最具精簡性（parsimony）的統計量

(3)下列哪一種測驗的穩定性信度之重測時間間隔應較長：

　　　①成就測驗

　　　②人格測驗

　　　③興趣測驗

　　　④態度測驗

(4)明德國小國語科測驗結果，算出六年甲班的標準差為
　　5，三年乙班的標準差為8，可知：

　　　①六年甲班學生素質較不整齊

　　　②三年乙班學生素質較不整齊

　　　③二班學生素質一樣整齊

　　　④二班學生素質整齊度無法比較

(5)有一個智力測驗之測量標準誤是3，甲生在該測驗之分
　　數為100分。試問：在95％的信心水準下，甲生真正的
　　智力分數（X）區間為：

　　　①92.26＜X＜107.74

　　　②93.01＜X＜106.99

　　　③94.12＜X＜105.88

　　　④95.06＜X＜104.94

台南師範學院・國教所

八十一年度

1. 簡答題：

表一是四個班級的學術性向測驗分數之次數分佈。請根據表一所提供的資料，回答 1 至 4 題。

表一　四個班級學術性向測驗分數之次數分佈

分數	甲班	乙班	丙班	丁班
28	1	5	0	1
27	3	10	0	2
26	5	5	7	3
25	7	3	11	4
24	5	1	7	8
23	3	1	0	4
22	1	0	0	3

(1)那一班在學術性向測驗的表現最佳？

(2)那一班的表現最同質？

(3)那一班的次數分佈最像常態分佈？

(4)那一班的偏態係數是負值？

小華與小明所屬羣體的平均數是20，標準差是 5 。請回

答第 5 至第 7 題。

(5)小華原始分數爲25，他的標準分數（ Z 分數）是多少？

(6)小明的 Z 分數爲-2，那他的原始分數是多少？

(7)甲測驗的平均數爲100，標準差是15，乙測驗的平均數爲500，標準差是100。請問甲測驗得70分者，相當於乙測驗得多少分？

表二是七個受試在二個測驗得分之Z分數。請根據表二資料回答第 8 至13題。（ 答案取至二位小數）

表二　七個受試二個測驗得分之Z分數

受試	學術性向	閱讀理解
1	.00	-.42
2	.49	.42
3	-.41	.00
4	1.06	1.13
5	-.81	-.99
6	1.38	1.41
7		-1.55

(8)第七位受試的學術性向測驗標準分數是多少？

(9)七位受試學術性向與閱讀理解的相關係數是多少？

(10)七位受試學術性向與閱讀理解共同變異量所佔比率是多少？

(11)七位受試學術性向與閱讀理解標準分數的共變數是多少？

(12)七位受試由學術性向預測閱讀理解的標準化迴歸係數是

多少？

(13)如果甲生學術性向的標準分數是 2 ，那他閱讀理解的預測分數是多少？

　　某校第二次段考數學科的題數是25題，每題 1 分。平均數是16，標準差是 3 分。本次段考與前次段考的相關是0.80。如果第二次段考每題改為 4 分，也就是總分最高為100分，請回答第14至第17題。

(14)第二次段考新的平均數是多少？

(15)第二次段考新的標準差是多少？

(16)第二次段考新的變異數是多少？

(17)兩次段考新的相關是多少？

(18)某測驗包括語文及數量兩個分測驗，其變異數分別為 9 及16，二者之相關為0.60，那全測驗（合成分數）的變異數是多少？

　　某教師由ＩＱ預測學業成就。已知ＩＱ及學業成就之變異數分別為16及 4 ，ＩＱ與學業成就之相關為0.80。請回答第19至21題。

(19)原始分數迴歸係數是多少？

(20)估計標準誤（standard error of estimate）為多少？

(21)決定係數（coefficient of determination）是多少？

(22)某測驗包括20題選擇題，平均得分是12，標準差是2.5，KR20信度是0.80，那他的Cronbach α 係數是多少？

⒄如果要探討變項之間的因果關係，那需採用那一種研究方法？

⒄以十位受試樣本所求得的變異數是 9 ，那母羣變異數不偏估計值是多少？

⒄極端羣數對那一種集中量數的影響最大？

2. 實驗研究法有何特徵？應用在教育情境的研究有無限制？

3. 一個良好的研究必須能控制中介變項，調查研究法是如何做到此點的？

4. 解釋名詞：

(1)虛無假設（ null hypotheses ）

(2)名義量尺（ nominal scale ）

(3)內在效度（ internal validity ）

八十二年度

1. 選擇題：

(1)已知資優學生的智商必須高於魏氏智力成績平均數 2 個標準差以上，所以資優生的智商百分等級為何？　①130以上　②0.0228　③97以上　④無從判斷

(2)下列何者為類別變項？　①智商　②身高　③種族　④溫度

(3)如果期中、期末考成績分別為變項X、Y，設進步幅度 Z＝Y－X，已知XY之變項為等距變項，那麼Z變項應屬那種變項？　①類別　②次序　③等距　④等比

(4)設一組資料的平均數為75，標準差為10，如果每個分數都加上 5 ，那麼新的標準差為何？　①5　②10　③15

④50

(5)如果一組資料中，突然加入一個分數，這個新分數恰巧
等於原有平均數，那麼新資料的標準差會有什麼變化？
①變大　②變小　③不變　④無從判斷

(6)如果你所任教班級恰巧有一位智能不足學生，那麼應採
取下列那一個集中量數來描述這個班級的特質較爲適
切？　①衆數　②中數　③平均數　④平均差

(7)已知人數N爲50，離均差平方和（總變異數）$\Sigma(X_1 - \bar{X})^2 = 1440$，那麼標準差是多少？　①5.37　②28.8
③50　④1440

(8)如果學業總平均等於國語、算術兩科成績的平均，已知
這兩科的標準差依序分別爲9和12，那麼對學業總平均
的影響而言那一科的比重較重？　①國語　②算術　③
一樣重　④無從判斷

(9)如果$r_{xy} = 0.90$，那X變項可以解釋Y變項的比率爲何？
①0.90　②0.81　③0.29　④0.10

(10)若XY兩變項無關（$r_{xy} = 0$），則由X估計Y的估計標
準誤$\sqrt{\Sigma(\hat{Y}_i - Y_i)^2/n} = ?$（其中n爲人數）　①Sx
②Sy　③1　④0

(11)設師院三年級學生的學業成績與鍵盤成績的相關爲
0.45，如果將學業成績化爲T分數，那T分數的學業成
績與鍵盤成績的相關爲何？　①0.45　②大於0.45　③
小於0.45　④無從判斷

(12)設變項X有甲、乙、丙三點，甲－乙＝25，乙－丙＝
5，而甲乙間的距離爲乙丙間距離的5倍，那麼變項X

至少屬於那個層次？　①類別　②次序　③等距　④等
比

(13)假設你初統（必修）的成績為百分等級75，高統（選
修）的成績為百分等級45，可知你統計成績的變化情況
為何？　①愈來愈好　②愈來愈差　③不變　④無從判
斷。

(14)在負偏分配中，下列那個集中量數的值最大？　①算術
平均數　②中數　③衆數　④無從判斷

(15)這次期中考，班上有過半數同學的成績高於平均數，那
麼這次考試結果的分配為何？　①常態　②正偏　③負
偏　④無從判斷。

2.計算題：

(1)請依如下資料回答各子題（由 X 預測 Y ）。

$\overline{X}=60, S_x=10, \overline{Y}=100, S_y=20, r_{xy}=0.70$

①原始分數的迴歸預測方程式。

②Z 分數的迴歸預測方程式。

③估計標準誤$S_{y\cdot x}$。

④設甲生 X 變項得分為75，預測其 Y 變項上得分。

⑤像甲生這個能力的人（ X＝75 ），Y 得分高於120 的
概率為何？

(2)某公司招考中高級幹部，應考者共3500人，性向測驗結
果平均為110，標準差為14，分數分配為常態，假設最
高百分之三被錄用為高級幹部，最中間的百分之三十被
錄用為中級幹部，性向測驗幾分以上可錄選為最高級幹
部，幾分到幾分之間為中級幹部？

3. 請處理下列問題：

(1)將下列之待答問題改寫成研究假設。

(2)指出各題研究假設的自變項（或預測變項）與依變項（或效標變項）。

(3)寫出驗證各研究假設可行的統計處理方法。

　①不同焦慮程度學生之學習效能是否顯著不同。

　②以國語科前測成績為控制變項下，創造思考教學之實驗組國語文能力是否優於控制組。

　③中等學校男女學生之心理困擾問題，是否因年級而有不同。

4. 問答題：

(1)何謂實驗研究的內在效度與外在效度？請說明之。

(2)何謂第一類型錯誤（Type I Error）？社會科學的研究中，可容忍的第一類型錯誤率通常是多少？

(3)如果親子間智力的相關為r＝0.8，請問它是什麼意義？

(4)何謂統計迴歸（Statistical Regression）？在實驗研究中，如何避免統計迴歸現象的出現？

(5)何謂事後歸因謬誤（Post Hoc Fallacy）？

(6)一個測驗的信度為0.8，其平均數為100，標準差為15，請問此測驗的測量標準誤是多少？某生在此測驗的成績是90，請問其成績95％的信賴區間是多少？（**註：**$\sqrt{2}$＝.447，$\sqrt{.36}$＝.6）

(7)某生在某測驗上之得分，換算為百分等級為84，約相當於常態化T分數多少？

(8)比較同一組學生在實驗前與實驗後得分差異的顯著性考

驗，用何種統計方法？

八十三年度

1. 選擇題：

(1)某公司的薪資分配為負偏態，則勞方宜採取何種集中量數來作為薪資對他們較佳？　①平均數　②中數　③衆數　④難以決定

(2)若教師計算某班國語成績，加入一個分數，而此分數為某班平均數的兩倍，則此新成績的標準差會產生什麼變化？　①變大　②變小　③不變　④無法判斷

(3)某班國語學期成績欠佳，教師將全班每人成績加15，再乘以1.2，經轉化後分數所得量數，下列何種「不變」？　①分佈型態　②集中量數　③變異量數　④都會變

(4)如果一個迴歸預測方程式：Y的預測分數等於5X，則下列何者敍述是「錯誤」的？　①$by \cdot x > 0$　②$S_{y \cdot x} < 0$　③積差相關係數為正值　④迴歸線通過原點

(5)如果某班國語、數學的離均差交乘積和為負值，則國語和數學的積差相關為何？　①正值　②負值　③0　④資料不足難以判斷

2. 填充題：

(1)某班國語的平均數為80，標準差為10，人數為30人，甲生得分90，乙生的Z分數比甲生少3，則乙生的百分等級為多少？

(2)有七名小學生參加國語能力測驗，教師將每人得分均轉

換爲 Z 分數，已知六名學生的 Z 分數爲2.5、1.5、1.3、−1.2、−1.6、−2.2，則另一名學生的 Z 分數爲多少？

(3) 100 人的國語和數學成績：國語的平均數爲70、標準差爲10，數學平均數爲90、標準差爲15，國語與數學的相關爲.00，若將國語和數學相加得一總和分數（X）；將國語和數學相減得一差距分數（Y），則X、Y等兩分數的變異數相差多少？

(4) 若甲生魏氏智力量表成績的百分等級爲16，乙生成績的百分等級爲84，則兩生的智商差多少？

(5) 某國小舉行全校500名學生的語文能力測驗，李生爲全校第三名，則李生的T分數爲何？

(6) 某教授以Likert式四點量表調查50名大學生對教育統計課程的滿意程度，計分採「非常滿意」計四分、「滿意」計三分、「不滿意」計二分、「非常不滿意」計一分的方式，教授視Likert式四點量表爲等距量尺，得平均數爲2.5，標準差1.2。若教授更改計分方式，將「非常滿意」計八分、「滿意」計六分、「不滿意」計四分、「非常不滿意」計二分，則新的變異數爲多少？

(7) 某人格測驗得題數爲20題、信度爲.60。若在其他條件相等的情況下，修訂者將題數增加40題，則修訂測驗的信度爲多少？

(8) 若某班30名學生國語的平均數爲85、標準差爲15，數學的平均數爲80、標準差爲20，國語預測數學的斜率爲.80，則國語與數學的離均差交乘積和爲多少？

(9) 某班教師欲從國語預測數學，已知國語的平均數爲82、

標準差為16，數學的平均數為80，兩變項的相關為
.80。若吳生國語為90，則其數學Z分數的預測值為
何？

(10)某班國語的平均數為85，數學的平均數為80、標準差為
10，兩變項的相關為.60。若由國語預測數學時，黃生
國語為85，則其數學低於88的機率為何？

3. 證明題、計算題：

(1)請由積差相關的「定義公式」證明「積差相關等於X與
Y的共變數除以X的標準差和Y的標準差」。

(2)若某班教師想由國語預測數學的成績，已知全班學生共
30名，國語的平均數為85、標準差為25，數學的標準差
為20，全班數學的預測分數總和為2400，國語預測數學
的斜率為.64，請求出數學的平均數、國語預測數學的
截距、並繪出迴歸線。

4. 問答題：

(1)請根據美國心理學會（American Psycol Ogical
Association）的規定，寫出下列幾本書的參考書目格
式。

①作者：李泳吟、呂愛珍

　出版日期：民國61年3月

　篇名：教師教學技術之探討

　期刊名：輔導學報，第3期

　頁數：261～173

②作者：不詳

　出版日期：民國52年

　　　　出版地：台北市
　　　③作者：Adair, J.
　　　　出版日期：1979
　　　　書名：Training for Decisions
　　　　出版商：Grouer Press
　　　　出版地：England
　　(2)編寫問卷題目應注意那些原則？
　　(3)測量量尺有那幾類？分別用那些統計方法才正確？
　　(4)準實驗研究的類型有那些？其設計模式為何？

八十四年度

1. 教育研究法部份
　　(1)試說明研究計畫的主要內容。
　　(2)如果您是一位碩士班研究生，如何運用電腦來協助您的
　　　研究工作？
　　(3)試說明實驗研究的控制方法。
　　(4)解釋名詞：
　　　①社會學變項（Socialogical variable）
　　　②表面效度（Face validity）
　　　③一手資料（Firsthand information）
　　　④美國心理學會（American Psychological Associa-
　　　　tion, APA）
　　　⑤研究假設（Research Hypotheses）
2. 教育統計學部份
　　(1)若依史蒂文斯（S.S. Stevens, 1951）將變數依測量層次

分類的系統，「老鼠跑迷津的時間」是屬於那一個層次的變數？

(2)若依史蒂文斯（S.S. Stevens, 1951）將變數依測量層次分類的系統，衍生分數「百分等級」是屬於那一個層次的變數？

(3)在正偏態的次數分配時，那一個集中量數的數值最大？

(4)各量數與算術平均數距離的算術平均數叫做什麼？

(5)何者顯示全樣本的中間50％受試者分數分散情形？

(6)某國小五年甲班數學科第一次定期考查的算術平均數是80分，中位數是74分，衆數是70分，全班共有40人。後來又發現得分最高的張生，其成績應該是96分，但在登錄成績時，誤登錄爲80分，請問那一個集中量數應更正？

(7)原變數爲X, a、b爲任意常數，若$\overline{Y}=a+bX$，則$\overline{Y}=$ ？

(8)對某一班級測量四個變項，得到下列相關資料$r_{12}=.60$, $r_{13}=.09$, $r_{24}=-.20$, $r_{34}=.18$, $r_{23}=-.77$, $r_{14}=.10$，請問那一組變項間關聯程度較高？

(9)若$r_{xy}=-1.00$，且$z_x=1.25$，則$z_y=$ ？

(10)若$S_x=20$，且$S_y=4$，則C_{xy}的最大值爲多少？

(11)某研究者想瞭解父母親智力與子女智力之相關，他抽取10對家庭爲研究樣本，結果得到$r=.62$，請以本試卷所附的值差相關顯著性臨界值，在$\alpha=.05$下，研究者能不能下結論說「父母親智力與子女智力之相關不是零相關」？

(12)若$S_x=20$, $S_y=15$, $r_{xy}=.80$, $Z=X-Y$,則$S_X^2=$ ？

(13)若$S_x=20$, $S_y=20$, $r_{xy}=.65$, 則$b_{y \cdot x}=$?

(14)若$S_x=16$, $S_y=10$, $r_{xy}=.70$, $\hat{Z}_x=4.0Z$，則$\hat{Z}_y=$?

(15)若$SS_t=98.55$, $SS_{res}=14.45$, $SS_{rxg}=84.10$, 則$r^2=$?

(16)若$\sigma_x=10$, $\sigma_y=20$, $r_{xy}=.70$，則$\sigma_{rx}=$?

請用下列資料回答17、18、19、20、21等五題

下列是三個適用國小的心理測驗之統計量數

		測		驗	
魏氏兒童智力量表	閱 讀 能 力 測 驗			數學能力測驗	
智 商 (WISC-R DIQ)	一年級	三年級	六年級	三年級	
μ 100	35	50	75	40	
σ 15	10	15	18	12	

(17)林小華是三年級學生，他的閱讀能力測驗原始分數是73分，如果他在WISC-R DIQ是118，他的數學能力測驗的原始分數是61，請問他在那一個測驗的表現最好？

(18)在WISC-R DIQ超過115的頻率是多少？

(19)如果一個一年級學生他的閱讀能力百分等級是84，請問他的閱讀能力測驗原始分數應該是多少？

(20)李大同是六年級學生，他的閱讀能力測驗原始分數是57分，如果他在WISC-R DIQ的百分等級和他的閱讀能力測驗的百分等級相同的話，請問他的WISC-R DIQ應該是多少？

(21)若智力與數學能力測驗的積差相關係數是.85，請寫出由智力預測數學能力的原始分數的迴歸方程式？

⒇請解釋迴歸預測時$b_{y \cdot x} = 2.50$所表示的意義。

⒇若$r_{xy} = .80$，請解釋「決定係數」（coefficient of determination）的意義。

⒇請解釋「最小平方法」（method of least square）直線迴歸預測線的意義。

⒇以直線迴歸進行預測時，有一個「等分散性」（homoscedasticity）基本假定，請說明其意義。

積差相關係數（γ）顯著性臨界值

df	$\alpha = .10$	.05	.02	.01
1	.988	.997	.9993	.9999
2	.900	.930	.980	.990
3	.805	.878	.932	.939
4	.729	.811	.882	.917
5	.669	.754	.833	.874
6	.622	.707	.789	.834
7	.582	.666	.730	.798
8	.549	.632	.716	.765
9	.521	.602	.685	.735
10	.497	.576	.658	.708
11	.476	.553	.634	.684
12	.458	.532	.612	.661
13	.441	.514	.592	.641
14	.426	.497	.574	.623
15	.412	.482	.558	.606

16	.400	.468	.542	.590
17	.389	.456	.528	.575
18	.378	.444	.516	.561
19	.369	.433	.503	.549
20	.360	.423	.492	.537

八十五年度

1. 教育研究法

(1)問答題：

①常用在實驗研究中之「隨機化（randomization）」步驟為何？並請舉例說明之。

②根據「青少年認知發展階段與其生涯決策能力之關係如何？」此一研究問題，寫出方向、非方向及虛無假設。

③何謂「研究派典（research paradigms）」？並請說明教育研究的派典為何？

(2)解釋名詞：

①個案研究（case study）

②預測效度（predictive validity）

③叢集抽樣（cluster sampling）

④強亨利效應（the John Henry effect）

2. 教育統計學

(1)使用推論統計（inferential statistics）與描述統計（descriptive statistics）在目的上有何不同？

(2)等距變數（interval variable）具有那種數理特性？

(3)比率變數（ratio variable）具有那種數理特性？

(4)若依史蒂文斯（S.S. Stevents. 1951）將變數依測量層次分類的系統，「積差相關係數」是屬於那一個層次的變數？

(5)請圖示比較常態與負偏態的分配中算術平均數、中位數與眾數的相對位置。

(6)歸類資料利用組中點來計算「算術平均數」時，是假設各組資料成那種分配？

(7)歸類資料利用此公式來計算「中位數」時，是假設各組資料成那種分配？

(8)原變數為X, a、b為任意常數，若$Y=X/a$，則$Y=$？

(9)原變數為X, a、b為任意常數，若$Y=a-bX$，則$S=$？

(10)如果要比較「成年人的身高與初生嬰兒的身高分配，那一個分散程度較大」應該用那一種變異量數來表示？

(11)請問用百分等級來表示相對地位量數的缺點是什麼？

(12)$z=$？ $S_z=$？

(13)請問T分數的平均數和標準差各為多少？

(14)小華在魏氏兒童智力量表離差智商為115，其百分等級為多少？

(15)若$N=6$, $S_x=4$, $S=3$, $r=60$，則$SS_{reg}=$？

(16)若$N=6$, $S_x=4$, $S=3$, $r=60$，則$b=$？

(17)若$N=6$, $S_x=2.38$, $S=2.94$, $b=.971$, $a=700$，則$\beta=$？

(18)若$N=6$, $S_X=2.38$, $S=2.94$, $b=.971$, $a=7.00$，則由X變項預測Y變項的「決定係數」（coefficient of determination）為多少？

(19)若N＝12, Sx＝2.53, S＝2.65, r＝.7682, b＝.8042, a＝3.6584，則X變項與Y變項的共變數C＝？

(20)在古典真分數理論有下列兩個公式，(1)X＝Xt＋Xe,(2) $\sigma = \sigma + \sigma$，則表示＝？

(21)請寫出變異數的定義公式，並圖示其意義。

(22)請寫出共變數的定義公式，並圖示其意義。

(23)請寫出估計標準誤的定義公式，並解釋其意義。

(24)某研究的研究假設為「情緒商數（EQ）與工作成就具有相關」，研究者擬以 $\sigma = .05$ 為顯著水準進行統計考驗，請解釋 $\alpha = .05$ 的意義。

(25)某研究的研究假設為「情緒商數（EQ）與工作成就具有相關」，研究者隨機抽取15位受試者為研究樣本，結果得到r＝.50，請以本試卷所附的積差相關顯著性臨界表，在 $\alpha = .05$ 下，研究者該如何下結論。

台東師範學院・國教所

八十六年度

1. 選擇題：

(1)教科書、課程與教材三者之間的關係，以下列那一種方式最能代表？　①教科書＜課程＜教材　②教材＜教科書＜課程　③課程＜教科書＜教材　④教科書＜教材＜課程　⑤教科書＝課程＝教材

(2)我國現行課程設計模式中所謂「板橋模式」是指下列那一機構發展出來的課程模式：　①國立編譯館　②國立教育資料館　③人文及社會學科教育指導委員會　④臺灣省國民學校教師研習會　⑤臺灣省中等學校教師研習會

(3)主張教師的角色在於塑造可讓學生自己學習的情境，而不是提供學生預先準備齊全的知識，倡導「發現學習」的學者為：　①泰勒（R.W. Tyler）　②布魯姆（B. Bloom）　③史金納（B.F. Skinner）　④蓋聶（R.M. Gagne）　⑤布魯納（J.S. Bruner）

(4)某一教師訂定教學目標為：「學生在閱讀完教學目標之後，能圖示認知領域六個層次之間的關係」。請問此一目標已高達到布魯姆（B. Bloom）認知領域教學目標

的哪一層次？ ①知識 ②理解 ③應用 ④分析 ⑤綜合 ⑥評鑑

(5)下列所敍述的有效教學策略，何者爲正確：

①教師的期望會影響不同學生的自我觀念、動機層次與抱負，教師均能覺察自己的期望，並能控制教師自己的行爲。

②一位教學良好的教師能在課堂上提出較多的問題，要求學生回答，提出的問題傾向有特定答案的問題。

③師生共同討論，提出不同觀點、澄清問題，並使課堂具有自由、平等氣氛，有助於發展學生高層次的思考。

④學生的座位安排以正方形或圓圈形較適合教師直接講授的教學法，也可以使學生間彼此清楚聽到對方聲音及見到表情和姿勢。

(6)對於研究中「文獻探討」的功能，下列敍述何者「錯誤」？

①研究者藉此從不同的觀點掌握研究問題。

②可以避免複製人家已經做過的研究。

③可使自己的研究結果和以前的研究不致有太大的出入，避免造成錯誤。

④藉由閱讀相關的文獻，可以比較週全地解釋自己的研究結果。

(7)台東縣原住住民，假定研究者欲以抽樣方式比較台東縣此六族羣學童的學業成就，何種抽樣比較適當？ ①隨機抽樣 ②系統抽樣 ③分層隨機抽樣 ④叢集抽樣

(8)下列選項陳述實驗研究法及準實驗研究法的不同，其中有一個是錯誤的，請指出來。

①實驗研究法可以隨機分派受試到不同實驗水準，準實驗法。

②實驗研究法之內在效度比準實驗研究法好。

③真實的實驗研究法須在真實的情境下進行，準實驗研究則不一定如此。

④對學校行政人員來說，準實驗研究的設計比較不會干擾原有的建構。

(9)「建構論的數學教材」與「吸收論的數學教材」何者對五年級學生的數學學習較有助益？以下何種研究法最適合回答這樣的研究問題？　①事後回溯研究法　②實驗研究法　③時間系列設計　④相關研究法

(10)下圖為「時間系列設計」四種假設的結果，請問那一實驗之介入無效果可言？（X表示實驗處理開始的時間，0表示依變項測量的時間）　①A實驗　②B實驗　③C實驗　④D實驗

(11)依「教師法」的規定，中小學教師的聘任，應經過下列哪一個單位的審查？　①教育行政主管機關　②學校校務會議　③學校教師評審委員會　④學校教師會

(12)依民國八十二年所公布的「國民小學課程標準總綱」規定，國民小學教育是以哪些方面的教育為核心？　①民族精神教育與國民生活教育　②道德教育與生活知能教育　③適性教育與公民教育　④生活教育與品德教育

(13)依艾瑞克森（E. Erikson）的人格發展理論，在小學階

段的兒童所經歷的主要發展危機是下列哪一種？ ①主動對罪疚感（initiative vs. guilt） ②勤勉對自卑（industry vs. inferiority） ③自我統整對角色混淆（identity vs. role confusion） ④親密對孤立（intimacy vs. isolation）

⒁在馬斯婁（A. Maslow）的需求階層論中，下列哪一項是屬於「存有需求」（being need） ①生理的需求 ②自我實現的需求 ③愛與歸屬的需求 ④安全的需求

⒂下列有關各國初等教育的敍述，哪一項是正確的？

①美國在一九八○年代後期起積極推動整體性的教育改革，規定了全國性的中小學共同課程。

②英國小學的課程傳統上是由各學校自行編製的，不過現在也已經規定了國家課程，做爲教育實施的準據。

③日本小學教科書編輯與發行的制度，在歷經爭議後，已改採自由發行制，政府不加干預。

④法國小學的課程與教科書都是全國統一的。

2. 名詞解釋：

(1)潛在課程（hidden curriculum）

(2)螺旋式課程（spiral curriculum）

(3)合作學習（cooperative learning）

(4)建構主義（constructivism）對知識、教學與學習主要的幾項基本假設。

(5)特殊教育中的「資源教室」（resource room）方案。

3. 簡答題：

1至2題，請參照以下「 」內的陳述作答：

「 在一項教學研究中，吳北仁教授想瞭解三種教學法（自
學教學、演講教學、啓發教學），與二種教室氣氛（嚴
肅、輕鬆）對五年級兒童數學成績的影響。他徵得某校校
長的同意，把五年級學生原有建制全部打散，以隨機分派
的方式將兒童分到六個不同的班級，每班人數相等，再把
六種教學情境（三種教學法乘以二種教室氣氛）隨機分派
給這 6 個班級，經過了一個學期的教學，期末時給學生們
教學成就測驗，得到每班的平均分數，如表一所示。」

表一　六組學生在不同實驗狀況下的數學成就測驗平均值

	演講	自學	啓發
嚴肅	7	2	6
輕鬆	5	4	12

(1)請以Ｘ軸、Ｙ軸的方式繪圖呈現上表的結果，教學氣氛
　以不同的線表示。並參照圖表用簡單的白話文說明本研
　究的結果（即自變項與依變項間的關係）

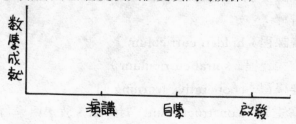

(2)吳教授去年也做了一個類似的研究，但是該國小校長表
　示，把原有建制打散，在實際上有所困難，吳教授只好
　用「原班」為研究對象，把原來有的 6 個人數相等的
　班，分配到 6 種不同的教學狀況去。請問，與「隨機分

派」的設計比起來，「使用原班」的研究，在解釋結果時，有什麼需要特別小心的地方？

(3)請寫出以下研究問題的虛無假設（null hypotheses）：「是不是智力愈高，兒童的數學成就也愈高？反之，智力愈低，數學成就愈低？」

4. 問答題：

(1)教學的一般模式包括了五大要素：①明確的目標，②學習者的診斷，③教學策略的選擇，④教師與學習者的互動，(5)教學效能的評鑑。試闡述該模式的內涵，並試繪圖說明之。

(2)很多研究用到量化的工具，研究結果也用數據表示，但，如果不用數字、統計，還有什麼方式可以做研究呢？又這類方法有哪些特點呢？

(3)請想一想下列兩個問題，提出你的觀點，並解釋你的立場與主張：

①許多學者強調：教育專業人員需要不斷追求自我成長與專業發展。你認為他們會這樣主張的理由是什麼？

②許多中小學老師常常覺得，他們在追求自我成長與專業發展的路途中會碰到許多困難或瓶頸，不易突破。你認為可能有哪些因素使他們產生這樣的感受？你會怎樣來幫助他們突破？

高雄師範大學‧輔導所

八十五年度

1. 選擇題：

(1)下列各種數量何者是一種次序變數？　①溫度　②身高　③標準九　④百分等級

(2)下列那一種變數不適合計算其平均數和標準差？　①連續變數　②名額變數　③等距變數　④比率變數

(3)下列那一種數量可以用來代表比率變數的集中情形？　①幾何平均數　②中數　③眾數　④調和平均數

(4)五名學生參加數學考試，其得分分別為96、78、84、66、91，請問其平均差是多少？　①44　②4.4　③88　④8.8

(5)上述五名學生數學成績的標準差是多少？　①10.47　②11.70　③23.41　④24.41

(6)若將上述五名學生的數學成績換算為標準分數（Z），則第一名學生（得分為96者）其標準分數應為多少？　①1.47　②1.17　③1.24　④2.41

(7)下列那一個圖的X和Y變項的相關係數為負相關？

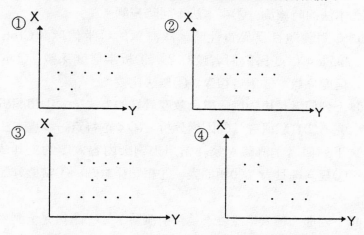

(8)下面是十位學生的智力測驗和學業成績，試問這十位學生的智力分數和學業成績的積差相關係數是多少？

學生代號	A	B	C	D	E	F	G	H	I	J
智力分數	85	93	66	74	68	54	25	59	88	74
學業成績	65	88	54	80	77	73	20	62	95	90

　①0.83　②0.74　③0.65　④0.56

(9)若以上述十位學生的智力分數（X變數）預測其學業成績（Y變數），其預測公式為 $Y = AX + B$, 則 $A = ?$

　①0.84　②0.83　③0.93　④0.74

(10)若我們以T代表個人在測驗中所測得的眞實分數，X代表其實得分數，E代表誤差分數，則此三種分數的關係為　①$T = X + E$　②$T = X-E$　③$X = T-E$　④$E = T-X$

(11)下列那一種估計測驗信度的方法可以測得該測驗的測量

穩定性？　　①庫李法　②霍意特變異數分析法　③複本法同時施測　④複本法不同時施測

(12)當測驗題目為異質性時，該測驗的折半信度和Cronback α 信度係數何者較高？　①折半信度係數　② α 信度係數　③兩者相等　④無法比較

(13)下列何者是檢驗測驗構念效度最好的方法？　①相關研究　②實驗研究　③因素分析　④多重特質—多重方法

(14)下列何者是測驗專家經常用來判斷內容效度的工具？　①雙向細目表　②預期表　③相關係數圖　④常態分配表

(15)下列那一種人格測驗不是投射測驗？　①語句完全測驗　②逆境圖畫測驗　③明尼蘇答多項人格測驗　④主題統覺測驗

2. 申論題：

試說明心理測驗中「智力」、「性向」、「成就」三種構念的含意並比較這三類測驗性質上的異同之處。

3. 請回答下列問題：

(1)何謂變異數及共變數？又變異數與標準差、共變數與相關係數有何關係？

(2)何謂估計標準誤？其大小與相關之大小有何關係存在？

(3)何謂統計考驗上的第一類型錯誤及第二類型錯誤？

4. 有八位學生的成績如下表，試計算其 SS_t, SS_{reg} 及 SS_{res}，再根據所計算的結果求決定係數。

學生	測驗一	測驗二
	X	Y
A	6	9
B	5	7
C	3	5
D	7	4
E	4	5
F	8	6
G	9	7
H	3	5

八十六年度

1. 填空題：

(1)在各類變數中具有絕對零點的是①變數，可以算出差別大小量的是②變數。

(2)用以表示類別變數集中情形的是③數，代表次序變數集中情形的是④數。

(3)某班共有49位學生，其學業平均分數是75分，標準差是5分，考最高分的人得98分，最低分者得49分，則該班學生學業成績的變異數＝⑤。

(4)甲乙兩班學生人數均為45人，某次數學科考試兩班學生得分情形如下表所示。已知甲班學生得分呈正偏態分佈，乙班學生的分數則呈負偏態分佈，則學生成績60分及格人數較多的班級是⑥班。

	平均數	標準差
甲班	62.5	5.2
乙班	62.8	5.1

(5)3, 4, 6, 7, 9, 10, 12, 13八個分數的平均差＝⑦

(6)八隻老鼠走 T 型迷津所費秒數分別為2.0, 6.5, 2.5, 8.6, 9.3, 7.2, ∞, 16.5，問上述資料的四分差＝⑧。（「∞」代表始終未走完迷津）。

(7)20名學生參加一個成就測驗，某生得分換算為百分等級是73，則該生在這20名學生中排名是第⑨名。

(8)某次測驗有100人參加，結果得分的平均數為60，標準差為10，某生的得分是82分，若換算成標準分數（Z），則該生的標準分數（Z）＝⑩。

(9)在常態分配情形下，得分在平均數上下各一個標準差以內者約佔總人數的⑪％，得分在平均數上下各⑫個標準差以外者共佔總人數的5％。（第⑪格寫整數即可，第⑫格請寫至小數以下二位）

(10)某生個別接受魏氏智力測驗（平均智商為100，標準差＝16），測得其智商為132，則其智商在同年齡學生中大約高過⑬％的人。（答案寫整數即可）

(11)在做統計考驗時，接受虛無假設，可能會犯第⑭類型錯誤。

(12)將X、Y兩列變數均化為標準分數後求其共變數，則此共變數即為該兩列變數的⑮係數。

2. 試根據下列資料求其變數、共變數及相關係數。

成員	1	2	3	4	5	6	7	8	9	10
X	4	5	7	7	8	9	11	11	12	14
Y	7	6	9	7	5	10	8	10	13	12

3. 試說明測驗使用者可以用那些標準來評定一個測驗的品質？

4. 二歲半至六歲的學齡前兒童，如有行為困擾，應使用那類的測驗進行診斷？此類測驗在使用上有何困難及應注意事項？

屏東師範學院・輔導所

八十三年度

1. 在歷史性的研究中，資料眞僞的鑑定至爲重要，請問「內在鑑定」與「外在鑑定」差別何在？

2. 一份完整的問卷可包含那幾部分？請舉例說明。

3. 請分析「研究結果」與「結論」之關係。

4. 解釋下列有關教育統計學中之名詞或概念：

5. 屏東師院一位教授以同一教學模式擔任教育統計學的教學多年，他所教授過的全體學生期末考試成績之平均數82，標準差爲12。今年的班級這位教授改採電腦輔助教學方式，並相信會比過去的班級之學習成就爲高。今年班級有36位學生，期末考平均數是87。根據上述之情形回答下列各問題：

   (1)撰寫方向性研究假設。

   (2)以符號方式表示統計與對立假設。

   (3)如第一類型錯誤機率設於.05時之單尾檢定，這位教授的看法是否得到支持？（將計算過程列出）

   (4)以研究設計的觀點而言，有何方法提升上述情形之研究效度？

八十四年度

1. 試舉例說明如何利用電腦或光碟資料庫檢索有關文獻或資料？

2. 試說明如何觀察、記錄與分析教室中師生間互動之行為？

3. 試分析歷史的科學研究之特徵？

4. 試解釋下列利用SPSS/PC＋資料處理之結果？

5. 某國小教師擬採實驗研究法的方法在她任教的學校進行一項「作文教學法對作文能力影響」的研究。她預備抽取四班、兩班為實驗組、兩班為控制組。實驗組接受她自編的六個單元的「創造性思考與啓發式作文教學」、控制組則接受教師原採用的「一般式作文教學」。一學期後她比較兩組學生在作文測驗分數上的差異。請根據上面的敍述回答下列各問題：

   (1)寫出自變項與依變項。

   (2)寫出自變項與依變項的操作性定義。

6. 一份好的測驗必需具有良好的信度與效度。請回答下列有關信度與效度的問題：

   (1)解釋信度、效度及兩者的關係。

   (2)試舉不同類型的信度與效度各兩項。

7. 以問卷進行調查研究是我們常採用的一種方法，請敍述執行調查研究的步驟。

8. 屏東師院學治會在支持或反對學校某項議題前，想知道學生對該項議題的態度，再決定投贊成或反對票。他們決定學生支持率高過.50以上時，才投贊成票。學治會隨機抽

取100位學生，發現60位贊成，40位反對。請根據上面敍述回答以下的問題：

(1)以統計符號寫出虛無與對立假設。

(2)請問學治會在 $\alpha = .05$ 的水準下，是否該支持該項議題。（請列出計算過程）

八十五年度

1. 解釋名詞：

(1)李克特式量表（Likert scale）

(2)叢集抽樣（cluster sampling）

(3)建構效度（construct validity）

(4)第一類型錯誤（type I error）

2. 某研究生想要探討「國小六年級學生家庭社經背景（含父母親雙方的教育程度及職業類別）與其智育成績的關係」，請就此題目撰擬一份較詳細的研究計畫（最少應含研究方法、名詞定義、研究假設、研究對象、資料蒐集及分析方法）。

3. 以下有五個待答研究問題，請各寫出一種較適當的統計分析方法名稱。

(1)教育學者、國小教師、學生家長對「暫時性疼痛」管教措施的看法（贊成、不贊成、無意見）是否有所差異？

(2)快樂國小五年級300名學生在中華智力量表的平均得分是否與全國常模平均數100有所差異？

(3)五年甲班接受創造思考教學前後都接受拓弄思圖形測驗（甲式），問：創造思考教學是否可以增進該班學生的

創造力？

(4)經隨機化各三組之男女學生，分別接受三種不同的教學法後測得其閱讀理解成績，問：男女生接受不同教學法後，其閱讀理解成績是否有所差異？

(5)未經隨機化的兩班學生，排除前測成績後，其後測之批判思考分數是否因教學法不同而有所差異？

4. 某校3000位學生智商為常態分配，平均數102，標準差10，試問智商在92至112之間者大約有多少人？請列算式說明。

5. 教育工作者在「何種情況下」需要從事研究工作？請儘量列舉並分別說明原因。

6. 為什麼在寫作學位論文中都有「文獻探討」這一部份，其目的何在？請儘量列舉並分別說明之。

八十六年度

1. 教育人員應從事研究工作，而教育研究的題材甚多，請你從實際工作者的角度，說明應如何選擇有價值的研究題目？

2. 常用的教育研究法有哪些？它們當中是否有一個「最好的」方法？請說明你的看法。

3. 「非參與觀察」的意義為何？請說明該研究技術的適用時機與功能。

4. 為瞭解某校行政人員與教師代表，對於該校是否要成立教師會的意見，你決定利用訪問法獲得一些資訊。試擬一份進行此項訪問的研究計畫。

5. 某一研究者想利用調查研究法，進行比較甲縣的男女教師在組織溝通行為上的差異情形，甲縣之國小教師名冊中列有各校教師之性別、年齡、與服務年資，共計2000位教師，該研究者欲以機率抽樣方法抽取20％之甲縣教師為其研究樣本，你／妳會建議他採用哪一種抽樣方法較為適當。並說明此一抽樣的步驟、優缺點與可能遭遇的問題。

6. 某一研究者比較兒童分別接受不同教學方法後的數學學習效果，他隨機抽取48位三年級兒童隨機分派成四個等組，各組彼此獨立，分別接受不同的教學方法（M1, M2, M3, M4）。實驗最後階段施予各組同一份的數學成就測驗，所得資料經統計處理後：SSt＝136（全體平方和）;SSb＝48（組間平方和）。

依據以上所述，回答下列各子題：

(1)撰寫該實驗的研究假設及所應採用的統計分析方法。

(2)將統計分析結果製成摘要表（須包括摘要表的標題、平方和、自由度、均方、F值）；並參考F分配表，當 α ＝.01時，撰寫統計分析結果。

(3)依據上述(2)之統計分析結果，下一步驟應如何處理？

(4)此一研究設計可以如何改善較為嚴謹？

7. 在直線迴歸分析中，以最小平方法（估計標準誤最小）說明 $\Sigma(Y-\bar{Y})^2$　$\Sigma(Y-\bar{Y})^2$ 與 $\Sigma(Y-Y)^2$ 三者之間的關係及各所代表的意義。

暨南大學・教育行政所

八十六年度

1. 質性研究（qualitative research）與量化研究（quantitative research）是兩種研究派典（paradigm，或稱典範），請：

   (1)說明「派典」的意義。

   (2)比較兩種派典的差異，以及

   (3)討論教育研究應如何選擇研究派典。

2. 研究的問題（problem）可大分為三類：敍述性問題（descriptive problem）、關聯性問題（correlational problem）及因果性問題（causal problem）。請分別說明這三類問題的性質及其研究方法。

3. 何謂「研究誤差」（research error）？何以會產生研究誤差？如何控制研究誤差？

4. 請依您自己的經驗，以國民中學或國民小學的教室（學生的班級）作為研究情境，舉出三個性質不同的變項（variable），其中一為「依變項」（dependent variable），一為相對應的「自變項」（independent variable），一為可能的「調節變項」（moderator variable）。先寫出變項的名稱，然後加以「定義」（須

　　包含操作型定義，即operational definition），並進一步
　　說明適於採用何種「尺度」（scale）來測量。

5.簡述下列名詞：

　　(1)常態分配（normal distribution）

　　(2)標準誤（standard error）

　　(3)決定係數（coefficient of determination）

　　(4)雙因子變異數分析（two-way ANOVA）

高考

七十年度

1. 解釋名詞：
   (1)點推定
   (2)等距變數
   (3)淨相關
   (4)抽樣分配
   (5)決定係數

2. 何謂「第一類型錯誤」？何謂「第二類型錯誤」？二者之關係為何？又研究上該如何取捨？

3. 從某國民小學抽取學生30名接受智力測驗，結果平均數為106，標準差為18。試問此國小學生其智力是否優於一般水準？

4. 抽取大學男、女學生各50人，結果患近視者男生20人、女生30人。試問男、女學生患近視者其百分比是否有所不同？

七十年度

1. 試述根據項目分析選項的原則。

2. 如何增進作文評分的效度與信度？

3.舉出三種國內現用之心理測驗，並說明其用途。

4.能力測驗與其他測驗，在實施上有何異同？

七十一年度

1.解釋名詞：

　(1)對立假設

　(2)母數

　(3)自由度

　(4)信賴水準

　(5)變異係數（差異係數）

2.試述平均數、中數、眾數的特性及應用時機，並舉例說明其關係。

3.設男生（n_1）的平均數為X_1，標準差為S_1；女生（n_2）的平均數為X_2，標準差為S_2。試作t檢定並說明比較結果。

4.今知IX、ΣX_2、ΣY_2、ΣXY與n，試求積差相關係數及迴歸方程式。

七十二年度

1.已知X、Y二測驗間之r＝60, X＝62, Y＝98, S_x＝6, S_x＝10，試求：

　(1)如王生在X測驗上得70分，試估其在Y測驗上可得何分數？

　(2)估計所得結果，與其在Y測驗上所得真正分數之差異如何？予以推算，並加說明。

2.數學入學測驗的結果，形成常態分配，X＝57, S＝7，預

定錄取的人數爲全體投考人數的15.87分，求最低的錄取標準應爲何分數？

3. 由大一國文班中抽取100人參加測驗，結果得X＝74, S＝5。試就95及99二信賴區界（Confidence Interval）訂立此國文班全體學生之眞正的均數範疇，並予以說明。

4. 試回答下列二問題：

　(1)判斷二變數間相關之大小，除根據所得二者間之相關係值大小外，尚須考慮其他何種重要因素來確定？

　(2)何種相關係數之範圍不在±1.00之內？

5. 二評分員評定八件藝術作品，所得結果？如求二人評分相關（ρ）爲何？是否達到顯著水準？予以說明。

七十三年度

1. 試解釋並比較下列名詞：

　(1)標準差異與標準誤

　(2)顯著水準與統計檢定力

　(3)對立假設與虛無假設

　(4)抽樣分配與隨機分配

　(5)第一類型錯誤與第二類型錯誤

2. 設有X_1、X_2、X_3三個變數，已知$r_{12}＝a$, $r_{13}＝b$, $r_{23}＝c$。試檢定：(1)r_{12}-r_{13}(2)r_{12}-r_{23}(3)r_{12}-r_{23}等三個相關係數的差異是否達到顯著水準？

3. 試檢定下列聯列表中X與Y兩變項是否爲獨立事件？

4. 已知四組平均數分別爲$X_1＝a$, $X_2＝b$, $X_23＝c$, $X_4＝d$, MSw＝e，試以多重比較檢定法檢定各組平均數之差異。

七十三年度

1. 試述項目分析的功用及步驟。
2. 評論校正猜題造成測驗分數偏差之方法。
3. 實際計算五考生在四個試題之信度係數。
4. 投射測驗就受試者反應可分為那五類？試舉出例子說明之。

七十四年度

1. 試述常模參照測驗和標準參照測驗在試題編擬、信度、效度及分數解釋上的差異。
2. 自陳量表應用在人格、興趣、職業測驗上常有亂寫及假偽現象，應如何偵測及預防，試述之。
3. 解釋下列各名詞：
   (1)雙向細目表
   (2)投射測驗
   (3)Q排列法
   (4)複本信度
   (5)建構效度

七十五年度

1. 試述通用性向測驗（General Aptitude Test Battery GATB）的內容大要及其用途。
2. 教師及學校行政人員應如何利用社會測量法瞭解學生及帶領學生？

3.解釋下列名詞：
　⑴明尼蘇塔多相人格測驗（MMPI）
　⑵因素分析
　⑶月暈效應
　⑷輻合效度

七十六年度

1.如欲考驗洛氏內外控制信念量表之建構效度（Construct Validity），應如何進行？請舉例詳細說明之。
2.考驗試題鑑別力的方法有那些？試列舉說明之。
3.試述社會測量法之方法及用途。
4.解釋名詞：
　⑴瑞氏非文字推理測驗（Raven's Standard Progressive Matrices Test）
　⑵孟氏行為困擾調查表（Mooney Problem Check List）
　⑶語意分析技術（Semantic Differential Techniques）

七十七年度

1.解釋名詞：
　⑴常態化標準分數（normalized standard score）
　⑵差異的標準誤（standard error of the difference）
　⑶標準參照測驗（criterion-refernced test）
　⑷多項特質——多項方法分析（multitrait-multimethod approach）
　⑸試題特性曲線（item characteristic curve）

2.若擬編製一份標準化成就測驗,其編製的主要過程如何?
　試說明每一過程的重要內容。

3.信度與效度是測驗的兩項特性,試說明兩者的主要關係。

4.簡答題:

(1)何謂「共變數」(covariance)?試以定義公式表示
　之。

(2)如果r_{sy}=.80,則決定係數為多少?亦即此時SS_{reg}占
　SS_t的多少%?

(3)要考驗實驗組的平均數(μ_1)是否高於控制組的平均
　數(μ_2),則對立假設應如何寫?虛無假設應如何
　寫?

　(註:對立假設H_i:$\mu_1 > \mu_2$,虛無假設$H_0 = \mu_1 \ \mu_2$。)

(4)何謂「多變數分析」(multivariate analysis)?試舉
　一例說明。

5.計算題:

(1)交叉表內的資料是低、中、高年級學生贊成及反對營養
　午餐計畫的學生人數。

　①試求X^2值並考驗是否達著水準。

　　(註:$X^2_{.95(2)}$=5.991)

　②如何解釋此項統計結果?

(2)請利用下頁表資料:

　①進行變異數分析(ANOVA),並列出變異數分析
　　摘要表。

　②設教法一和教法二為舊教法,教法三為新教法。試用
　　薛費(Scheff'e)法考驗新舊兩類法有無顯著差異?

（註：$F_{.95(2,12)}=3.89$）

七十九年度

1. 解釋名詞：
   (1)行爲樣本
   (2)校準常模
   (3)百分位帶
   (4)估計標準誤
   (5)鑑別指數
2. 請依心理計量學的理論與方法說明現代教育測驗之研究發展趨勢。
3. 平均數之顯著性考驗。
4. 百分比之顯著性考驗。

八十年度

1. 利用選擇式試題評量國民教育階段學生的學習成就時，選目的撰擬與編排應遵循那些重要的原則？
2. 將受試者在教育測驗的得分轉換爲百分等級，和標準分數後，再解釋其結果，各有何優點及限制？
3. 舉一實例說明建立信賴區間的步驟。
4. 教育統計表有何功用？又教育統計表的細格內出現……或──符號，係表示什麼意思？
5. 解釋名詞：
   (1)調整後平均數
   (2)中央極限定理

(3)性向測驗

(4)效標關聯效度

八十一年度

1. 主要的取樣方法有那些？又在製訂測驗常模時，宜採用何種取樣法？

2. 職業性向測驗有何發展的趨勢？

3. 神經心理測驗有何功用？試舉例說明之。

4. 某校10歲組兒童共有500人，其創造思考測驗分數的平均數為55.18分，標準差為9.73分。今由此兒童隨機取50名為一樣本，試求此樣本平均數的期望值與標準差。

5. 某大學四系學生教育統計學一科採用同樣的試題，考試結果如下表，試求合併組平均數和標準差。

系別	人為	平均數	標準差
教育系	52	76.81	9.13
心理系	52	78.18	7.16
特教系	52	71.62	6.77
社教系	52	74.12	8.38

6. 在迴歸分析中，設 $Y = bx + a$，試證：

(1) $\Sigma(X-\hat{Y}) = 0$

(2) $\Sigma(Y-\hat{Y}) = (1-r)\Sigma(Y-\bar{Y})$

八十二年度

1. 試舉例說明教育測驗的信度與效度之關係。

2.特殊性向測驗與綜合成就測驗在應用上各有那些限制？

3.試就下列國文科成就測驗分數的次數分配，求平均數與標準差。

分數	5-9	10-14	15-19	20-24	25-29	30-34	35-39	40-44	45-49	50-54
人數	1	4	7	10	15	12	7	9	3	1

4.隨機抽取高一男生52名、女生49名，發現其智商與學業成績之積差相關係數為48，女生為56。問男、女生智商與學業成績的積差相關係數之差異是否達0.05顯著水準？

（註：$r=0.48$, $Z_r=0.523$, $Z_{.95}=1.645$, $r=0.56$, $Z_r=0.633$, $Z_{.975}=1.960$）

5.解釋名詞：

(1)智商常模

(2)百分等級

(3)迴歸直線

(4)相對差異量數

八十三年度

1.解釋名詞：

(1)形成性測驗（Formative Test）。

(2)區別性效度（Discriminant Validity）。

(3)典型表現測驗（Typical Performance Test）。

(4)鑑別力分析（Analysis os Item Discrimination）。

(5)常態化標準分數（Normalized Standard Scores）。

2.解釋測驗分數旨在幫助學生自我瞭解，試問應注意那些原

　　則以避免解釋的錯誤？

3.相關係數的求法有許多種方式，隨兩變量資料之性質而各有其適用的場合，試從統計原理比較說明之。

4.由城市、鄉村及山地青年中各隨機抽查50名，參加體能測驗，其結果如下表：

地區人數	城市	鄉村	山地
通過人數	41	42	44
未通過人數	9	8	6

　　試以 $\alpha = 0.05$ 檢定三區青年通過體能測驗者所占比率是否均等。

（註：$X^2 0.95(2) = 5.99$）

八十五年度

1.試分別寫出二種名義變數、次序變數、等距變數與比率變數。

2.影響測驗信度的因素為何？試列舉說明之。

3.利用下表數據，計算四分相關係數。

	智能不足	智能正常
已婚	12	264
未婚	36	108

4.論文式考試應如何改進始能發揮其評量的功能？試從命題和評分兩方面說明之。

八十六年度

1. 解釋名詞：

　(1)猜是誰技術（ guess who technique ）

　(2)構念效度（ construct validity ）

　(3)標準參照測驗（ criterion-referenced test ）

　(4)常誤（ constant error ）

　(5)百分位數帶（ criterion-referenced test ）

2. 某教師隨機抽取三組學生參與三種不同的人際敏覺訓練，訓練結束後，施以人際敏覺測驗。三組學生測驗分數如下表，請在.05顯著水準下，利用變數分析檢定三組平均數相等的假設。

　（註：$\alpha = .05$時F2.12＝3.89）

A組	B組	C組
2	4	8
1	3	9
3	5	7
4	6	10
0	5	6

3. 我國各級學校在輔導上使用心理測驗已有多年之久，尚未充分發揮其功能，其故安在？試提出檢討改進的途徑。

4. 試簡述t分配與常態分配之關係？

普考

七十年度

1. 測驗在教育上有何功用？試分項言之。
2. 試舉國內已標準化的智力測驗一種，就其適用範圍和主要內容加以說明。
3. 某班學生學業成績的平均數為65，標準差為16。其中張生和李生的學業成績分別為57和89，試求張生和李生的T分數。

七十一年度

1. 選擇式試題的缺點之一是受試者可能靠猜答而得分，為使此項缺點減到最低限度，測驗編製者在編寫選擇式試題時（以單選題為限），應注意那些命題原則？此外，測驗計分時應採用何種校正機遇的公式？
2. 試述信度與效度的意義，並說明它們之間的關係。

七十七年度

1. 解釋下列名詞：
   (1)信度（Reliability）
   (2)效度（Validity）

　　(3)智力商數（Intelligence Quotient）

　　(4)常態分配（Normal Distribution）

　　(5)隨機抽樣（Random Sampling）

2.試述新法考試的優點與缺點。

3.已知：N＝20, ΣX＝1483, ΣX^2＝111351。試求：M, SD。

4.在我國第四次修訂的比西智力量表上，甲、乙、丙三個學生的IQ分別84, 100, 132，其在智力分配上的統計意義如何？

七十九年度

1.簡答題：

　　(1)試述教育測驗的功能及其限制（條列式）。

　　(2)說明增加信度的方法。

　　(3)說明百分等級的優缺點。

2.計算題：

　　(1)歸類下列資料（略），求平均數和標準差。

　　(2)有1000人，其身長對體重的迴歸係數是0.94，體重對身長的迴歸係數是0.88，求積差相關。

　　(3)58名學生做智力測驗，其平均數為100，標準差為15，求中間百分之95％智商的區間估計。

3.解釋名詞：

　　(1)投射技巧

　　(2)標準分數

　　(3)虛無假設

(4)適性測驗

(5)複相關

八十一年度

1.說明個別智力測驗與團體智力測驗的優點及限制。

2.估計教育測驗信度的方法有那些？試舉例說明之。

3.某班學生42人，教育統計一科考試成績之平均數為78分，標準差為8分，茲有王、李兩生各得89分及61分，試求其標準分數？

4.某校甲、乙學生參加創造思想測驗，所得測驗分數之次數分配如下表：

分數	85～89	90～94	95～99	100～104	105～109
男生組	1	8	23	28	33
女生組	1	3	5	10	12

分數	110～114	115～119	120～124	125～129	130～134
男生組	23	14	10	6	4
女生組	11	9	5	3	1

(1)試作一統計圖比較男、女生組測驗分數分配之型態。

(2)試就男生組數據求平均數和標準差。

(3)試就女生組數據求中數和四分差。

八十二年度

1.試簡釋下列事項：

(1)常模參照

(2)百分等級(P_R)

(3)王生測驗所得的Rs轉換Z分數為-2

(4)李生測驗所得的Rs轉換T分數為60

(5)SPSS/PC

2. 試說明良好的測驗工具所應具備的條件中的信度（Reliability）與效度（Validity）

3. 若干測驗，如人格測驗，常採自陳（Self-report）方式。試說明自陳方式的缺失。又如何減少其缺失。

4. 陳先生為比較兩種教學法與性別的差異對學生學習成績的影響，曾進行教學實驗研究，其所得資料，經作變異數分析，結果如下，試說明其研究結果：

變異數分析表

變異　　來源	SS	df	Ms	F
教學法(A)	162.17	2	81.09	2.9703
性　別(B)	434.03	1	434.03	15.8985**
交互作用　（A×B）	222.72	2	111.36	4.0791*
誤　　差	819.92	30	27.30	
全　　體	1637.84	35		

$*P < .05$　　$**P < .01$

5. 試就下列甲、乙兩學科測驗所得分數，求各科之$\overline{X}$與SD，並求兩學科得分間之r值（可使用計算機，請列計算過程）。

甲學科	乙學科
50	60
60	70
70	70
80	80
90	90

八十三年度

1. 試簡釋下列事項：
   (1)常模參照
   (2)百分等級（Pr）
   (3)王生測驗所得的Rs轉換Z分數爲-2
   (4)李生測驗所得的Rs轉換T分數爲60
   (5)SPSS/PC

2. 試說明良好的測驗工具所應具備的條件中的信度
   （Reliability）與效度（Validity）。

3. 若干測驗，如人格測驗，常採自陳（Self-report）方式。
   試說明自陳方式的缺失。又如何減少其缺失？

4. 陳先生爲比較兩種教學法與性別的差異對學生學習成績的
   影響，曾進行教學實驗研究，其所得資料，經作變異數作
   分析表，結果如下，試說明其研究結果。

變異	來源	SS	df	Ms	F
教學法(A)		162.17	2	81.09	2.9703

性別(B)		434.03	1	434.03	15.8985**
交互作用	（A×B）	222.72	2	111.36	4.0791*
誤差		819.92	30	27.30	
全體		1637.84	35		

*P＜0.05　**P＜0.01

5. 試就下列甲、乙兩學科測驗所得分數，求各科之$\overline{X}$與SD，並求兩學科得分間之r值（可使用計算機，請列計算過程）。

| 甲學科 | 50 | 60 | 70 | 80 | 90 |
| 乙學科 | 60 | 70 | 70 | 80 | 90 |

八十四年度

1. 何謂認知測驗？請加以說明。

2. 試申述測驗在諮商輔導方面之主要功能。

3. 隨機抽查100名大學生，其中有79名住宿學校宿舍，試估計住宿學校宿舍的大學生所佔比率的95％信賴區間。

4. 某校學生在數學成就測驗上之平均數為56分，標準差為12分，成績呈常態分配。李小華同學在該測驗之得分為38分，如轉換為百分等級，Z, T, CEEB等分數，各為多少？

（註：在常態曲線下Z＝1.00, Z＝1.50, Z＝2.00, Z＝3.00與平均數間之面積依次為0.3413, 0.4332, 0.4772, 0.4987）

八十五年度

1. 已知：M＝16.40

   SD＝5.46

   試求：10, 12, 15, 20, 25五個數經直線轉化的T分數。

2. 某些訓導處以問卷方式調查學生家長，對於假日校區開放社區人士使用的看法。在回收的450份問卷中，贊成開放者有120人，無意見者有60人，反對者有270人。請問這三種意見的人數，是否有顯著差異？

   （註：$\alpha = .05$時$X^2_2 = 5.99$）

3. 人格測驗的效度偏低且不易考驗，請說明其改善的方法。

4. 解釋名詞：

   (1)非系統誤差（unsystematic error）

   (2)離差智商（deviation IQ）

   (3)教師自編測驗（teacher-made test）

   (4)再測信度（test-retest reliability）

   (5)效度（validity）

八十六年度

1. 試求下表中六位學生X分數之平均數、中位數、全距、離均差、平方和、標準差和變異數。

學生	A	B	C	D	E	F
X	8	2	5	7	10	6

2. 試說明教師自編測驗應有那些步驟？

3. 何謂信度（reliability）？心理測驗的信度有那幾種類型？

4. 已知下列的一組測驗分數：61、64、64、65、65、66、67、68。試將每一分數轉化為Z分數，並求此諸Z分數的平均數和標準差。

基層特考

八十四年度乙等

1. 自陳量表（Self-report inventory）是測量人格的一種方法，試扼要說明編自陳量表的幾種主要方法。
2. 在各組之間平均數差異顯著性之檢定上，變異數分析與t檢定相較，有何可取之處？試扼要說明之。
3. 請比較客觀測驗與論文式考試之優點與限制。
4. 利用下列資料，求焦慮分數對年齡的相關比。

	年齡（歲）			
	13	14	15	16
焦	18	16	18	19
慮	20	11	13	20
分	16	13	16	17
數	19		12	15
				22

八十四年度丙等

1. 成年男子150名身高的平均數為167公分，標準差為5公分；體重的平均數為61公斤，標準差為6公斤，試求成年男子身高、體重的相對差，並解釋其結果的意義。

2.試說明診斷測驗和綜合成就測驗主要不同之處。

3.如何利用學生測驗結果進行羣己的分析？

4.某生之Z分數爲－.2則其T分數AGCT及CEEB分數各爲多少？

八十五年度三等

1.從國民小學五年級學生中，隨機抽取不同性別的樣本，接受國語文能力測驗，其人數及測驗結果的平均數與標準差如下：

性別 ＼ 統計量數	人數	平均數	標準差
男生	62	78.56	15.09
女生	60	82.34	10.25

試根據上列資料進行統計分析，比較國小五年級男女學生的國語文能力，檢定其性別差異的顯著性。

（註：$.95t_{120}=1.658$; $.975t_{120}=1.980$）

2.請詳述智力的意義及其測量目的類型。

3.試從使用目的、內容取樣及分數解釋三方面，比較標準化成就測驗和教師自編測驗的相異處。

4.某大學應屆畢業生中，有90％的男生與70％的女生曾修習統計學；又畢業生中男生佔40％，女生佔60％。今自應屆畢業生中隨機抽取一人，已知這名學生曾修過統計學，試問該生爲男生的機率爲何？

八十六年度

1. 試說明變異數分析後利用各種多重比較法的適當時機，並就其異同與長短之處加以論述。

2. 某生之CEEB分數為600，則其轉換分數AGCT及T分數為何？請詳列轉換過程。

3. 說明教育測驗信度的意義及其影響因素。

4. 常模參照測驗與標準參照測驗有何差異？試比較之。

四、教育心理學・心理學

師範大學‧教研所

六十八年度

1. 試述語言、記憶、想像等與思維（thinking）的關係。
2. 試述情緒作用、學習與行為（外在）的關係。
3. 今年為國際兒童年，試從心理學觀點申論兒童應享有的基本權利。
4. 試討論兒童入學以前之家庭文化經驗對後來學習的影響。

六十九年度

1. 試述人文主義心理學的起因及其主要的內容。
2. 試述B.F. SKINNER的主要論點及其著作。
3. 試解釋下列名詞：
   (1)自我實現（SELF-ACTUALIZATION）
   (2)角色取替（ROLE-TAKING）
   (3)智能不足（MENTAL-RETAROATION）
4. 何謂「觀察學習」（OBSERVATIONAL LEARNING）試以電視對兒童的影響為例說明之。

七十年度

1. 試述實驗心理學對教育的貢獻。

2. 試比較完形心理學與認知心理學相異之處。

3. 教師如對學生有先入為主的印象，常成為一種「自行應驗的預言」（Self-fulfilling prophecy）（又稱Pygmalion effect），試討論此種教師期待的後果。

4. 國民中學如果依據智力測驗的結果（智商的高低）作能力分班，會有那些弊失？試加列舉。

七十二年度

1. 研究心理學的主要方向及其重要課題。

2. 心理與生理的交互關係。

3. 創造、思考、解決問題三者的關係？

4. 解釋名詞：
   (1)關鍵期
   (2)編序教學
   (3)心理空間
   (4)次增強
   (5)投射測驗

七十三年度

1. 青年期心理的特徵？

2. 比較學習中嘗試錯誤與頓悟之心理歷程及二者所含之記憶作用。

3. 如何鑑別資優兒童？試從觀察與測驗之運用兩方面詳加說明。

4. 解釋名詞：

(1)基模

(2)水平思考

(3)鑑別指數

(4)趨避衝突

(5)腦力激盪

七十四年度

1.解釋名詞：

　　(1)擴散性思考

　　(2)智能不足

　　(3)編序教學

　　(4)常模

　　(5)角色衝突

2.教育上有所謂「自我應驗」，試論其成因與影響。

3.試解釋智力、創造力及成就三者之關係？並就此評述對學生學業輔導之道。

4.請闡釋「聯結論」及「認知論」之理論。

七十五年度

1.「智商的穩定性與可變性」（ constancy vs. changeability of I.Q. ）一直是智力心理學上的爭論，一個人的智商在一生中能否相當的改變，試加評析。

2.試闡釋「自我實現」（ self-actualization ）與「自我接納」（ self-acceptance ）兩個概念，並說明兩者與心理健康的關係。

3. 何謂「性向」（aptitude）？何謂「興趣」（interest）？在教育與職業輔導上，如何兼顧學生的性向和興趣？試就所知說明之。

4. 試述「學習」（learning）的心理歷程及其影響因素，並說明增進學習效率的方法與可行途徑。

七十六年度

1. 名詞解釋：
   (1)歸因
   (2)信度
   (3)保留作用
   (4)間歇增強
   (5)角色取替

2. 皮亞傑、柏格保兩人擇一，試述其心理學理論及貢獻。

3. 診斷性評量、補救教學和學習輔導三者之間的關係，三者配合可行途徑。

4. 如何衡鑑與激發學生之潛能？試從科學的評量方法與有效的教學措施分述之。

七十七年度

1. 羅傑斯（Carl Rogers）與斯肯納（B.F. Skinner）在一九五六年曾在美國心理學會年會安排下舉行一場辯論，被稱為心理學史上的盛事。試討論這兩位心理學家觀點上的主要歧異。

2. 最近十餘年認知心理學的發展一日千里，試述這個學門所

探討的重點。

3. 試從適應心理學及心理衞生的觀點，闡述增進心理健康的
　方法和途徑。

4. 解釋下列名詞：

　(1)行爲樣本（behavior sample）

　(2)適性測驗（tailored testing）

　(3)形成性評量（formative evaluation）

　(4)建構效度（construct validity）

　(5)腦力激盪法（brainstorming method）

七十八年度

1. 試析記憶的歷程（memory processes）必要時可畫一圖
　解說明。

2. 試據人格心理學的觀點說明心理健康的意義。

3. 解釋下列名詞：

　(1)社會化（socialization）

　(2)區分效度（differential validity）

　(3)發現學習（learning by discovery）

　(4)常模參照評量（norm-referenced evaluaiton）

　(5) 動 機 功 能 自 主 作 用 （functional autonomy of
　　motives）

4. 試述青少年的智力、認知型式與學習行爲的關係，並據以
　說明中學生學業輔導的原則和方法。

七十九年度

1. 何謂權威性格？教師的權威性格在教學情境中有何特徵？
2. 教育部近擬延長國民教育初期計畫——國中畢業生自願就讀高級中等學校方案中，有關以國中在校成績登記分發入學一點，建議採班級常模五分制，並以相對分數代替一般常用的絕對分數，試予評析其優點與缺點。
3. 如何增進學生解決問題的能力，試從教學策略與輔導方法說明之。
4. 解釋名詞：
   (1)效標
   (2)同理心
   (3)成就動機
   (4)標準常模
   (5)測量標準誤。

八十年度

1. 試述人文主義心理學（Humanistic Psychology）在教學上的主要影響。
2. 試述「標記」（Jabeling）作用對人格與學習的可能影響。
3. 試比較皮亞傑（J. Piajet）與布魯納（J.S. Bruner）認知發展理論之異同，並闡述其見解在兒童教育上之涵義。
4. 解釋名詞：
   (1)月暈效應（Halo effect）

⑵次級增強（secondary reinforcement）

⑶新法考試（New-type examination）

⑷離差智商（Deviation intelligence quotient）

⑸操作性行爲（operant behavior）

八十一年度

1. 邇來教學心理學（psychology of instruction）頗爲盛行，試述其研討範圍，並說明這學門的發展在教育理念上的意義。

2. 斯肯納（B.G. Skinner或譯史京納）爲美國幾乎家喻戶曉的行爲主義大師，他在教育心理學的領域究竟有那些重點影響？試加討論。

3. 試述智力、性向、成就、創造力的意義，並說明其在心理測量方法上的異同。

4. 如何輔導兒童及青少年培養正確的羣己觀念並促進其個性與羣性的調和發展？試從教育心理學觀點申論之。

八十二年度

1. 兒童及青少年的心理發展兼具連續性與階段性，其在教育和輔導上有何涵義？試申論之。

2. 試從心理測驗的觀點，比較國中定期考試與高中入學考試在評量重點及方法的異同，並說明結合兩者建立題庫的可行性。

3. 何謂創造力？試分析助長和阻礙創造力發展的因素。

4. 解釋並比較下列各對名詞：

(1)消弱（extinction）

　　負增強（negative reinforcement）

(2)自我統整（ego identity）

　　角色混淆（role confusion）

(3)後設認知（metacognition）

　　後設記憶（metamemory）

(4)A類行為組型（type A behavior pattern）

　　B類行為組型（type B behavior pattern）

(5)絕對閾限（absolute threshold）

　　差異閾限（difference threshold）

八十三年度

1. 試從教育心理學觀點，說明激發兒童及青少年潛能的教學策略與學習輔導之要領。

2. 中小學自然科學課程應兼顧科學概念、科學方法和科學態度之教學。教師在學生學業成績考查上，應如何配合上述教學重點而採用不同的評量方法？試扼要說明之。

3. 何謂壓力？試分析壓力的主要來源及因應的策略。

4. 解釋並比較下列各對名詞：

(1)個案研究法（case study）

　　相關研究法（correlational method）

(2)序位效應（serial position effect）

　　閃光燈效應（flashbulb effect）

(3)認知心理學（cognitive psychology）

　　神經心理學（neuropsychology）

(4)憂鬱症（depression）

　躁狂症（mania）

(5)原始性動機（primary motives）

　衍生性動機（secondary motives）

八十四年度

1. 在二十世紀六十年代以前，心理學被定義爲研究行爲的科學，六十年代以後，則被定義爲研究行爲及心理歷程的科學。試說明心理學定義轉變的原因以及新定義的意義。

2. 試就譯碼（coding）、編碼（encoding）、解碼（decoding）三者的涵義及其關係，說明認知心理學中訊息處理（information processing）的歷程。

3. 試說明後設認知（metacognition）一詞之涵義，並舉例說明在教學上的應用。

4. 試明確界定以下各詞之涵義：

　(1)離差智商（deviation IQ）

　(2)意元集組（記憶集組）（chunking）

　(3)情境歸因（situational attribution）

　(4)發展危機（developmental crisis）

　(5)程序性知識（procedural knowledge）

八十五年度

1. 何謂「資賦優異」（giftedness）？如何鑑定與輔導資賦優異兒童（gifted children）？試從心理測驗與教育心理學觀點說明之。

2. 試從心理學觀點，說明「教」與「學」的內在心理歷程及外在行為表現，並闡述「教學相長」的理念及其應用之道。

3. 試比較行為論、認知論及人本論對學習歷程的觀點及其在教育上的運用。

4. 解釋名詞：
   (1)知覺（perception）
   (2)自動化歷程（automatic processing）
   (3)經驗型智力（experiential intelligence）
   (4)防衛作用（defence mechanism）
   (5)社會認知（social cognition）

八十六年度

1. 試述教學的心理基礎，並說明促進「有效教學」（effective teaching）與「有意義學習」（meaningful learning）的可行途徑。

2. 何謂IQ與EQ？試就其在全人教育與生涯發展上的蘊義申論之。

3. 代表一個人心理健康的指標為何？如果一個人心理不健康了，有無良好的對應之策。

4. 語言是人類所特有的，語言的學習及其結構為何？

八十七年度

1. 何謂校園暴力行為？試就理論與經驗觀點分析校園暴力行為發生之可能原因及學校防治校園暴力行為之可行措施。

2.解釋名詞：

   (1)自我概念（self concept）

   (2)性別角色刻板化（sex-role stereotype）

   (3)多元智力理論（theory of multiple intelligence）

   (4)學習類型（learning style）

   (5)學得無助感（learned helplessness）

3.班級經營（classroom management）的問題是教師在教學生涯中倦怠感的主要來源。

   (1)如何以雙贏的策略處理師生衝突的問題？

   (2)在個人的班級經營處理風格上，妳（你）融合應用了哪些教育心理學的原理？試分別舉例說明之。

4.解釋名詞：

   (1)漣漪效應（ripple effect）

   (2)認知風格（cognitive style）

   (3)智力三維論（triarchic theory of intelligence）

   (4)三元學習論（triadic theory of learning）

   (5)布魯納（Jerome S.Bruner）

政治大學‧教研所

七十年度

1. 試討論以下各問題：

    (1)早期的發展爲何重於後期的發展？

    (2)性驅力（sex drive）和母性驅力（mathernal drive），多數心理學者將之劃歸爲基本動機（primary motives）。但亦有心理學者劃歸其爲社會動機（social motives），其故何在？

    (3)測謊器（lie detector）何以可以用作探測嫌犯陳述供詞眞僞之參考？

    (4)分散練習在理論上何以優於集中練習？

2. 何謂增強、正增強、負增強、原級增強？次級增強？和高層次增強？試分別舉例說明之。

3. 試比較各子題中兩個術語的含義：

    (1)反向抑制（retoractive inhibition）與順向抑制（proactive inhibition）。

    (2)古典制約（classical conditioning）與操作制約（operant conditioning）。

    (3)知覺相似性（perceptional similarity）與知覺接近性（perceptional proximity）。

(4)信度與效度。

4.試說明社會態度的性質及其測量的方法，並請舉例說明之。

七十一年度

1.獎勵與懲罰對控制人類學習行為的效果如何？並述其原因。

2.試說明下列各題：

(1)思維（thinking）的過程。

(2)完形心理學派（Gestalt Psychology）的知覺組織原則。

(3)人文心理學派對心理學研究的觀點。

(4)馬斯洛（A. Maslow）對人類的基本需求如何分類。

3.試比較各子題中兩個術語的含義：

(1)信度與效度

(2)恐懼與焦慮

(3)行為表現與學習

(4)性向與成就

4.試說明人格衡鑑的方法及其限制。

七十二年度

1.試分別說明下列心理學研究的範圍

(1)教育心理學

(2)發展心理學

(3)諮商心理學

(4)社會心理學
2.試說明下列各題：
　　(1)均衡作用（homeostasis）的意義
　　(2)代替性增強（vicarious reinforcement）的意義
　　(3)電子計算機（computer）的主要功能
　　(4)測謊器（lie detector）的原理
　　(5)動機、驅力和需要三個名詞的意義有何不同？
3.試比較下列名詞：
　　(1)性向與成就
　　(2)焦慮與恐懼
　　(3)最高表現測驗與典型表現測驗
　　(4)形式運作與具體運作
4.試舉有關研究說明人際吸引力的重要因素。

七十三年度

1.解釋名詞：
　　(1)類似運動（apparent action）
　　(2)擴散思考（divergent thinking）
　　(3)強迫反應（obsessive-compulsive action）
　　(4)集體潛意識（collective unconscious）與重複練習
2.試述人格測驗中心理計量法的應用與優缺點。
3.目前青少年問題嚴重，對此問題艾瑞遜（Erikson）提出
　發展危機論，試從艾氏觀點說明青少年的統整危機。
4.最近精神病患危害社會問題嚴重，試從教育的觀點敍述
　「預防重於治療」的方法。

七十四年度

1. 試說明電腦輔助教學的特色及應用。
2. 試舉著名實驗和研究兩例，說明噪音對人類的影響。
3. 試比較Skinner的操作制約理論和Bandura的社會學習論的異同。
4. 解釋名詞：
   (1)擴散思想（divergent thinking）
   (2)建構效度（construct validity）
   (3)認知失調（cognitive dissonance）
   (4)皮亞傑的具體運作期
   (5)飛現象（phiphenomenon）

七十五年度

1. 試述行為治療常用的五種方法及其限制。
2. 何謂任務領袖（task leader）及社會情緒領袖（social-emotional leader），及他們在何種情況下最能發揮其領導功能？
3. 試述社會學習論對人格的看法？
4. 試述皮亞傑的具體運思期的兒童思維特徵？

七十六年度

1. 效度的種類有那些？信度與效度的關係為何？
2. 挫折的意義及其表現方式有那些？心理治療有那幾種方式？

3. 人格測驗的種類有那些？

4. 解釋名詞：

　(1)替代性增強

　(2)外誘運動

　(3)快速眼球運動

七十七年度

1. 解釋名詞：

　(1)自我實現需求（self-actualization need）

　(2)社會關係圖（sociogram）

　(3)雙避衝突（avoidance-avoidance conflict）

　(4)倒攝抑制（vetroictive inhibition）

　(5)標準參照測驗（criterion-referenced）

2. 就葛雷塞（Glaser）的教學模式說明並舉例及其在心理學上的影響。

3. 「創造性思考」的特質與特徵？我國應如何改進教學方法。

4. 何謂「比馬龍效應」？其在教育上的應用與限制如何？

七十八年度

1. 試以班度拉（A. Bandura）為例，說明社會學習派在教育上的意義。

2. 試述項目分析的目的、方法及應用時應注意的事項。

3. 試述挫折、衝突、焦慮三者之意義及其關係。並闡明個體調適之途徑。

4. 試述人本主義心理學之要義及其在教育上之應用。

七十九年度

1. 創造能力之特徵為何？教師在教學上應如何培育之。
2. 簡答題：

(1)積差相關在信度與效度考驗上之用途為何？

(2)學校導師如欲利用同儕互評法瞭解學生，宜如何進行？

3. 行為發展與教育配合的問題，有人主張自然預備狀態的看法、有人主張加速預備狀態的看法，請說明其意義？並就理論與你的經驗說明個人的觀點？或因不同的行為發展而有不同？請討論之。

4. 聯結學習與認知學習是人類學習的兩端，請說明此兩種學習的意義？在此兩學習中，有各種不同的學習，請列舉之？並討論此兩種學習在教學上如何視學科的性質、學習活動、學生的能力、年齡等作適當的選擇和調適？

八十年度

1. 解釋：

(1)增強對比（reinforcement contrast）

(2)取替效應（displacement effect）

(3)轉移推理（transductive reasoning）

(4)現象自我（phenomenal self）

(5)負向回饋（Negative feedback）

2. 試從人文心理學（Humanistic Psychology）之教育原則，闡論國內學校教育在教學評量上之偏失及其可行之改

　　進途徑。

3. 學校是一學習的社會情境，學習是一種歷程，包括知識的獲得，技能的建立，思考的培養與品格的陶冶，試就學習基本歷程理論中的刺激反應論，認知論及社會學習論予以論述。

4. 教育的對象是學生，適應學生的生長發展是學校教育的基本原則，其中認知發展與學生學習息息相關。試分析與比較Piaget和Bruner的認知發展理論，並說明其在教育上的應用。

八十一年度

1. 良好師生關係的建立與學生學習動機的激發，是成功教學的根本，也是促進教師心理健康的關鍵。試陳述下列學者在「學習動機理論」上的主張，並說明其在教學上的應用。

　　(1)Bandura

　　(2)Weiner

　　(3)Maslow

　　(4)McClelland & Atknowson

2. 教育的適應性，即在強調學校教育工作要適應「人」與「情境」，包括人的生長發展性與個別差異性，以及社會環境的變遷性。輔導工作是現行學校教育工作中重要之一環，其主要功能之一，在協助學生的自我成長與適應環境。試由「輔導」角度，論述在「學生偏差行為的處理及學生心理健康的維護」上應有的正確觀念與做法。

3. 簡答：

　　(1)發生知識論（genetic epistemology）

　　(2)智力三元論（triarchic theory of intelligence）

　　(3)自我一致論（self-consistency theory）

　　(4)自我效能論（self-efficacy theory）

　　(5)非結構式教學（unstructured teaching）

4. 近年認知心理學（cognitive psychology）對人類心智活動的研究頗受矚目，尤其在「教」、「學」歷程分析上，努力將「黑箱子」透明化有獨到解釋，試就其研究闡明學習上之個別差異及教學上可採行之認知策略。

八十二年度

1. 試據心理學上性別差異（sex differences）研究分析中學男女合校之利弊及對策。

2. 試據 J. Piaget「認知發展論」（Theory of cognitine clevelopment）、L. Kohlberg「道德發展論」（Theory of moual alevelofment）、S. Freual「人格發展論」（Theory of person alisy alerelopment）、E. Erikson「心理社會發展論」（Theory of psychosocial development）說明青年期之相關發展及輔導策略。

3. 在教學歷程中，為增進學生的學習效率，乃達成預期的教學目標，「學生學習動機的激發、良好情緒反應的培養，及不良情緒反應的消除」，是教師從事實際教學時，應予處理的重要課題。試就行為取向（S-R取向）及認知取向中的相關理論，提出討論，並說明其在上述課題中的應

用。

4. 教室管理是教師運用組織和秩序，以建立教室成為一有效學習環境的歷程。在此歷程中，就班級團體的動力而言，教師扮演一領導者角色；就學生積極行為的促動而言，教師扮演一輔導者角色。如何有效扮演以上兩項角色，請論述。

八十三年度

1. Bandura的社會學習論，強調人具有觀察學習、運用符號及自我調節等三種能力；人類社會行為的形成與改變，係經由個體與情境互動歷程而產生。

(1)試述Bandura的觀察學習歷程及自我調節理論。

(2)試論述Bandura的社會學習論在教學及教室管理上的應用。

2. 在現行常態分班的教育體制下，欲充分發揮個體潛能，個別差異的教學，益顯重要。

(1)試分析個別差異形成的原因及事實。

(2)試陳述學習困難（Learning Disabilities）學生的主要特徵及類型，並說明如何實施補救教學與輔導。

3. 解釋：

(1)鷹架教學（scaffolded instruction）

(2)意元化策略（chunking strategy）

(3)配合加一原則（plus-one matching principle）

(4)後設成分與後形式運思（metacomponents and post-formal thought）

(5)表面處理與深層處理（surface-level versus deep-level processors）

(6)診斷——處方法（diagnostic-prescriptive approach）

4. 試闡論教師期望（teacher expectations）與學生自我概念（self-concept）、成就動機（achievemant motivation）、學業成就（academic achievement）間之關係及教師應有策略。

八十四年度

1. 創造力（creativity）的特徵為何？我國學校教學情境中，有礙學生創造力發展的因素有那些？教師應如何加以改進，以從事創造思考教學培養學生的創造力，試論述之。

2. 激發學生自願學習動機（motivation）可以增進教學的成效，有助於教學目標的達成。

(1)試說明引起學習動機應注意的原則。

(2)試陳述引起學習動機可行的方法。

3. 解釋：

(1)正罰與負罰（positive and negative punishment）

(2)低徑與高徑遷移（Low-road and high-road transfer）

(3)量的與質的評鑑（quantitative and qualitative evaluation）

(4)持續性期望效應（sustaining expectation effect）

(5)表現評量（performance assessment）

4. 試評論下列兩者間之差異及其對教育之影響：

　　(1)Psychoanalysis and Neo-psychoaualytic school

　　(2) Piaget's and Bruner's theory of cognitive
　　development）

　　(3)Behavior modification and Humanistic education

八十五年度

1.「攻擊」是重要的人類行為之一。請從精神分析、特質
　論、生物學派、行為與社會學習學派及人文學派等觀點分
　別加以討論之。

2.魏氏智力測驗比比西智力測驗晚出現，一般也認為前者有
　許多改進之處。請說明魏氏比較進步的地方。

3.在急速發展的現代社會中，焦慮症常被定義為文明症，每
　個人不能說有或沒有，而是或多或少，嚴重與否的問題。
　試從下列不同學派理論分別討論焦慮發生的原因及積極有
　效的因應策略。

　　(1)心理分析論

　　(2)學習論

　　(3)認知論

4.近年來多項國內外研究均一再指出孩童早年與父母間所建
　立的依附風格會持續影響其日後的行為表現（如人際關
　係、自我評價、因應策略‥等）。試問：

　　(1)在此所指的依附風格為何？其與個體行為表現間的關係
　　　為何？

　　(2)不同類型的親子依附風格是如何形成的？為何會對個體
　　　日後行為表現帶來深遠的影響？

(3)依據上述所言，試提出未來在親職教育規畫上所應加強的重點。

八十六年度

1. 試從IQ（Intelligence Quotient）、EQ（Emotional Intelligence or Emostional Quotient）、Ms（Motivated to succeed）之兩性差異研究，闡論教師教學與輔導之應有取向。

2. 行爲主義和認知心理學的取向幾十年來的爭執及主流地位的互爲消長，似乎都是和「黑箱子」（Blackbox）有關：

   (1)到底這兩種心理學的理論對人的看法有何基本的差異？而這些差異又爲什麼和「黑箱子」有關？

   (2)有人認爲今天台灣的教育問題之一就是讓學生產生「爲分數而讀書」，而不是「爲學習而學習」的現象，請用幾句話分別以行爲主義和認知心理學的觀點，解釋爲什麼會發生這種現象？

3. 生活在快速變遷，競爭激烈的社會，壓力（stress）的存在已經是不爭的事實，請問生活中壓力主要的來源爲何？其對身心健康有何影響？面對壓力宜如何因應？試論述之。

4. 哈佛大學資深敎授Dr. Douglas Powell，曾將人在環境中的適應品質畫分爲五個階段，且以七種不同的行爲特徵評量之。試說明：

   (1)此五大階段。

(2)評量適應品質的七種行為特徵。

(3)以相同之七種行為特徵,說明人在不同適應階段的行為表現。

(4)目前各級學校中,擔任輔導工作者,包含導師,課輔老師,輔導義工,半專業輔導老師(修畢輔導學分),專業輔導老師(本科系或相關科系畢業),精神科醫師等。試問這些人員以其專業知能程度的不同,輔導不同適應階段個案的差異,應如何區分。

八十七年度

1. 試就認知心理學(cognitive psychology)的研究,回答下列問題:

   (1) 何謂「學習建構觀」(constructivist view of learning)?

   (2)訊息處理歷程中,後設認知(metacegnition)與個別差異之關係?

   (3)教師之教學輔導應有取向?

2. 近日來,發生多起青少年犯罪事件,令人深感憂心的是:為何他們遇到挫折時,竟會以如此暴力的行為來處理。試選擇任何五種不同學派的心理諮商理論,說明/剖析暴力行為發生的原因,以及較佳的輔導策略。

理論名稱	說明/剖析	輔導目標	輔導策略

3. 作答說明：

　　背景：David P. Ausubel早在1963年的著作中即提出「認知同化論」（assimilation theory for cognitive learning），來闡述「有意義學習」（meaningful learning）的重要性，但是，畢其一生，終究未提出任何具體可行的策略。直至後來，康乃爾大學的學者Joseph D. Novak將其發揚光大，發展出所謂的「概念構圖」（concept mapping）方法，充份發揮該理論到了極致，並且深獲好評。在此同時，來自哲學方面的一些學者（如：Popper、von Glasersfeld等人），亦提出所謂的「建構主義者的知識論」（constructivist epistemology）看法。這些學者對人類如何習得知識（knowledge acquisition）一事，似乎是持類似或相同的論調和看法。

　　問題：請依據上述背景資訊說明何謂「有意義學習」？並闡述該理論學說對當今教育有何啓示？

4. 根據艾力克森（Erik Erikson）的心理社會（Psychosocial）發展觀點說明人生的發展階段，並以台灣爲例解釋青少年階段的認同危機（Identity Crisis）及其原因。

高雄師範大學·教研所

七十五年度

1. 當代心理學研究內容與學校教育有關的部門是那些？試舉例類門說明之。
2. 皮亞傑對智能質的改變是經過那些基本歷程？
3. 遺忘的原因為何？並舉實例說明之。

七十六年度

1. 試述心理學與生物學、社會學及教育學的關係。
2. 試評析心理各學派對創造動機的論說。
3. 班度拉的社會學習論對道德行為發展的基本概念及其在教育上的意義。
4. 試述學生抱負水準對其成就之影響？應如何給予輔導。

七十七年度

1. 人類為何要使用心理活動藥物？其對人類行為的影響如何？
2. 社會變遷中，中老年人有何種危機？應如何自我調適？
3. 人本主義心理學所提的自我實現一詞具有那些正面的作用？也可能具有那些負面的誤導？如何補救這些負面的誤

導？試申論之。

4. 名詞釋義：

　　(1)實驗者效應

　　(2)學習階梯

　　(3)個別教學法

　　(4)序列位置效應

　　(5)內在效度、外在效度

七十八年度

1. 心理學與現代社會有何關聯？試舉若干現存社會問題探討如何運用心理學以解決之。

2. 試界定並舉例說明下列名詞：

　　(1)精神病

　　(2)精神官能症

　　(3)心身症

　　(4)人格違常

3. 試紋挫折、衝突、焦慮三者之意義及其關係。並闡明個體調適之途徑。

4. 試述人本主義心理學之要義及其在教育上之應用。

八十年度

1. 教育人員需修讀何種心理學？爲什麼？試就選定領域探析之。

2. 人類動機最爲複雜，各家分類各有所本。試詳論其運用上之得失。

3. 關於如何解釋學習，心理學家有許多爭論。試說明這些爭論，以及調和這些爭論之途徑。

4. 試舉例說明兩種自我防衞機構（Self-defence Mechanisms），並解釋其何以不能提供良好而滿意適應（Adjustment）之原因。

八十六年度

1. 感覺、知覺、認知三者之差異性及關聯性如何？試就人類之行為任舉一例，說明之。

2. 心理學如何進行研究？試就其重要的方法充分說明之。

3. 增強對動機有何影響？此種影響對教育具有何種意義？試申論之。

4. 性別差異與文化差異在道德推理發展上的研究發現如何？德育的實施又如何考慮性別及文化上的差異？試申論之。

中正大學・教研所

八十五年度

1. 某高三學生從十五歲開始就與一些比他年紀稍大的朋友一起抽煙，現在每天抽兩包煙。問他爲什麼抽，他說抽煙的感覺很好，而且有事可做。請由B.F. Skinner的學習理論解釋這一位學生的抽煙行爲。

2. 有人認爲社會上暴力行爲越來越多是因電視上的暴力節目太多，因此要管制電視節目的播出。有人反對此說法，認爲那麼多人看電視暴力節目，但看的人並沒有都產生暴力行爲。你對電視暴力節目與個人暴力行爲的關係有何看法？請引用理論說明你的觀點。

3. 有時傳眞（fax）來的文件，字體不清不楚，但我們仍然可以讀出個大概，爲什麼？

4. 民主社會中講究多數決，但有時多數決會有錯誤，請引用研究說明團體決策會犯錯的原因。

5. 道德判斷在傳統層次（conventional level）上的人在判斷一件事是否道德的依據是什麼？

6. 人的偏見能否改變？擇一理論說明你的觀點。

7. 路上常有肢障朋友或老年人不良於行，有人走過去，伸出援手，有人視若無睹。請說明產生或不產生助人行爲的心

理歷程。

8. 當你說一個學生「聰明」，你的意思是什麼？你有什麼理論支持你的說法。

八十六年度

1. 選擇題：

(1)一個心理測驗有常模表示 ①它的分數可以定義及格的標準 ②它的分數是依人口比例分配的 ③它的成績可以由原始分數轉成標準分數 ④受試可以與接受同一測驗的人作比較

(2)下面哪一個不是「習得」的行為 ①相信人生而平等 ②對是非的正確判斷 ③鍛鍊肌肉以舉重 ④戴裝飾品

(3)智力測驗手冊上說明它的「效度」指 ①它的分數可預測未來學業的成績 ②它的分數隨年級增加而增加 ③不同時間測的結果不同 ④不同時間測的成績相差在100±1SD之內

(4)有一些人對生活環境不滿，抱怨連連，但要他採取一些行動改變現況，他卻說：「那有可能改！」這些人最可能是 ①自我未實現 ②在趨避壓力下求生存 ③習得無助 ④B型性格的人

(5)有中等程度的學生被分發到資優班後成績果真上升，表示 ①智力測驗不準確 ②資優班老師有特別的教學法 ③自我應驗預言 ④同儕競爭壓力大對學習有效

(6)心理自療中使用的「系統減敏法」是依據 ①古典制約 ②工具制約 ③代幣法 ④理情療法 設計的

(7)小孩子聽到別人稱呼自己的父親「老師」很困擾，不瞭解他的父親也可以是老師，小孩子大致是在什麼階段？①感覺運動期　②前操作期　③具體操作期　④形式操作期

(8)你到國外旅行，想瞭解當地交通標誌，乃用在台灣的交通號誌去揣摩，你的處理過程屬：　①同化　②調適　③符號化　④抽象化

(9)應徵工作時要讓對方對自己有好的第一印象，因為人際之間可能容易受　①外在歸因　②情境歸因　③初始效應　④時近效應　的影響

(10)智力測驗手冊上說明測驗的「信度」，指　①它的分數可預測未來工作的績效　②它的分數會隨年級增加而增加　③不同的時間測的結果相差不遠　④它的分數可以說明受試者在同儕中的程度

（請讀下面一段短文回答(11)至(14)題）

小明第一天上學，一路上很快樂，因有姊姊陪著他一起走。到了教室後，他發現姊姊必須去另外一間教室上課，不能陪他，變得很生氣，老師就請姊姊留下來，兩人與他聊天，這時小明不生氣了。

(11)哪一個是非制約刺激？　①姐姐　②老師　③學校　④情緒

(12)哪一個是制約刺激？　①姐姐　②老師　③學校　④情緒

(13)哪一個是非制約反應？　①姊姊同在的快樂　②姊姊離

去的安靜　③老師的安慰　④看到學校的陌生感

⑭哪一個是制約反應？　①姊姊同在的快樂　②姊姊離去的安靜　③老師的安慰　④看到學校的陌生感

⑮儲存在記憶中表徵知識的抽象組織，在心理學上稱爲　①schema　②metamemory　③concept　④abstraction

⑯古英一聽到喇叭聲就知道有車來了。有一回他走在行人地下道裡，聽到喇叭聲，他馬上閃一邊，這是　①概念學習　②認知學習　③聯結學習　④社會學習

⑰縣議員賄選被抓，大喊：「政治迫害」，他使用了哪一個防衛機制：　①轉移　②投射　③合理化　④壓抑

⑱丈夫不想挨太太的罵，把垃圾拿出去倒，「罵」是　①正增強　②負增強　③社會增強　④處罰

⑲青少年會找成人的毛病，與成人辯論是因　①表示自己已經獨立　②對成人的理想與現實不合　③生理上的快速變化與心理成長不一致　④自我中心

⑳與記憶有關的神經組織是　①胼胝體　②下視丘　③海馬迴　④杏仁核

㉑決定助人行爲是否產生的步驟中，最關鍵的是　①對事件的注意　②對危機的認知　③判斷此事是否是自己的責任　④自量是否有能力助人

㉒古華寫一份文獻報告後面加了許多註，得了高分，他覺得以後寫報告都要多加註，這是　①古典制約　②工具制約　③認知學習　④概念學習

㉓古美面對老闆交給他的工作，先衡量工作的難度，公司

現有的資源，然後寫下工作進度表，古美的認知運作可稱爲　①後設認知　②工具制約　③學習轉移　④區辨與分析

⑵看到學生「上額寬闊，鼻子端正」就想他有出息，因此倍加栽培，這是　①比馬龍效應　②自驗預言　③自我實現　④偏見

⑵火災現場許多人圍觀，沒人去叫119，可能是因　①怕受警察調查　②認爲有別人會去報警　③批斷嚴重性能力不足　④應變能力不足

⑵最有效的增強安排（reinforcement schedule）是　①固定時間增強　②連續增強　③不固定時間增強　④不固定增強物

⑵下面哪一個實驗說明「順服」不一定是好的行爲　①Milgram電擊受試實驗　②Skinner操作制約的實驗　③Schachter情緒歸因實驗　④Festinger態度改變實驗

⑵知道物體外表改變但實質不變，需怎樣的邏輯運作　①同化（assimilation）　②調節（accomodation）　③平衡（equalization）　④逆轉（reversibility）

⑵贊成語言天生論的學者不能解釋下面哪一個現象？　①兒童學語言的速度　②語言規則的過度類化　③會雙語的兒童　④不同環境的兒童有不同的母語

⑶警察攔下兩位飆車的青少年，只拘留其中一位，因其速度比另一位快，這位警察先生對是非判斷的依據是　①專業的訓練　②主事者的意圖　③事件的後果　④交通規則

(31)上述警察而後告誡被拘留青少年的父母沒有好好管教小孩，放縱他飆車，這位警察先生的道德判斷階段在　①避罰服從階段　②相對功利階段（instrumental relativeist orientation）　③順從權威階段　④尋求認可階段（good-boy-nice-girl orientation）

(32)丈夫挨罵後不再隨地丟衣物，「罵」是　①正增強　②負增強　③社會增強　④處罰

(33)社會學習理論預測看電視時間長會　①增加　②重視　③不影響　④削弱　性別角色的刻板印象

(34)古政要記住老師家的電話，他就告訴自己要唸一百遍，這是　①精緻化　②複誦　③後設記憶　④組織記憶的能力

(35)若必須處罰小孩，最有效的是　①不良行為完成時　②不良行為出現時　③小孩不知自己正犯錯時　④父母都在時　來實施處罰

(36)社會學習理論的重點在強調　①回饋的重要性　②認知歷程在行為產生過程中的自主性　③殺雞儆猴是有效的行為學習方式　④父母行為表率的重要性

(37)有人學了freight後，把原來會拼的flight常拼成fleight，這是　①順攝抑制（proactive inhibition）　②倒攝抑制（retroactive inhibition）　③初始效應（primary effect）　④時近效應（recency effect）

(38)參考書的練習題做熟練以後，學生即使碰到簡單的題目都可能用複雜的解題方式，這是　①功能固著　②心向作用　③歸納推理　④演繹推理

(39)卡通片製作原理依賴視覺的　①自動現象　②誘動現象　(3)閃動現象　④錯覺現象

(40)廣告公司請偶像或明星做廣告，消費者忽略他是高價請來做廣告，而接受他的推銷，這是　①基本知識不夠　②投射作用　③基本歸因誤差　④自驗預言

(41)工廠惡性倒閉，工人上街抗議要政府理賠，因工人對政府做了　①性格　②情境　③能力　④因果　歸因

(42)古北費盡心力進入外商銀行工作，王溪有老師與父執輩的介紹，也進了同一家外商銀行，三個月後，兩人對這一家銀行都很失望。　①古北仍會勸學弟妹要進外商銀行工作　②兩人都會離開這一家銀行　③王溪仍會勸學弟妹要進外商銀行工作　④兩人皆繼續努力工作

(43)青少年聚在一起可能做出獨自一個人不敢也不會做的事，這是　①旁觀者效應　②自我中心　③責任分散　④社會助長

(44)心理實驗要證明所實驗的方法有效，對照組與實驗組在下列哪一個條件上要不一樣？　①自變項　②依變項　③控制變項　④實驗時間

2.問答題：
請舉一例說明心理學某一理論在教育上的應用。

八十七年度

1.選擇題：
(1)華森（John Watson）（1928）以一位嬰兒Albert作實驗，將兩種嬰兒不害怕的物體（或稱中性刺激物）（白

鼠）與害怕的事件（搥擊鐵棒造成驚嚇）配對呈現經過
八次後，即使白鼠單獨出現也會引發嬰兒哭和爬走的
反應，這種現象符合哪種學說？　①觀察學習　②建
構主義　③古典制約　④學習條件論

(2)右圖這六條直線往往被知
覺成為三組平行線，這種
現象顯示：　①有機體會
將局部刺激視為局部的或
是互相獨立的事件　②學
習方式的進行依賴的是有
意義的結構而非無意義的記誦　③學習是需要頓悟的
④有機體傾向對微觀的局部行為進行認知反應，而非巨
觀的整體行為

(3)下列何者是負增強　①不喜歡上學的甲同學因為一次胃
痛得以請病假在家休息的經驗，往後經常採取裝病方式
得以避免上學，遠離學校②教師處罰遲到的學生掃廁所
③整潔比賽最後一名的班級獲頒一面黑旗，標示為：
「力爭上游」　④先生不斷嘮叨太太要求戒賭，太太偏
偏變本加厲以示抗議

(4)馴獸師訓練獅子跳火圈，最初只要獅子一接近未點火的
鐵圓圈就給增強，其後是靠近點燃微弱火焰的鐵圈給予
增強，如此循序漸進，直到獅子敢於自動穿越火圈，這
種學習可以稱作　①漸次接近法或逐步養成
（shaping）　②閾限法（threshold）　③不相容反應
法　④比例（ratio）增強法。

(5)下列哪種方式的增強對於行為反應維持的時間可望最為長久　①變動比率（ratio）　②固定比率　③固定時距（interval）　④變動時距　增強。

(6)下列何者不符合蓋聶（Gagne）的學習理論　①具備先備知能（例如容積）是學習複雜規則（如液體保留概念）的必備條件　②尋求各個不同領域的學習（如語文、動作技能）的差異性不利於建立重要的學習通則　③態度的學習尚無特定的條件或途徑　④注意、期望是九個學習階段的最初兩個階段

(7)依據訊息處理的學習理論，將刺激加以編碼（coding）時，工作記憶（working memory）的容量常被說成是多大？　①6±2　②7±2　③5±3　④8±1　個串節（chunk）

(8)在解題（problem-solving）時，專家（expert）不同於生手（novice）的主要特點在於：　①擁有龐大且關連的無關認知　②採取嘗試錯誤之類的解題策略　③不知道如何與何時應自我監控、檢查評估其解題的方法、策略　④採取按部就班、不考慮重組相關訊息、步驟的解題策略

(9)下列何者符合皮亞傑（Jean Piaget）對於認知發展的看法？　①認知發展結果的最高層次是謂「形式運思（formal operation）」　②有機體依循適應環境產生的生理改變與發展與人類認知發展的歷程顯然是不同的　③感覺動作其與運思前期（pre-operational stage）中認知的變異是程度的不同，在性質上（quality）的差

異不大　④成熟（maturity）不是影響認知發展的主要因素

⑽玉情數學科期中考試不及格，在班上數學小老師的個別指導後重考一次，成績居然提高20分之多，這種現象比較符合下列哪種理論　①觀察學習或楷模（modeling）學習　②近側發展區（ZPD）　③認知衝突　④基模（schema）學習。

⑾下列哪一項不屬於嘉得納（Horward Gardner）於1983年所提出的多元智力內涵：　①人際社交（interpersonal）　②內在自覺（interpersonal）　③軀體動覺（bodily-Kinesthetic）　④後設認知　智力

⑿依據魏那（B. Weiner）的歸因論（attribution theory），將個人成功的原因歸諸於下列哪一項因素者具有最高的學習動機：　①能力強　②努力不懈　③工作太容易　④運氣太好

⒀馬斯洛（A. H. Maslow）所說的基本需求，或是匱乏性需求（deficiency needs）：　①自我實現需求　②美的需求　③知的需求　④愛與隸屬的需求

⒁郭爾堡（LL. Kohlberg）認為道德認知發展是有階段性（或是有層次）的，下列哪一個階段或行為特徵的層次最高　①避免懲罰——他律　②行動以自身的利益為目的　③依據父母或兄長對自己的期望來行事　④遵從社會契約（例如法律）&大眾權益

⒂艾力克森（E. Erickson）認為人生歷程中有八個人格發展階段，其中第四個發展階段（青春期）的發展危機

（crisis）是：　①信任VS.不信任　②自主自立VS.羞怯懷疑　③勤奮進取VS.自貶自卑　④完美無缺VS.悲觀失望

(16)有些小孩子認為蠟燭光在晚上照射的距離比在白天更遠，這是一種　①感覺動作期的思考　②迷思概念（misconception）　③楷模學習　④自我效能（self-efficiency）。

(17)下列哪一項技巧常被用增強所學習的訊息（如文章）的總量，而非建立內在／外在聯結、或純粹增進理解力　①記憶術如關鍵字（key word）法　②前導組體（advanced organizer）　③標示（signaling）　④作筆記等產出性技巧。

(18)下列那項屬於社會性增強物（social reinforcer）：①小學生因為學習認英文字而看懂或聽懂電視中芝麻街節目　②讓小孩自由玩玩具　③個體解決了一時的困惑　④得到讚美、注意或愛

(19)下列何者不屬於創造力的主要特性：　①批判性　②流暢性　③變通性　④獨創性

(20)下列何者不是優良測驗的特性：　①信度高　②效度高　③獨特性高　④可標準化／可參照性（referencing）高

2.請由下列選項中選擇適當的描述，在答案紙上依題號順序作答。
①正增強　②懲罰　③削弱　④反應犧牲　⑤普墨克原則　⑥負增強　⑦暫停法

(21)卡蘿越來越常坐在前排聽課，因為後排的同學吵得她無

法專注。「吵」是

(22)樂迷妮可越來越多做家庭作業了，因為做完後媽媽准她聽音樂。「准許聽音樂」是

(23)火爆傑利越來越能控制脾氣了，因為只要他在課堂上一跟同學起衝突，老師便要他到走廊靜坐三分鐘。「到走廊靜坐」是

(24)米蟲喬治越來越少在上班時間摸魚了，因為只要他每小時內工作停頓一次以上，老闆就扣他薪水。「扣薪水」是

(25)煙槍張三越來越少抽煙了，因為只要他一點著香煙，太太馬上就將煙頭剪掉。「剪煙頭」是

(26)破壞王小新越來越勤於整理玩具，因為這麼做會得到軌道車。「軌道車」是

(27)頑童麗絲越來越少在課堂上搗亂了，因為老師及同學都不理會他的吵鬧。「不理會」是

3. 下列行為各使用了何種心理防衛機制，請依上述方式在答案紙上作答。

①昇華 ②投射 ③理性化 ④壓抑 ⑤否定 ⑥替代 ⑦反向行為 ⑧合理化 ⑨幻想 ⑽退化

(28)一位深愛亡妻的鰥夫，仍在餐桌上為她準備碗筷，並告訴朋友們：「她去拜訪親戚去了」。

(29)被上司吼叫的女士，對丈夫及孩子吼叫，以表達她的憤怒。

(30)小男孩在某夜見到爸爸強行騷擾媽媽，之後被問及此事，卻堅持沒有發生這樣的事。

(31)一位十分憎惡上司的員工，不斷地告訴別人，他是多麼地敬愛這位上司。

(32)一位對老公滿懷潛意識敵意的女士，雖幻想老公出了嚴重車禍，但實際行為上卻不斷提醒老公注意行車安全。

(33)準備不周就去應考的大衛批評試題出的不妥當、有失公平，才導致他考的不理想。

(34)不喜歡與公婆同住的媳婦，向他人宣稱公婆不喜歡與她同住。

4. 下列敍述為真者，請依題號順序於答案紙上填選「T」；敍述有誤者，請填選「F」

(35)根據形式訓練說，電話接線員經過長期訓練，記憶數字的能力會大為提高，但此能力不能相對應地遷移至提高記憶外語詞彙的能力。

(36)按照皮克（H. Peak）的觀點，態度既含情感成分又含認知成分，但僅後者影響學習隨後保持階段的同化過程。

(37)人們對於運氣的信奉是典型的外在制握所導致的習得性無助。

(38)心理學的研究顯示，視覺媒體越生動、越形象，則學習效果越好。

(39)信度是效度的必需但非充要條件，因此，一個有效的測驗將具某種程度的信度。

(40)教師有時批卷前緊後鬆，這種現象可用「月暈效應」來解釋。

(41)測驗中的題目難度越大，鑑別力越高；難度越小，鑑別

　　力越低。

(42)「比馬龍效應」意指教師的期望都能成爲學生自我應驗
　　的預言。

(43)B＝f(P, E)這一公式表明：人類行爲（Behavior）可用
　　懲罰（Punishment）和增強體驗（Experience）來解
　　釋。

(44)哈羅（H.F. Harlow）的學習心向實驗，說明學習中的
　　「嘗試錯誤」現象可以轉化成「頓悟」現象。

(45)認知結構理論中的認知組織階段相當於資訊處理模式中
　　的語意編碼階段。

中正大學・成人教育所

八十二年度

1. 解釋下列名詞：
   (1)後掩蔽（back masking）
   (2)自我效能說
   (3)中年危機
   (4)沮喪的認知治療法
   (5)臨終階段論
2. 試述老人對成人心理與學習的影響？
3. 試述流質智力與晶質智力？這兩種智力在成年期的發展如何？探討流質與晶質智力在教育上的意義如何？
4. 試從結構論及歷程論的觀點探討老化對記憶的影響並提出如何幫助成人的記憶？
5. 試述如何適應角色或活動的喪失？

八十三年度

1. 解釋下列名詞：
   (1)發展任務
   (2)臨終階段論
   (3)海富利克限制（Hayflick limit）

(4)習得性無助感（learned helplessness）

2.個人面臨老化應持何種態度？又如何能夠達到延緩老化，促進健康，松柏常青？試抒己見。

3.俗云：「江山易改，本性難移」。此種說法是否正確？試以成人人格發展的研究結果加以評析。

4.個人工作的發展可以分成那些階段？又影響工作滿意度的因素爲何？

5.祖孫間的關係型態有那幾種？又影響祖父母扮演何種角色的因素有那些？試說明之。

八十四年度

1.解釋下列名詞：
(1)主因老化（primary aging）
(2)減少參與理論（disengagement theory）
(3)臨終關懷（hospice）
(4)末期遽降（terminal drop）

2.所謂「越老越慢」，此種說法是否正確？試就成人反應與動作技能的發展研究結論評述之。

3.成年期中個體生理的改變對成人心理的影響如何？應如何因應？

4.退休會對個人產生那些影響？如何加以因應？試從個人和社會兩方面析論之。

5.何謂順利的老化（successful aging）？個人如何做到順利的老化？試抒己見。

八十五年度

1. 解釋下列名詞：
   (1)長期記憶
   (2)流質智力（Fluid Intelligence）
   (3)損耗論（wear-and-tear theory）
   (4)活動理論（active theory）
   (5)臨終軌迹（dying trajectory）
2. 聽力喪失對成人心理的影響如何？又面對成人聽力的衰退，在學習上如何加以補救？
3. 年齡與工作滿意度的關係如何？影響工作滿意度的主要因素有那些？試抒己見。
4. 面對親人的死亡，個人哀傷的過程可分爲那些階段？又如有不正常的哀傷反應出現，應如何加以協助？

八十六年度

1. 解釋下列名詞：
   (1)年齡歧視主義（ageism）
   (2)注意（attention）
   (3)邊際理論
   (4)編碼
   (5)速度假設（speed hypothesis）
2. 中、老年人面對反應與動作的緩慢，應如何加以改善或因應？
3. 中年子女與年老父母相處，宜把握那些原則？試抒己見。

4. 未來老人學所關注的主要問題有那些？

八十七年度

1. 解釋下列名詞：

　　(1)次級老化（secondary aging）

　　(2)程式破壞論（programmend destruction）

　　(3)幫助性移居

　　(4)老人寄宿所（Elder Hostel）活動

　　(5)晶質智力（crystallized intelligence）

2. 試說明運動與老化的關係。

3. 影響成人學習與記憶表現的因素為何？

4. 何謂中年危機？其產生的原因何在？是否普遍存在？試說明之。

成功大學・教研所

八十六年度

1. 試就心理學的觀點，闡述增進記憶的方法。

2. 何謂人格？並就影響人格發展的因素申論之。

3. 何謂Y世代（Y generation）？並就其心理特質，擇三至五項敍述之。

4. 本次研究所入學考試放榜時，您將以哪一心理學派的何種論點來解釋自己的成敗？

八十七年度

1. 邇來，心理學家偏向以「折衷取向治療法（eclectic therapy）」，即採取各心理學派方法之長，綜合使用，藉以收到更佳的治療效果，請就最常用的三至五派折衷取向治療法介紹之，並註明其兼採的心理學派爲何？

2. 現代人的壓力很大，宜如何處理方能減緩不適行爲——試就生理、認知、及行爲三方面論述壓力的因應策略。

3. 試針對特定教學目標「學習三步帶球上籃之正確步驟與動作」可茲採用的教學策略／方法，選擇能提高學習成效之四種不同教學策略／方法，及支持此四種策略／方法之各種心理學理論基礎，分別敍述並解釋。

4. 試就教學情境中，針對不同施教對象，所應考量之不同因素／發展階段及其相關之理論架構，申論之。

東華大學・教研所

八十五年度

1. 試界定並舉例說明下列名詞：
   (1)建構效度（construct validity）
   (2)後設認知（metacognition）
   (3)合作學習（cooperative learning）
   (4)比馬龍效應（Pygmalion effect）
   (5)質的研究（qualitative research）
2. 目前盛行的兒童才藝班，強調「不要讓孩子輸在起跑點上」。請任以一個教育心理學中之理論或觀點，解釋這句廣告詞的眞假。闡述環境中心與兒童中心兩種不同教育理念應如何在現行教育體制中配合。
3. 在教育心理學的歷史發展中，獎賞的使用始終受到爭議。請分別以行爲學派與認知學派的觀點，說明獎賞的意義。並請你以個人的看法，說明內在動機與外誘動機應如何配合使用。
4. 請說明評量在教學上的意義。並對教師提出具體建議，以使教學評量能達到最佳的教育效果。

八十六年度

1. 請以目前認知發展的幾個重要觀點，來說明教師在安排教學時，應考慮哪些事項？為什麼？

2. 請以Weiner的「歸因理論」來說明：「教師回饋」對學生學習的可能影響；並以此註明教師在對低成就學生作學習評量時所應考慮的事項。

3. 日前教育部明令中、小學班級中，不可無故實施「能力分班」，而應以「常態分班」為教學的施教單位。請以教育心理學的角度來談：這樣的規定是否具有意義？為什麼？

4. 請以學習動機的觀點，來說明教師應如何培養學生的學習興趣。

國立台北師範學院・國教所

八十五年度

1. 一個成績差的單親家庭小孩，缺乏家庭照顧，而且常常沒有吃早餐。若你是這位學生的老師，根據馬斯洛的需求層次論，這個老師應設法先滿足他：　(1)尊重　(2)愛與隸屬　(3)安全　(4)生理的需求

2. 若一位老師對小朋友插隊的行為，訓誡道「若我讓你插隊，是不是也要讓別的小朋友插隊？」這老師可能認為此小朋友，位於柯伯格（Kohlberg）道德發展的那一階段：　(1)避罰服從取向　(2)相對功利取向　(3)順從權威　(4)尋求認可取向

3. 根據皮亞傑（Piaget）的認知發展理論，國小老師教學應該：　(1)對學生不會的問題，多加練習　(2)多用口頭說明，讓學生瞭解　(3)多用具體實物，讓小朋友瞭解　(4)多用抽象問題，激發學生思考

4. 嬰兒學會叫媽媽是經過何種學習歷程？　(1)工具制約　(2)古典制約　(3)頓悟學習　(4)觀察學習

5. 一位老師，為了建立舉手發言約定，而故意不叫在座位上回答的同學，而叫了一位舉手的同學起來發言。這位老師，對不舉手發言的小朋友用了：　(1)懲罰　(2)消弱　(3)

　　負增強　⑷行為塑造的技巧

6. 依據蓋聶（R.M. Gagne）對學習結果的分類，學生在學習後，學會如何歸納課文要點，這是屬於那一類型的學習？　⑴語文知識　⑵動作技能　⑶心智技能　⑷認知策略

7. 要求學生自行設計一個科學實驗，這是屬於認知領域那一層次的教育目標？　⑴應用　⑵分析　⑶綜合　⑷評鑑

8. 下面那一項敘述符合認知學派學習論的精神：　⑴注意學生內在思維活動　⑵注意刺激引起的外在行為反應　⑶注意外在刺激情境　⑷注意處理學生反應的後果

9. 下列那一學派倡導開放教育（open education）　⑴行為主義　⑵認知學派　⑶心理分析論　⑷人本主義

10. 習得無助感（Learned helplessness）的學生具有何種成敗歸因傾向：　⑴把成功歸因於努力　⑵把成功歸因於工作難度　⑶把失敗歸因於能力　⑷把失敗歸因於運氣

台中師範學院・初教所

八十一年度

1. 解釋下列名詞：
   (1)學業性向（Scholastic aptitude）
   (2)認知型式（Cognitive styles）
   (3)成就動機（achievement motive）
   (4)建構效度（construct validity）
   (5)鑑別指數（index of discriminination）
2. 如何衡鑑與激發兒童的學習潛能：試從心理測驗方法和教育心理學觀點說明之。
3. 目前在我國國民教育中，如要達到德育的理想效果應如何進行？
4. 教師培養兒童的思考能力，宜採用那些原則？試申論之。

八十三年度

1. 試簡述行為論認知論的學習觀，並對「教育心理學所要關心的，是要瞭解外在學習條件（例如教學操弄）和內在學習條件（如學生所使用的現存知識和學習策略）如何互動才能促使學生心智上的改變。」的觀點加以評述。
2. 以學生的智能和焦慮為例，說明屬性處理交互作用

（Attribute Treatment Interaction）。

3. 理想的教學活動中，教學者既要達成學習目標，又要引發學習者的動機與興趣，試從有關教學的動機理論，詮釋教學者應如何致此理想？

4. 如何落實人性化的教育精神於教學活動中？試說明之。

八十四年度

1. 以管教學生為例，說明正強化（positive reinforcement）、負強化（negative reinforcement）、和懲罰（punishment）的實施方式及其對學生行為和心理的影響。

2. 「人本主義」心理學者所主張的學習理論為何？又如何兼顧認知與情意的領域？

3. 試說明並具體舉例如何培養學生的自尊心？

4. 解釋下列各名詞：

   (1)後設認知（metacognition）

   (2)鷹架作用（scaffolding）

   (3)前導組體（advance organizer）

   (4)自我應驗的預言（self-fulfilling prophecy）

   (5)認知風格（cognitive style）

八十五年度

1. EQ的概念建構方興未艾，試就個人所知敘其意旨為何？若對比於IQ及人格之研究，EQ對學習有何影響？

2. 心理學有那些主要流派？各個流派對於攻擊行為的原因和處置方式有何見解？

3. 維果斯基（L.S. Vygotsky）與皮亞傑（J. Piaget）認知發展論的主要差異何在？試分析說明之。
4. 試比較人本主義及行為主義對有效學習的看法？

八十六年度

1. L. Vygotsky對兒童認知發展的主要觀點為何？試簡要說明之。
2. 何謂習慣？習慣對人有何影響？舉例說明如何指導學生建立良好學習習慣？
3. 學習者可透過諸多途徑塑造有利的條件促進學習遷移，但若求諸於教材的編撰者，其應如何從教材的呈現、連貫……等著手？試以國民小學任一學科為例舉陳之。
4. 試分別由認知論、行為論及人本論的觀點，說明如何引起學生的學習動機。

嘉義師範學院・初教所

八十二年度

1. 解釋名詞：
   (1)前導組體（advance organizer）
   (2)倒攝抑制（retroactive inhibition）
   (3)比馬龍效應（Pygmalion effect）
   (4)柯爾博（L. Kohlberg）道德發展論
2. 皮亞傑（J. Piaget）將兒童的認知發展分為那四個階段？又依據其理論，國小低、中、高年級學童之認知發展，分別屬於那一階段？各有何特點？請一一說明之。
3. 在教育心理學上，已有實驗研究證實，加強概念與原則的教學，學生在學後比較不容易遺忘，而且有更多的正向遷移。試述教師應如何教概念及原則？
4. 影響兒童在團體中受歡迎及被排斥的原因各是什麼？
5. 電腦輔助教學（CAI）有何優點？若在國小實施時，以那一學科最適合採用，同時在軟、硬體方面各應有何配合、準備工作？請分別論述之。

八十三年度

1. 選擇題：

(1)根據Erikson的心理社會論，小學階段兒童若努力失敗，可能產生的危機是：①孤獨疏離　②自怨自憐　③角色錯亂　④自貶自卑。

(2)小華有一位好朋友因爲生病，沒有讀書，小華正面臨要不要幫他作弊的問題，假如小華拒絕幫他朋友作弊，原因是無論在何種情況下，作弊都是不道德的行爲。你認爲小華的道德發展是處於Kohlberg所述的那一階段？①避罰服從導向　②尋求認可導向　③法律秩序導向④社會契約導向。

(3)晶體智力是：　①以生理爲基礎的認知能力　②辨識新事物，記憶理解的能力　③受教育文化影響小的能力④隨年齡增長而升高。

(4)一般說來，男女性別差異最大在於：　①智力　②適應能力　③學習能力　④人格方向。

(5)對於資優生的情緒需要，教師應體認到：　①比其他同齡兒童早熟　②比他自己其他方面的發展要成熟　③比其他人更需要幫助　④和其他同齡兒童非常相似。

(6)在小孩厭惡吃魚的制約反應中，下列何者屬於制約刺激？　①厭惡吃魚　②魚刺哽在喉嚨　③魚　④痛苦厭惡的表情。

(7)啓發式教學法是：　(1)學生組織學習資料　②教師組織學習活動　③學生自己摸索學習　④教師提供問題答案。

(8)教師在謝師宴上叫不出女學生的名字是屬於何種原因的遺忘？　①因不用而消失　②干擾　③提取失敗　④動

機性遺忘。

(9)項目分析中，高低分組各取10名學生，高分組有 8 人答對此題，低分組有 2 人答對，此題鑑別度為：　①0.8　②0.2　③0.6　④－0.6

(10)下列發展通則，何者不正確？　①幼年期學到的口音，長大後不易改變　②發展的歷程是連續且速率一致的　③青春期開始時間受遺傳與環境影響　④發展過程在共同模式下仍有個別差異。

2. 請從成就動機論（Atkinson）、歸因論（Weiner）分析為什麼創造「適當的努力導致成功」的教室情境很重要。

3. 請比較行為、認知、人本三大學派對學習的看法，並說明如何應用這三大學派的理論於教學。

4. 試說明個別化教學的過程與原則？並舉國小教學中所運用之完全學習或精熟學習為例，加以論述之。

5. 何謂馬斯洛（A. Maslow, 1943）提出的「需求層次論」？並暢述教師如何利用此一需求層次論來增進或改善國小之班級學習效果。

6. 解釋名詞：

(1)行為塑造（shaping）。

(2)變通性（flexibility）。

八十四年度

1. 請說明兒童情緒發展的趨勢。

2. 請說明Sternberg（1985）的智力理論及其在學校教育的涵義。

3. 我們俗話說「不經一事，不長一智」，試以皮亞傑對認知作用的看法，說明是如何經一事而長一智？

4. 請比較古典制約、桑代克（Thorndike）的理論、及操作制約學習理論的異同，並各舉一例說明。

八十五年度

1. 解釋下列諸詞的意義：
   (1)負增強作用（negative reinforcement）
   (2)學得無助感（learned helplessness）
   (3)同化（assimilation）
   (4)電報句（telegraphic speech）
2. 開放教育的教學設計和傳統的教學方式有何差異？試比較之。
3. 皮亞傑的認知發展論對教育的啓示為何？試述之。
4. 試述凱勒計畫（Keller plan）的理論依據、特點及在教學上的限制。

八十六年度

1. 解釋下列諸名詞的意義：
   (1)場地依賴型（field dependent style）
   (2)延宕模仿（deferred imitation）
   (3)退化（regression）
   (4)角色採取（role-taking）
2. 試述維果茨基（Lev S. Vygotsky）倡議的可能發展區（zone of proximal development）理念的涵意及其對教

師教學的啟示。

3. 請比較啓發式教學法（discovery teaching method）和講解式教學法（expository teaching method）的差異及其優缺點，身爲教師你要如何恰當應用這兩種教學法？

4. 試述人本主義學派（如：馬斯洛、羅吉斯）對學習的看法及其在教育上的應用，並評論之。

台南師範學院・初教所

八十一年度

1. 選擇題：

　(1)就邏輯的觀點而言，下列那個心理學派的學說中，教育具有最大的功能？　①心理分析　②行為　③形式結構　④人文（本）

　(2)一般而言，下列那個心理學派的研究方法最為客觀嚴謹而科學？　①心理分析　②行為　③形式結構　④人文（本）

　(3)老師問小華「你有沒有兄弟？」小華回答「有，我的哥哥叫小明。」老師再問「那小明有沒有兄弟？」小華回答「沒有」。敘述中小華為男生，他的思考具有不可逆的特性，在皮亞傑的發展階段中，小華最高應屬那個階段？　①感覺動作　②準備運思　③具體運思　④形式運思

　(4)螺旋式課程與下列那一位心理學家的觀點最為接近？　①布魯納　②班度拉　③皮亞傑　④艾律克森

　(5)按件計酬是屬於下列那一種增強方式？　①變異時距　②變異比率　③固定時距　④固定比率

2. 問答題：

(1)請各舉一具體的學習歷程為例子，說明操作制約及社會學習的觀點。

(2)請以具體的學習歷程為例子，說明皮亞傑理論中同化、調適和平衡的觀念。

(3)請比較下列各組成對名詞，彼此相異之處：

　①比率智商（ratio IQ）、離差智商（deviation IQ）

　②懲罰（punishment）、負增強（negative punishment）

　③大綱（outline）、前導組體（advance organizer）

　④個別教學（individual instruction）、個別化教學（individualized instruction）

(4)試論行為取向、訊息處理取向以及社會學習理論，所揭櫫的學習原理是彼此相容的（compatible）、矛盾的（contradictory）、抑或互補的（complementary）？

(5)請依據馬斯洛（Maslow）的需求層次論，設計一競爭與合作的教學環境，以激發學生的學習動機。

八十二年度

1.選擇題：

(1)在訊息處理過程中，下列何者是建立外在聯結的歷程？　①注意外來訊息的特徵　②將外來訊息加以組織　③將外來訊息與個人舊經驗統整　④將訊息處理的結果貯在長期記憶中

(2)一篇有關《蘇聯瓦解原因分析》的文章，其頂層結構屬於何種鏈結？　①共變　②比較　③聚集　④描述

(3)做筆記屬於什麼性質的活動？　①注入　②產出　③記憶　④動作

(4)我國一年級學生之「注音符號」教學採綜合教學法，其理論依據爲何？　①字優效果　②發音策略　③類化原理　④對應策略

(5)下列何者較需要利用脈絡線索去觸接字義？　①大學生　②高中生　③國中生　④小學生

(6)在回憶一篇文章的內容時，我們可能增加一些原來沒有的東西，此稱之爲：　①平順化　②尖銳化　③合理化　④趣味化

(7)一位大學教授已有20年未玩籃球了，有一次他參加校內系際籃球賽，發現他的球技很快就恢復了，這是何種類型的記憶？　①情節記憶（episodic memory）　②程序記憶（procedual memory）　③語意記憶（semantic memory）　④短期記憶（short-term memory）

(8)下列何者符合「經熟學習」的原則？　①允許成就水準不一致，但學習時間要相同　②允許成就水準與學習時間皆可不同　③維持成就水準與學習時間皆一致　④允許學習時間不一致，但成就水準要相同。

(9)學生能自擬一個新的化學實驗計畫，這是認知領域中那一個層次的教學目標？　①應用　②分析　③綜合　④評鑑

⑽成就測驗必需具有何種效度（validity）？　①內容效度　②同時效度　③預測效度　④結構效度

2. 說明下列各題中概念之間相互的關係？
　(1)激發水準、實作表現、焦慮、動機
　(2)短期記憶的容量、串節（chunking）、特定領域知識、自動化
　(3)精緻化策略的發展、可用性、生產性
3. 行爲論和認知論對獎賞的看法有什麼不同？認知論者的看法對獎賞的實施有什麼啓示？
4. 解釋下列名詞，並用一個實例說明
　(1)負增強
　(2)工具制約學習
　(3)後設認知（metacognition）
　(4)策略（性）知識
　(5)基模（schema）
　(6)信度
　(7)精緻化策略（elaboration strategy）
　(8)間接學習（indirect learning）
　(9)關鍵字記憶術（key-word memonics）
　(10)習得無助感（learned helplessness）
5. 訊息處理論學者與傳統心理計量學者對「智力」的界定有何不同？兩者在教育上有何不同的涵義？您認爲應如何統合此兩種觀點？
6. 奧斯貝（D.P. Ausubel）倡接受式學習（reception learning），而布魯納（J. S. Bruner）倡發現式學習（discovery learning），試比較其基本假定與教學策略之異同。您認爲在教學應用時，兩者應如何統合？

八十三年度

1. 選擇題：

(1)心理語言學家N. Chomsky認為人類之所以與動物在語言能力上有顯著的差異是因為：　①人類刺激——反應之習得比動物快許多，也因此較易有高層制約的學習。②人類具有別種生物沒有的語言習得裝置。　③人類所具有的「同化」及「調適」的能力比他種生物強。　④他種生物沒有類似人類的文化及歷史遺產。

(2)以下對「智能不足」的描述何者錯誤？　①指智商在平均數負二個標準差以下而且適應行為量表得分在25%以下者。　②大多數智能不足兒童均可找到其生理上的致因，如唐氏症。　③智能不足兒童中絕大多數為「輕度智能不足」。　④極重度智能不足者經常伴隨著其他認知、知覺、動作的障礙。

(3)「學生為了怕被老師罰站，改變遲交作業的習慣，開始準時交作業。」這是何種行為處理的效果？　①處罰　②正增強　③負增強　④罰鍰（penalty）

(4)行為主義在心理學界稱雄近半個世紀，六〇年代後卻受到認知科學各個領域的質疑，底下各學者中有一位所提出的理論「不能算是」這些質疑之一，請挑出來。　①N. Chomsky的語言學理論　②K. Lorenz的動物行為學（Ethology）　③Chess & Thomas的長期兒童氣質（temperament）研究　④Wolpe的系統減敏感心理治療法

(5)從各種角度、在各種光線背景下觀察李總統，李總統會呈現無限多可能的像（image），如果個體必須先把李總統所有可能的像都記憶下來，才能認出他來，就太沒效率了，人類的認知過程一定不是這樣的，只要媒體上出現他的相片，雖然沒有見過那張相片，我們也立刻可以認出來，以下何者最能說明這個認知現象？　①同化的結果　②調適的結果　③保留概念發展的一種結果　④透過同化、調適得到的平衡結果

(6)教師在測驗後應儘快將成績告知學生，其理由是：　①學生在一段時間後得到成績，會記不得當時的動機　②若不立即回饋，正增強對其學習並無效果可言　③若不如此，老師會給學生「怠惰因循」的不良示範　④該過程會有效地讓學生將其學習行為與後果聯結

(7)在精熟教學的過程中，最好採取何種評鑑方式？　①團體評鑑　②標準參照評鑑　③常模參照評鑑　④不必任何評鑑

(8)一篇文章如果有一個很能與文章內容搭配的標題，讀者的閱讀理解會順利很多，這個「標題的效果」是以下何種認知歷程造成？　①由上而下（top-down）的認知歷程　②由下而上（bottom-up）的認知歷程　③「由上而下」與「由下而上」兩者的交互作用效果　④工作記憶擴充的效果

(9)閱讀歷程中以下那一個歷程屬於後設認知的層次？　①字彙辨識（word recognition）　②工作記憶（working memory）的處理　③語法處理（syntactic processing） ④總結及預測（summary and prediction）

⑽請根據以下學者所主張的教育心理學理論，挑出一位「與眾不同」的學者來。 ①林清山 ②桑代克（E. L. Thorndike） ③布魯納（J. S. Bruner） ④格聶（R. M. Gagne）

⑾禮運大同篇所述，「大道之行也」「天下為公」，此兩個意念，依據Dansereau（1978）的「網路建造」，屬於何種鏈結？ ①部份 ②類型 ③特徵 ④導致

⑿幼兒喜歡一面扳動手指頭一面大聲數數，這是何種訊息表徵？ ①動作 ②影像 ③符號 ④語文

⒀依據Erikson（1986）的心理社會論（psychoscial theory），國小學生所面臨的發展危機是 ①信任對不信任 ②勤奮對自卑 ③自我統合對角色混亂 ④自發對愧疚

⒁應用關鍵字記憶術（keyword memonics）進行聯對學習（pair associate learning），其中有一個步驟需將關鍵字與反應字聯結，此種聯接屬於何種鏈接？ ①心像 ②符號 ③聲音 ④語文

⒂前導組體（advance oranizer）之功能是 ①提供先備知識 ②促進外在聯接 ③促進學習遷移 ④以上皆是

⒃下列何者為同化（assimilation）之過程？ ①過去所學到的方法無效，改採新的方法去解決問題 ②在祖母面前撒嬌，但是在姑媽面前正襟危坐 ③每次使用學校的電腦都先鍵入安全號碼 ④以生物演化的觀點解釋個

體認知發展的過程

⑴⑺兒童觀看暴力影片後容易表現攻擊行為，此種現象最符合何種理論的預測？　①工具制約　②效果律　③社會學習論　④訊息處理論

⑴⑻有關研究顯示，在每段文章之前加一個標題，較能增進　①優秀學生對文章細節的回憶　②優秀學生對概念性訊息的回憶　③能力較差學生對文章細節的回憶　④能力較差學生對概念性訊息的回憶語文

⑴⑼下列何種策略對於減少後溯抑制的效果較不理想？　①分散在不同時間去學習各種概念　②以同樣的方法去學習類似的概念　③徹底學會一個概念後再去學另一個概念　④辨別概念與概念間的差異

⑵⒪人本主義教育最重視學生的　①認知發展　②情意發展　③身體發展　④技能發展

2.判斷題：

⑴以下是一位國小三年級老師教國語課文「去看高速公路」的教學過程紀錄：請您區辨各種教學活動的目標究竟是「由上而下（bottom-up）」的歷程？還是「由下而上（top-down）」的歷程？判斷後在適當的括弧內打鉤（∨）。

①老師問：「小朋友，有沒有搭車從高速公路上走過啊？高速公路上可以看到什麼啊？」

②先把課文大意說一遍。

③生字的注音、部首、筆畫教學

④生字生詞的解釋

⑤請一位兒童朗讀第一段，糾正發音

⑥請另一位兒童用自己的話說明第一段的內容（5、6 步驟重複在第二段、第三段及最後一段）

⑦停下來要兒童把書闔上，說：「想想看，剛才前面四 段各提到那些事情？」

⑧要每排各派一名兒童到黑板聽寫

3. 名詞解釋：

請簡單定義以下名詞，並各舉一例說明。

(1)構念（construct）

(2)自動化作用（automaticity）

(3)比馬龍效應（Pygmalion effect）

(4)策略性知識

(5)霹靂馬原理（Premack principle）

(6)SQ4R

(7)一次嘗試學習論（theory of one-trial learning）

(8)可能發展區（zone of proximal development）

(9)知覺場地（perceptual field）

(10) QAIT 有 效 教 學 模 式（QAIT model of effective instruction）

4. 問答題：

請以最精簡的、條列化的文字回答

(1)語言（language）與認知（cognition）之間的關係一 直是學者們爭論不休的議題，請寫出三種主要的論點及 其代表學者。

(2)請說明學校中「體罰」可能帶給學生的影響（請就教育

　　心理學層次討論，不必討論法律層面）。

(3)請從訊息處理論的觀點解釋爲什麼一般人在計算較複雜的算術時，如584×46，一定要用到紙筆？（假設計算者沒有電子計算機）。

(4)請依據Bandura（1978）的觀點，舉例說明學生自律（self-regulation）行爲建立的歷程。

(5)舉例說明工作分析（task analysis）的步驟。

(6)依據行爲主義、人本主義，及認知論的觀點，說明學習動機（motivation to learn）的性質，並依個人的見解提出培養學習動機的具體辦法。

八十四年度

1.選擇題：

(1)根據皮亞傑（J. Piaget）之觀點，幼兒在感覺動作期最重要的認知發展是：　①符號概念　②質量保留概念　③數量形概念　④物體恆存概念

(2)艾瑞克遜（Erik H. Erikson）認爲在五歲以前，曾經歷下列何種發展危機？　①精力充沛對頹廢遲滯　②信任對不信任　③勤奮進取對自卑感期　④完美無缺對悲觀絕望

(3)人類動作發展（motor development）所遵循的模式，下列何者爲非？　①首部到尾端的發展　②整體到特殊的發展　③小肌肉到大肌肉的發展　④軀幹到四肢的發展

(4)下列何種需求在馬斯洛需求層階（Maslow's Hierarchy

of Needs）中 是 屬 於 匱 乏 性 需 求 （deficiency needs）？　①自我實現需求　②愛與隸屬需求　③求知需求　④審美需求

(5)一般學者認爲在成人在記憶編碼歷程中，大多採取何種編碼方式？　①語意碼　②視覺碼　③聽覺碼　④觸覺碼

(6)下列何項論點符合杭士基（N. Chomsky）對語言發展的描述？　①每個人生來就具有語言獲得裝置　②兒童語言學習是對成人語言的模倣　③幼兒能夠說話是由於經驗的累積　④認知結構是語言發展的基礎

(7)在語言障礙兒童中，以何種問題所佔比例最高？　①構音缺陷　②語暢缺陷　③語法異常　④聲音異常

(8)在史肯納（B. F. Skinner）的操作制約學習中，最重要的因素是：　①刺激取代　②認知發展　③模倣　④增強

(9)社會學習論中，認爲最能引起一般兒童模倣的楷模是何者？　①曾獲得榮譽者　②與兒童不同性別者　③獨特行爲且曾受到懲罰者　④不同年齡不同社會階層者

(10)專家與生手對同樣的材料有不同的瞭解，主要差別在於：　①認知型態　②先前知識　③注意力　④表徵模式

2. 名詞解釋：

(1)流動性智力（fluid intelligence）

(2)A型行爲組型（type A behavior pattern）

(3)前導組體（advance organizer）

(4)精熟學習（mastery learning）

(5)創造（creativity）

(6)系統減敏法（systematic desensitization）

3.問答題：

(1)性別角色社會化的理論有那幾種？請分項加以說明。

(2)現實治療法（reality therapy）在教室管理上如何應用？

(3)試比較皮亞傑（J. Piaget）與維哥斯基（L. S. Vygotsky）之認知發展論有何相異處，並分別說明其理論對教育之貢獻。

(4)請分析人本主義心理學者所提出之開放教育（open education），其在教學設計上有何特徵？

八十五年度

1.選擇題：

(1)一般而言，初學語文之兒童所採取的訊息處理模式是下列何種？ ①交互模式（interactive model） ②由上而下模式（top-down model） ③由下而上模式（bottom-up model） ④基模模式（schema model）

(2)下列何種學習理論是屬於新行為主義？ ①訊息學習理論 ②社會學習理論 ③意義學習理論 ④發現學習理論

(3)布魯納（J.S. Bruner）的認知表徵階段何者是最慢發展？ ①符號表徵 ②動作表徵 ③心像表徵 ④形像表徵

(4)根據韋伯定律，下列何者爲正確？　①刺激强度與差異閾大小無任何關連　②刺激强度與差異閾大小成正比③刺激强度與差異閾大小成反比　④刺激强度與差異閾大小成非穩態關係

(5)以學生自學爲取向之教學策略是以下列何種理論爲基礎？　①行爲學習理論　②訊息處理理論　③意義學習理論　④人本學習理論

(6)在處理語文訊息時，短期記憶階段之儲存以何種編碼方式爲主？　①意碼（sematic code）　②形碼（grapheme code）　③視覺碼（visual code）　④聲碼（acoustic code）

(7)維哥斯基（L.S. Vygotsky）主張　①思考依賴語言②語言依賴思考　③語言與思考原本不相關，之後互相影響　④語言與思考原本互相影響，之後不相關

(8)柯爾柏格（L.Kohlberg）的道德發展階段中，兒童達到遵守法律與規範（law and order）是屬於第幾階段之道德發展　①第2階段　②第3階段　③第4階段④第5階段

(9)編序教學的原理是基於下列何種理論爲依據？　①經典條件作用　②操作條件作用　③社會學習論　④認知結構學習論

(10)下列何者對長期記憶的描述是不對的？　①其容量是有限　②其訊息是屬於情節記憶　③其訊息是屬於語意記憶　④保存時間是以時、日、月、年計算

2.解釋名詞：

(1)可能發展區（zone of proximal development）

(2)後設記憶（metamemory）

(3)程序性知識（procedual knowledge）

(4)控制信念（locus of control）

(5)柴嘉妮效應（Zeigarnik effect）

(6)聚歛思考（convergent thinking）

(7)字優效應（word superiority effect）

(8)知覺痕迹（perceptual trace）

3. 申論題：

(1) 請以行為學習理論中經典條件作用（classical conditioning）說明學校恐懼症（school phobia）之形成歷程。

(2)試述人本主義心理學的中心主張為何？並請舉出兩位代表性學者。

(3) 請舉例說明三種常用之學習策略（learning strategies）。

(4)請評述斯滕柏格（R.J. Sternberg）智力三維論與戈爾福（J. P. Guilford）的智力結構論之差異處。

花蓮師範學院・初教所

八十二年度

1. 解釋名詞：
    (1)依附（attachment）
    (2)回歸主流（mainstreaming）
    (3)迷思概念（misconception）
    (4)邊緣發展區（zone of proximal development）
    (5)行為塑造（shaping）
    (6)替代性學習（vicarious learning）
    (7)形式運思期（formal-operational period）
    (8)認知策略（cognitive strategies）
2. 申論題：
    (1)試從教師領導方式、班級氣氛（class climate）和學生同儕團體的觀點，分析有效輔導學生適應不良行為之策略。
    (2)《學記》有云：「教學相長」。請提述相關理論，說明為何從「教」可以產生「學」？
    (3)學業成績的評分方式是決定學生學習動機強弱的關鍵因素之一，請提出一種能引起且維持絕大部分國小兒童的（尤其是成績較差的兒童）學習動機，甚至興趣的評分

方案,並說明你採行這種評分方案的理由。

(4)你是一位新任的自然科任老師。從一開始你就有心要改變過去太著重死記科學知識的教學方式。你立意要培養學生科學的興趣、科學的精神與科學的方法。換句話說,你非常重視「過程」,而不是「結果」。可是你逐漸發覺,你的學生在考試時的成績與其他班級比起來並沒有比較好,有時甚至還比較差。你該如何面對這個問題呢?

八十三年度

1. 解釋名詞:
   (1)制控觀(locus of control)
   (2)前導組體(advance organizer)
   (3)基模理論(schema theory)
   (4)惰性知識(inert knowledge)
   (5)精熟學習(mastery learning)
   (6)目標結構(goal structure)

2. 問答題:
   (1)請分別從行為論和認知論的觀點,說明回饋在兒童學習上的意義。
   (2)何謂「有意義的學習」?請提出至少三個促進有意義學習的原則。

3. 申論題:
   (1)近年來的教學研究愈來愈重視「社會互動」在學習歷程中所扮演的角色,請從認知與動機的角度,說明社會互

　　動的重要性。

　　(2)請從「理論發展」與「實務革新」的角度，說明「教師
　　　即研究者」此一概念的意義。

八十四年度

1. 解釋名詞：

　　(1)程序性知識（procedural knowledge）

　　(2)過度辯護效應（overjustification effect）

　　(3)融合教育（confluent education）

　　(4)合作酬賞制（cooperative reward structure）

　　(5)自我統合（self-identity）

　　(6)認知類型（cognitive style）

　　(7)心理表徵（mental representation）

　　(8)組合智力（componential intelligence）

2. 申論題：

　　(1)當兒童逐漸把社會上勒索、攻擊暴力等行為帶入學校，
　　　並影響其他學生時，請從觀察學習理論的觀點說明這些
　　　行為的形成及教師的因應策略。

　　(2)評量學生的學習成果，傳統上使用行為目標方法，後來
　　　有人提出使用工作分析方法（task analysis），晚近又
　　　有人提出使用認知分析方法（cognitive analysis），請
　　　評論此三種方法的優缺點。

　　(3)請說明維果茨基（Vygotsky）的認知發展論的要義並
　　　申論其教育涵義。

　　(4)請提二種以認知論觀點為基礎的動機理論說明「為什麼

　　有些學生不肯努力學習？」並申論其教育涵義。

八十五年度

1. 解釋名詞：
   (1)中介學習經驗（ mediated learning experience ）
   (2)程序性知識（ procedural knowledge ）
   (3)結構導向教學法（ structure-oriented method ）
   (4)擴散性思考（ divergent thinking ）
   (5)自我統合（ self identity ）
   (6)後效強化（ contingent reinforcement ）
   (7)後設認知（ metacognition ）
   (8)自驗預言（ self-fulfilling prophecy ）

2. 申論題：
   (1)班級組成方式對學生學習與教師教學有何影響？請提示可能之改進方法。
   (2)請從生手與專家在問題解決上之差異的觀點談在教學上可如何將生手變成專家？
   (3)合作學習（ cooperative learning ）的基本要素是什麼？這些要素在教室中有何意義？
   (4)在建構論（ constructivism ）的觀點下，教師對知識、學習、教學等會有什麼信念？會採用那些重要的教學策略？

八十六年度

1. 解釋名詞：

(1)自律學習（self-regulated learning）

(2)智力多元論（theory of multiple intelligence）

(3)自我價值論（self-worth theory）

(4)反身性抽象作用（reflective abstraction）

(5)理性移情（intellectual empathy）

(6)加一原則（plus-one principle）

(7)倒攝抑制（retroactive inhibition）

(8)負誘因（negative incentive）

2. 申論題：

(1)何謂動態評量（dynamic assessment）？動態評量的概念在教學上有何重要意義？

(2)研究指出，兒童在日常生活中經常發展出與學科知識相牴觸的迷思概念（misconception）。請從教學的角度討論教師要採取怎樣的教學策略，有效的改變這種概念。

彰化師範大學・輔導所

七十八年度

1. 認知發展——人格發展之異
2. 如何主客觀判斷智力，使用智力上的問題
3. 左右半腦發展偏向論
4. 自我實現
5. 類化作用
6. 反向作用
7. 名詞解釋：
   (1)需求層次
   (2)反社會性格
   (3)戀親情結
   (4)恐懼症
   (5)認知失調
   (6)投射測驗

七十九年度

1. 就動機、學習過程、矯正問題比較行為主義、人文主義學派
2. Erikson健康人格——與自我發展的關係

3. 下列人氏之主張：
　(1)華生
　(2)比奈
　(3)Thustone
　(4)杭士基Roasky
　(5)Rolberg
4. 個體為何害怕失去親人，試舉二個理論說明（社會依附？）
5. 解釋名詞：
　(1)心理概念
　(2)recent effect
　(3)學習凝固論
　(4)TAT
　(5)生理回饋
　(6)視覺的反覆抑制

八十一年度

1. 解釋名詞：
　(1)操作制約（operant condition）
　(2)反社會人格（anti-social personality）
　(3)field independence／dependence
　(4)歸因論
　(5)功能論（function theory）
　(6)反向行為（free association）
　(7)自由聯想（free association）

2.試述皮亞傑之運思前期的功能限制

3.社會學習論對攻擊之看法為何？如何使攻擊減少到最低？

4.試述人本論與認知論在自我概念及自我發展上之異同？

5.試述比奈氏對智力的看法？何謂IQ？DIQ？

八十二年度

1.試述E. Erickson、marcia對青少年認同的看法及應用。

2.試述Gardner的多元論與Sternberg的智力三元論的比較。

3.試述學習無助感，歸因論，動機自我效能與內外控對學習動機的影響。

4.試述人本主義、認知論者、行為主義對動機的看法

5.Freud的人格理論

八十三年度

1.解釋名詞：

(1)學習心向（learning set）

(2)氣質（temperament）

(3)雞尾酒會現象（cocktail party plenomenon）

(4)建構式記憶（constructive memory）

(5)心理活動性藥物（psychoactive drags）

2.攻擊為人類先天的本能或為後天的習得行為，請引述重要心理學說或實驗加以申論，並就所得結論說明在教育和輔導上的應用價值。

3.請述學習遷移的理論與應用。

4. 請說明思考運作與推理的種類。

5. 請自由應用心理學領域中任一種理論，解釋你報考輔研所的心理，注意須將理論配合個人實際狀況，請不要超過四百字。

八十四年度

1. 選擇題：

　(1)從縱貫研究的發現結果，何者人格最容易發生改變　①幼兒　②國中生　③老年人。

　(2)冷氣機置有自動調溫器控制一定溫度，人類的自動調溫器在　①下視丘　②心臟內　③耳內半規管。

　(3)由動機理論的觀點，控制體重的良策是　①保持良好的情緒和運動習慣　②保持運動習慣和控制飲食　③保持良好情緒和控制飲食。

　(4)一名女性知道自己的身體與其他女性是一樣的，但是她的性別認同卻視自己為男性者，這個人是　①同性戀者　②陰陽人　③變性者。

　(5)詹郎二氏論認為　①在母性行為方面，人類以經驗遠超過賀爾蒙的影響　②壓力反應乃是自主神經作用的結果　③自主性喚起使情緒有所差異。

　(6)①一個人只有說謊時才會在謊言偵察測驗上有膚電感應（GSR）　②銘記（imprinting）是一種本能性行為　③一份良好的能力測驗，信度係數宜在 $\gamma = .90$ 或 .90 以上。

　(7)情緒喚起對那一種行為影響較小　①回答歷史考卷　②

抄寫文章一篇　③默寫自己的名字。

(8)學生進行辯論比賽時，主要使用　①動作式思考
（motoric thought）　②心像式思考（imagical thou-
ght）　③命題式思考（propositional thought）。

(9)有些大學生在閱讀一篇700字簡易英文文章時，約可瞭
解80％，但是要他們寫一篇700字的英文作文卻十分困
難，這種情形是那部份的語言學習較弱　①產生語言
②連結法則　③理解語言。

(10)最近史比量表（Standford-Binet Intelligeace Scale）
調整ＩＱ的量度使得每一實足年齡的ＩＱ為　①平均
100，標準差10　②平均50，標準差10　③平均100，標
準差16。

(11)一名教師因為小強成績普遍不好，便認為小強的品性沒
有值得稱許之處是因　①月暈作用　②偏見　③刻板印
象。

(12)如果想研究人格特質是否具有時間一致的穩定性，宜採
用　①縱貫法　②橫斷法　③個案研究法。

(13)賽利（H. Selye）所謂的一般適應症候羣（general
adaptation syndrome）是指　①生理反應改變　②心
理反應改變　③認知反應改變。

(14)一名失戀的青年心情十分惡劣，上班時卻能表現精神抖
擻、談笑風生，下班後則躲在家借酒澆愁，這是一種
①壓制（suppression）　②潛抑（repression）　③否
認（deny）。

(15)①心理健康的人不使用防衛機構（defense

mechanism）　②心理疾患（mental illness）是因使用
防衞機構造成　③要界定心理健康比界定心理疾病困
難。

⒃自我調整（self-regulation）屬於　①認知治療法　②
人本治療法　③行爲治療法。

⒄社會心理學家認爲態度包括　①信念、推理和知識　②
個人、環境和互動　③認知、情感和行爲　等三部分。

⒅一名受傷者躺在路邊，許多人經過均只望一眼繼續前
進，直到有一人停下來幫助他之後，馬上又停了四、五
人來伸援手，這些人的行爲是　①模仿　②從衆　③參
照團體（reference group）而產生。

⒆某一職業訓練班招生時最好使用　①投射測驗　②性向
測驗　③成就測驗。

⒇一名智能遲滯（MR）兒童和一名智能正常兒童在語言
發展上對各種文法複雜的熟悉次序　①大致相同　②大
部分不同　③完全不同。

(21)關於「人類發展」，下列敍述哪一個是錯的？　①個體
能力的發展是依不同的次序　②個體發展的速度不盡相
同　③所謂的「成熟」大半取決於生理、遺傳的因素
④發展的觀點適用於身心兩方面的發展。

(22)在皮亞傑（Piaget）的理論中，個體具有「物體恆存」
能力是在　①初生之際　②感覺運動期　③前運思期
④具體運思期。

(23)就個體語言發展而言，下列哪一個階段是最敏銳、敏感
的時期？　①青春期以後　②青春期　③學齡前　④出

生第一年。

⑵根據艾瑞克森（Erickson）的理論，當青少年無法發展良好的認同時，通常會變得　①自我放棄　②自卑　③停滯不前　④角色混淆。

⑵當老師採取「忽視」的態度來面對學童的不合宜行為，直到該學童自動停止此一行為，此時老師所應用的是以下哪一個原則？　①負增強（Negative reinforcement）　②饜足（Satiation）　③塑造法（Shaping）　④暫停法（Time out）。

⑵「青春期」（Puberty）一詞意指下列哪一個階段？①個體介於12至15歲之間　②個體內分泌系統開始分泌性賀爾蒙　③個體開始具有生殖能力　④個體開始進入生理發育。

⑵下列何者屬於心理學的研究範圍？　①人類左右半腦的功能　②人類攻擊行為的表達　③幼年記憶的喪失　④以上皆是。

⑵就個體感官而言，下列敘述哪一個是錯的？　①能引發個體感官知覺的最低刺激強度稱之為「差異閾」　②每個人的視覺均有盲點（Blind spot）存在　③人類需藉由同一聲源傳至隔耳的輸入差異來辨別聲源之方位　④舌頭對不同味覺之敏感度依其部位而異，其中舌頭的中心部位對任何味覺均是最不敏感的。

⑵關於記憶，下列敘述哪一個是錯的？　①情緒會影響個體檢索其長期記憶內容的能力　②心理學家常以研究個體的「遺忘」來探究個體的記憶能力　③記憶只分為短

期記憶（Short-term memory）與長期記憶（Long-term memory）兩種　④記憶有三個階段：編碼（Encoding）、儲存（storage）、檢索（Retrieval）。

(30)一般而言，人類皮膚的感覺包括　①對溫度的感覺　②對壓力的感覺　③對疼痛的感覺　④以上皆是。

(31)依「視覺懸崖」之研究發現：人類具有此等深度知覺的能力始自　①六個月以前　②六個月至八個月　③八個月至十個月　④十個月至十二個月。

(32)關於人類的睡眠，下列敍述哪一個是錯的？　①根據研究：夢多發生於快速眼動期（REM）　②快速眼動通常只發生於清晨將醒之際　③快速眼動睡眠的特色是「腦波呈現清醒狀態卻沈睡的矛盾現象」，故又稱反常睡眠　④夢囈（Sleep talking俗稱「說夢話」）多出現於沈睡狀態（Sleep state）下。

(33)下列何種增強方式（Reinforcement schedule）最有助於學習者明確判斷「何時」做反應？　①變動比率（Variable-ratio）　②固定比率（Fixed-ratio）　③變動時距（Variable-interval）　④固定時距（Fixed-interval）。

(34)關於記憶，下列敍述哪一個是錯的？　①就記憶而言，個體對「事實」與「技能」的儲存是屬於相同的記憶　②記憶的內容可分為個人主觀事實（Personal-fact）與一般客觀事實（General-fact）　③個體的記憶深受個人主觀印象之影響　④個體會有試圖以個人經驗來填補不全記憶的傾向。

(35)關於遺忘，下列敍述哪一個是錯的？　①個體發生「遺忘」的原因之一是：舊訊息為新訊息所換置（Displace）所致　②因訊息換置而產生的遺忘多發生於長期記憶　③個體發生「遺忘」的原因之一是：因訊息隨時間而衰退（Decay）所致　④因訊息衰退而產生的遺忘多發生於短期記憶。

(36)下列敍述哪一個是錯的？　①概念（Concept）的基本單位是「原型」（Protctype）　②認知（Cognition）的基本單位為「基模」（Schema）　③個體的所有概念均是透過學習而來的　④個體經由「被具體教導」與「體驗」兩種管道習得各種概念。

(37)下列何者是鎮靜劑的一種？　①酒（Alcohol）　②安非它命（Amphetamines）　③大麻（Marijuana）　④LSD。

(38)就問題解決（Problem-solving）而言，下列敍述哪一個是錯的？　①Dunker認為解決問題時之兩種心理活動為：分析欲達之目的及分析可能的限制　②問題解決能力與個體之記憶能力是無關的　③認知心理學者認為：解決問題乃認知策略（Cognitive strategy）與後設認知策略（Meta-cognitive strategy）之綜合運作的歷程　④老手（Experts）與新手（Novices）的差別之一在於前者將許多的思考步驟自動化了。

(39)一般而言，知覺（Perception）所研究之兩個主要能力為　①定位（Localization）與判斷（Judgement）　②定位（Localization）與儲存（Storage）　③定位

（Localization）與辨識（Recognition） ④定位
（Localization）與錯覺（Illusion）。

(40)下列敍述哪一個是對的？ ①增强（Reinforcement）
具有全或無（All-or-none）的特性 ②某些增强物總
是具有正向效果的 ③增强物的功能一定要在行為層面
才得發生 ④以上皆非。

2. 簡答題：

(1)何謂包南效應（Barnum effect）？在日常生活中有什
麼活動有類似情形？

(2)能力測驗包括那些型式？美國多數大學在接受申請時均
要求學生提供SAT的結果，理由何在？

(3)皮亞傑（Piaget）、庫柏格（Kohlberg）分別就個體的
認知發展、道德發展與提出「階段論」的概念，請說明
「階段論」的特色為何？

(4)請就個體記憶之特性試舉四種可以增進記憶的方法，並
說明之。

八十五年度

1. 選擇題：

(1)明尼蘇達多相人格量表（MMPI）是根據 ①實徵建構
法（Empirical Construction） ②因素分析（Factor
Analysis） ③實驗法（Experimental Method） ④
個案研究法（Case Study）編製的。

(2)有人告訴你，他有一次夜晚獨自看家，聽到風聲，抬頭
望外，一時之間將窗外樹影看成兩個人影，這是一種

①幻覺　②幻想　③錯覺　④投射。

(3)較可能適合使用消弱來管理學生的行為是　①該生行為不會有同學仿效　②該生行為可得到社會增強　③該生行為將引起同學仿效　④該生抗爭的對象是教師本人。

(4)在實驗一種新的教學方法對於學習結果的影響之設計，教學方法是　①依變項　②自變項　③控制變項　④實驗變項。

(5)安非他命（amphetamines）與　①酒精　②海洛因③古柯鹼　④大麻　產生同類型的精神活動。

(6)①大腦皮質層　②腦下腺　③小腦　④下視丘　具有保持體內恆定作用（homeastasis）。

(7)語文學習主要依據之原理　①古典制約　②操作制約③社會學習論　④嘗試錯誤。

(8)使學生產生有目的行為的是　①驅力　②動機　③焦慮④以上皆非。

(9)人情緒激動主要是　①交感神經的作用　②副交感神經的作用　③賀爾蒙的作用　④胸腺的作用。

(10)①心理分析論　②人本論　③特質論　④刺激反應論最重視基本人格特質之探討和測量人格方法之發現。

(11)①馬斯洛（A. Maslow）　②華生（J. B. Watson）③米勒（G. Miller）　④羅吉斯（C. Rogers）　主張個人的經驗與自我概念不一致時，個人將否定這個經驗，因此產生焦慮。

(12)弗洛依德（S. Freud）主張　①防衛機轉（defense mechanism）　②固著（fix）　③原慾（libido）　④

性衝動　是精神官能症發生的主要基礎。

(13)若有一名學生想使用測驗增進對自己個性之瞭解，你認為最合適選擇　①艾德華氏個人興趣量表（EPPS）②明尼蘇達多相人格量表　③斯比量表（Standford-Binet Scale）　④主題統覺測驗（TAT）。

(14)一般適應症候羣（GAS）是由何者引起　①細菌　②遺傳　③神經系統受傷　④壓力。

(15)身體症（Somataform disorder）的患者　①會有眞正的生理症狀　②沒有生理症狀，只是個人感覺　③器官有實際的傷害　④以上皆非。

(16)下列的說法，何者是正確的？　①只有當下的刺激可引發個人的情緒反應　②過去的刺激有引發個人情緒反應的可能　③情緒是針對個人所碰到的所有刺激做反應④刺激本身並不能決定是否引起情緒。

(17)下列說法，何者爲非？　①攻擊是受到挫折的驅使而產生的　②攻擊是學習的反應　③賀爾蒙對人類的攻擊行爲影響有限　④攻擊有可能是爲了獲得報償。

(18)主張「能力是分層次的，即在上有一整體的智慧，指導在下面的若干特定的能力」的學者是　①Cattell　②Vernon　③Biner & Simon　④Thurston。

(19)有三組學生分別做一種既重複又沈悶的工作，工作完成後，每個學生須對下一個等待做此工作的人謊說這種工作是快樂且有趣的，然後可獲得不同的報酬，甲組學生可得10元，乙組可得700元，丙組則未獲得任何報酬，請問那一組會產生認知失調：　①甲組　②乙組　③丙

組　④三組均會。

(20)依照Piaget認知論的主張，兒童概念的發展有兩個基本的機制，其是：　①學習與觀察　②增強與懲罰　③同化與調適　④擴散與內聚。

(21)何者是消除負面刻板印象最有效的做法：　①使雙方地位相等　②增加雙方接觸之機會　③增加雙方相似的熟識性　④予以解說。

(22)下列何者屬完形心理學的主張：　①形象和背景是可互換的　②形象和背景的互換會受到經驗的影響　③經驗和熟悉性影響知覺　④以上皆是。

(23)以下那一個因素與影響「說服」的達成較少關聯？　①學習　②記憶　③時間　④情緒。

(24)能行動內心化，在腦中做他以前必須採取行動才能做的事屬　①感覺動作期　②運思前期　③具體運思期　④形式運思期　的情形。

(25)出現強迫性格者可能是那一發展階段出現問題：　①口腔期　②肛門期　③性器期　④潛伏期。

2. 解釋名詞：
　(1)現象學（phenomenology）
　(2)替代學習（vicarious learning）
　(3)結晶智慧（Crystallized Intelligence）
　(4)監控認知（Metacognition）

3. 申論題：
　(1)對於一名經常有教室違規行為的兒童，你會使用「暫時性疼痛」的方法與否？如果會，請引述心理學原理說明

何以會有效。如果不會，請說明你將採用之有效方法和
原理。

(2)試從驅力、認知、以及需求層次的觀點來說明人類行為
的動機，並加以評述。

八十六年度

1. 解釋名詞：

　(1)親和動機（ affiliation motive ）

　(2)視覺懸崖（ visual cliff ）

　(3)行為遺傳學（ behavior genetics ）

　(4)捷徑推理（ heuristic reasoning ）

　(5)角色衝突（ role conflict ）

　(6)性心理異常（ psychosexual disorder ）

　(7)頓悟學習（ insight learning ）

　(8)心理社會侏儒症（ psychosocial dwarfism ）

2. 申論題：

　(1)「個別差異」乃是近代心理學研究的重要主題（或題
　　材）之一，請敍述您對「個別差異」此一主題的認識。

　(2)成就取向的現代化社會，生活中充斥各種壓力，深深影
　　響人類的身心健康；請先闡述壓力影響健康的原理，再
　　談吾人如何增進健康。

　(3)近代心理學領域中，解釋人類行為的理論（或取向、或
　　模式）有那些？請就「主要目的、代表人物、基本觀
　　點」三個角度，分別論述之。

八十七年度

1. 選擇題：

(1)關於「生理心理學」，下列敍述哪一個是錯的？　①連接大腦左、右半球的胼胝體　②心理遺傳學也稱行為遺傳學　③人體內分泌系統是由自主神經系統所管制　④神經元包括細胞體、樹狀突及突觸

(2)在視網膜上因最不敏感、不能產生視覺經驗而被稱為盲點的是　①視窩　②視點　③視盤　(4)視膜

(3)就個體感官而言，下列敍述哪一個是錯的？　①能引發個體感官知覺的最低刺激強度稱之為「絕對閾限」　②對紅、黃、藍三種顏色不能明確辨別者稱為色覺缺陷　③音色、音強、音調為聽覺刺激的三個心理屬性　④觸覺點是皮膚上產生觸覺的感受器稱。

(4)就個體知覺而言，下列敍述哪一個是對的？　①接近法則屬知覺的整體性之一　②知覺得恆常性僅限於視覺　③知覺在訊息處理的層次較感覺為高　④知覺研究的兩個主要能力為定位與錯覺

(5)關於人類的睡眠，下列敍述哪一個是對的？　①夢話是指在快速眼動睡眠時說話的現象　②快速眼動睡眠一夜只會出現一次　③快速眼動睡眠發生在睡眠的第四階段　④快速眼動睡眠的特色是：腦波呈現清醒狀態卻沈睡的矛盾現象

(6)下列何者不屬於古典制約學習中之一般現象？　①行為塑造　②類化與辨別　③二層次制約學習　④自發恢復

(7)關於學習，下列敘述哪一個是錯的？　①在行為建立初期，部份增強的效果比連續增強為差　②某些增強物在任何場合都具有正向效果的　③自我規範與自我增強是觀察學習的兩個重要因素　④效果率是Thorndike學習理論中的重要原則之一

(8)關於記憶，下列敘述哪一個是對的？　①初始效果與時近效果均因訊息得以進入長期記憶所致　②長期記憶的登碼（coding）形式只限於意碼、形碼、聲碼　③感官記憶是以原始形式保留訊息，時間短但容量大　④學生喜歡選擇題勝於問答題是因為回憶（recall）優於再認（recognition）

(9)關於遺忘，下列敘述哪一個是錯的？　①短期記憶的遺忘是因干擾與消退所致　②因長期記憶的容量有限所以導致遺忘　③因舊訊息為新訊息所換置所以導致遺忘　④個人的動機也是影響遺忘的因素之一

(10)關於語言，下列敘述哪一個是對的？　①心理語言學主要在探討語言理解及語言表達的問題　②人類語言分為語言能力及語言理解兩個層次　③失語症是指大腦語言中樞部位受傷或病變及發音器功能失常而形成的語言障礙　④語言是由文字、語意、語法所組成

(11)關於語言的學習，下列敘述哪一個是錯的？　①天賦論認為語言能力是人類所共有的天賦　②人類在三至六個月大左右即開始發出基本語音稱為咿啊語期　③人類語言表達先於語言理解的學習　④經驗論認為人類語言乃是經由後天學習而來的

⑿關於概念與認知，下列敍述哪一個是對的？　①概念形成又稱概念學習，所有概念均是透過學習而來的　②個體在認知活動中所表現的行爲特徵稱之爲認知類型，亦稱學習類型　③概念（Concept）的基本單位是「基模」（Schema）　④認知（Cognition）的基本單位爲「原型」（Prototype）

⒀關於思考，下列敍述哪一個是錯的？　①依方向區分有變通思考與導向思考　②依結果區分有複製性思考與創作性思考　③依運作區分有聚斂性思考與擴散性思考　④依過程區分有定程式思考與捷徑式思考

⒁關於問題解決，下列敍述哪一個是對的？　①個體之記憶能力與其問題解決能力無關　②問題解決乃是個體在問題空間中尋求正確途徑的歷程　③心向的形成與個人在問題解決上的多次挫折有關　④功能固著的概念是由Maier所提出來的

⒂關於推理，下列敍述哪一個是錯的？　①推理能力屬於導向思考能力　②依經驗法則推理是爲捷徑推理　③依程序法則推理是爲歸納推理　④演繹推理中的三段論法主要在論證前提與結論間的邏輯關係

⒃下列哪一項描述與人類的身心發展歷程的研究結果不符　①個體出生後的幼稚階段，遺傳對於身體方面的發展要比環境的影響來得大，至於心理方面的特徵，環境的影響大於遺傳　②個體在發展歷程中，連續性呈現有階段現象　③勞倫斯的雛鴨研究在於說明發展階段中有所謂的關鍵期存在　④個體間的個別差異通常在產前或嬰兒

時期不易表現，在孩童期後始逐漸明顯

⒄下列哪一項有關壓力的研究有誤　①壓力與人體免疫系統有關　②壓力與Ａ型人格關係密切　③持久性的壓力可能會造成衰竭現象　④心理壓力與工作成就均呈負相關之關係

⒅Bayley所主持的柏克萊成長研究，連續觀察同一羣體之嬰兒36年，是典型的①後續法（sequential method）研究　②縱貫法研究　③橫斷法研究　④Ａ—Ｂ—Ａ研究設計

⒆根據皮亞傑（Piaget）的理論，孩童對物體的質與量的認知若可不受該物體形狀的改變而改變，則此孩童已具有　①同化概念　②調適能力　③保留概念　④前運思期發展特徵

⒇比較皮亞傑，艾立克遜（Erikson），佛洛依德（Freud）三人之發展理論，哪個敍述是錯誤的　①三人都强調發展的階段性　②三人都强調潛意識　③只有艾立克遜强調個體後期的發展　④以上皆爲錯誤之敍述

(21)下列那項敍述最接近心理學對性向（aptitude）的界定　①個體的潛在能力　②個體的學習成就　③個體的人格特質　(4)個體的情緒表達方式

(22)根據多項研究均指出，美國黑人比白人之智商要低落一些，造成此現象的原因會是　①遺傳所決定　②黑人所處環境文化與刺激較貧乏所致　③心理測驗有文化偏見所致　(4)以上原因皆有可能

(23)在佛洛依德的人格理論中，人格功能的執行者是　①本

我（id）　②自我（ego）　③自我（self）　(4)超我（super ego）

(24)在人格的解釋上，一概不承認潛意識、原型，人性潛能等概念的心理學家是　①史基納（Skinner）　②羅傑斯（Rogers）　③馬斯洛（Maslow）　(4)榮格（Jung）

(25)根據社會學習理論創始人班度拉（Bandura）的說法，個體願意迎向具挑戰性的工作，是因爲當事人自認具有高度的　①自信（self-confidence）　②自我效能（self-efficacy）　③自尊（self-esteem）　④自我尊重（self-respect）

(26)想考研究所但又不想因此而唸書唸得半死，於是考研究所就構成了一種　①雙趨衝突　②雙避衝突　③趨避衝突　④多重驅避衝突

(27)你一直認爲你絕對不會考上研究所，而果眞你驗證了自己的預言而落榜，此種預言自驗的現象，稱爲　①出醜效應（pratfall effect）　②初始效應（primary effect）　③安慰劑效應（placebo effect）　④畢馬龍效應（Pygmalion effect）

(28)史騰柏（Sternberg）所謂圓滿的愛情的三元素是承諾，親密，與　①忠實　②仁慈　③激情　④友誼

(29)根據研究，變性慾（transsexalism）者會同時擁有　①雙重人格的傾向　②同性戀的傾向　③精神分裂症的傾向　④沒有證據支持其會伴隨上述三種傾向

(30)根 據 Eysenck，以 及 多 項 不 同 學 者（如 Bergin &

Lambert）所做的研究均顯示　①心理治療毫無療效可言　②心理治療的療效幾可達100％　③至少有1/3的心理受困者有不醫而癒之現象　④以上皆非

2.簡答題：

(1)何謂完形組織法則？

(2)Wallas將問題解決分成哪幾個步驟？

(3)根據佛洛依德（S. Freud）以及柯博格（L. Kohlberg）所發展出來的不同理論均將女性的道德發展水準視爲較男性低落，請說明你是否同意的理由或觀點。

(4)何謂匱乏需求（deficiency need）與存在需求（being need）？並請說明想唸研究所主要是滿足上述的哪一項需求。

屏東師範學院‧教研所

八十三年度

1. 試分析教學的基本歷程。
2. 試說明學習理論與教學法的關係。
3. 試從各種人格理論來說明如何培養國小兒童健全的人格。
4. 哈羅夫婦（Harlow & Harlow）用那一種實驗來證明餵食並不是小猴依附母猴的根本原因，而是膚體的柔軟接觸使然？
6. 試述皮亞傑（Piaget）的保留概念（Conservation）。

八十四年度

1. 試說明皮亞傑（Piaget）的認知發展理論在教學上的應用？
2. 試說明何謂正向學習遷移（positive transfer of learning），並列舉促進正向學習遷移的教學原則？
3. 試由社會變遷的觀點討論今日教師可能面臨的心理壓力，並分析今日教師維持心理健康的可行之道？

八十五年度

1. 試述比馬龍效應（Pygmalion effect）的由來，及其對教

師的啓示。

2. 道德認知學者柯柏格（Kohlbarg）認爲道德發展是依不同階段逐漸發展，試述之。

3. 試討論訊息處理模式之認知發展觀點在教學上的應用。

4. 語言的學習發展是否有所謂的「關鍵期」存在？試由此一觀點討論外語教學列入國小課程的可行性。

八十六年度

1. 試從Piaget及Vygotsky的觀點，分析遊戲（play）與智慧發展（intellectual development）的關係。

2. 何謂ARCS動機模式？如何應用此模式激發學生的學習動機？

3. 佛洛依德（Sigmund Freud）和艾瑞克遜（Erik Erickson）分別提出了一個人格發展的理論，請比較此二理論的異同。

4. (1)行爲論與認知論如何解釋獎賞的效果？

　(2)研究顯示，使用獎賞來增强期望行爲未必都有效，有時可能得到相反效果，請說明此結果。

暨南大學‧比較教育所

八十四年度

1. 解釋下列名詞：
   (1)近側發展區（zone of proximal development, ZPD）
   (2)緊急反應（emergency reaction）
   (3)統合危機（identity crisis）
   (4)學習類型（learning style）
   (5)標準化測驗（standardized test）
2. 簡述下列心理學家對心理與教育之貢獻：
   (1)斯登柏格（R. J. Sternberg）
   (2)馬斯洛（A. H. Maslow）
   (3)溫納（B. Weiner）
   (4)奧蘇貝爾（D. P. Ausubel）
   (5)馮德（W. Wundt）
3. 試就教育的觀點，分析影響青少年學校學習與適應之非能力因素的個別差異。
4. 試從訊息處理論的觀點說明增進學習與記憶的有效策略。

八十五年度

1. 試說明訊息處理模式（information-processing model）

的心理歷程，及其在教學上的應用。

2. 試分別說明班杜拉（Bandura）之社會學習理論與郭爾堡
　（Kohlberg）認知理論對道德發展的看法，並申述二者
　在道德教育上的應用。

3. 試比較科學心理學與詮釋性心理學在研究方法上的差異並
　提出你對此兩種研究法在教育研究上應用的看法。

4. 解釋名詞：

　(1)創造力

　(2)代幣制（token economy）

　(3)比馬龍效應（Pygmalion effect）或羅氏效應
　　（Rosenthal effect）

　(4)心理防衞作用（defense mechanism）

　(5)社會性動機（social motives）

　(6)A型人格（type-A personality）

八十六年度

1. 解釋名詞：

　(1)親和動機

　(2)視覺懸崖

　(3)行為遺傳學

　(4)捷徑推理

　(5)角色衝突

　(6)性心理異常

　(7)頓悟學習

　(8)心理社會侏儒症

2.問答題：

(1)對「個別差異」此主題之認識。

(2)成就取向的現代化社會，生活中充滿各種生活壓力深深影響人類的身心健康，試闡述壓力影響健康的原理再談吾人如何增進健康。

(3)近代心理學領域中解釋人行為的理論（或取向或模式）有那些？請就「主要目的、代表人物、基本觀點」三個角度分別論述之。

八十七年度

1.何謂校園暴力行為？試就理論與經驗觀點分析校園暴力行為發生之可能原因及學校防治校園暴力行為之可行措施。

2.解釋名詞：

(1)自我概念（self concept）

(2)性別角色刻板化（sex-role stereotype）

(3)多元智力理論（theory of multiple intelligence）

(4)學習類型（learning style）

(5)學得無助感（learned helplessness）

3.班級經營（classroom management）的問題是教師在教學生涯中倦怠感的主要來源。

(1)如何以雙贏的策略處理師生衝突的問題？

(2)在個人的班級經營處理風格上，妳（你）融合應用了哪些教育心理學的原理？試分別舉例說明之。

4.解釋名詞：

(1)漣漪效應（ripple effect）

(2)認知風格（cognitive style）

(3)智力三維論（triarchic theory of intelligence）

(4)三元學習論（triadic theory of learning）

(5)布魯納（Jerome S. Bruner）

高考

六十三年度

1. 如何恢復工作疲勞？
2. 試論智能發展的基本歷程。
3. 智力與創造力二者之相關性。

六十四年度

1. 何謂衝突？衝突具有那些形式？
2. 何謂成就動機？
3. 如何增進工作效率？

六十五年度

1. 意外事件何以產生？如何減少意外事件？
2. 何謂社會動機？可分為那幾類？
3. 試論員工輔導的目標。

六十六年度

1. 試述普通心理學的研究方法。
2. 個人情緒激動時，其在生理重要變化如何？試述之。
3. 如何消除疲勞？試述之。

4. 解釋下列名詞：

　　(1)遺忘曲線

　　(2)個案研究

　　(3)制約反應

　　(4)情境測驗

　　(5)團體動力學

六十七年度

1. 內分泌與情緒有何關係？試述之。

2. 試述社會態度測量之途徑有幾？

3. 試述如何增進工作效率？

4. 解釋下列名詞：

　　(1)從眾行為

　　(2)學習曲線

　　(3)轉向反應

　　(4)智商

六十八年度

1. 麥斯洛（Maslow）「需求層次論」之內容為何？做為一位人事管理工作者，應如何運用？

2. 試說明下列事務機之原理及功能。

　　(1)教學機

　　(2)測謊機

六十九年度

1. 關於道德觀念的發展，曾有多人進行研究，
   (1)試說明皮亞傑氏的意見。
   (2)說明柯爾柏氏的意見。
   (3)說明我國陳英豪氏研究的重要發現。
2. 解釋下列各現象：
   (1)城市中兒童在智慧測驗分數上常高於鄉村兒童。
   (2)同一家庭中的兄弟，有良莠不齊的情形。
   (3)近年來某些實施電子計算機補助教學法。
3. 簡答題：
   (1)說明對智能不足者常用的分類方法。
   (2)目前國中益智班所收學生的範圍。
   (3)指出益智班的教學目標。

七十年度

1. 何謂學習遷移？試舉三種理論說明之。
2. 何謂行為目標？試舉一例幫助說明之，並評論其在教育上之利弊。
3. 皮亞傑、柯柏格之兒童道德發展之理論如何？並申論應如何在我國中小學推行道德教育？
4. 試說明重要教育家之教學理論。
5. 解釋比較下列各組：
   (1)總結性評量／形成性評量
   (2)負增性／懲罰

(3)編序教學法／發現教學法

(4)性向／成就

(5)具體操作／形式操作

(6)創造力／智力

(7)內控信念／外控信念

(8)預期自我應驗／自我實現

(9)起點行為／終點行為

(10)加速學習／充實制

七十一年度

1. 有關智力的理論有「二因論」、「多因論」和「羣因論」
   等三種。試說明：
   (1)其提倡者是誰？
   (2)各理論之大概內容。
   (3)那一種理論最宜使用於不同性向人員的甄選工作？理由
   　　何在？
2. 試扼要說明「行為學派」、「精神分析學派」和「人文主
   義心理學派」的主要論點；列舉一兩位各派具代表性的心
   理學家，並舉例說明各派對行為科學的主要貢獻。
3. 請扼要解釋下列各名詞，並比較指出它們的差異處。
   (1)錯覺（illusion）
   　　幻覺（hallucination）
   　　妄想（delusion）
   (2)興趣（interest）
   　　性向（aptitude）

　　　成就（achievement）

　(3)驅力（drives）

　　　需求（needs）

　　　誘因（incentives）

　(4)消弱（extinction）

　　　懲罰（punishment）

　　　負增強（negative reinforcement）

　(5)厭惡制約（aversive conditioning）

　　　去敏感訓練（desensitization）

　(6)短絀動機（deficiency motives）

　　　存在動機（being motives）

　(7)內外控（internal & external control）

　　　內外向（introversion & extraversion）

　(8)自我實現（self-actualization）

　　　自我認定（ego identity）

　(9)E.E.G.

七十二年度

1. 創造力包括那些能力？與智力之關係如何？

2. 何謂「負增強」？與「懲罰」之差異何在？

3. 何謂「自我觀念」？它的形成大致經過幾個階段？試述之。

4. 試比較「比率智商」（Ratio I.Q.）與「離差智商」（Deviation I.Q.）？

5.「社會動機」是如何形成的？又社會動機可分為那幾種？

試說明之。

6. 佛洛依德認爲人格是由「本我」、「自我」、和「超我」三部分構成。試說明這三部分的特點和它們之間的相互關係？

7. 試舉例說明心理學在下列工作中的實際應用：

(1)人事管理工作。

(2)靑少年觀護工作。

七十三年度

1. 試說明電腦輔助教學的原理，並分析其優點和限制。

2. 比較古典制約和工具制約兩種基本學習歷程的異同。

3. 相對的解釋下列各對名詞：

(1)縱貫研究法（longitudinal approach）

橫斷研究法（cross-sectional approach）

(2)常模參照評量（norm-referenced evaluation）

標準參照評量（criterion-referenced evaluation）

(3)內發性動機（intrinsic motives）

外誘性動機（extrinsic motives）

(4)比率智商（ratio IQ）

離差智商（deviation IQ）

(5)外在制握（external control）

內在制握（ternal control）

(6)低就成（under achievement）

智能不足（mental retardation）

4. 試舉出下列學者的重要學說及其在教育上的應用價值。

(1)馬斯洛（A.H. Maslow）

(2)柯柏格（L. Kohlberg）

(3)皮亞傑（J. Piaget）

(4)法蘭德斯（N.A. Flanders）

七十四年度

1. 何謂態度？態度如何形成？又態度改變技術有那些？試分述之。

2. 就人事管理觀點言，應如何運用心理學方法以進行員工之(1)甄選、(2)訓練與(3)輔導工作。

3. 請解釋下列名詞：

　(1)心像（mental image）

　(2)具體運思期（period of concrete operations）

　(3)語意差別法（semantic differential method）

　(4)主題統覺測驗（thematic apperention test）

　(5)精神官能症（reurosis）

　(6)反制約（counter conditioning）

七十五年度

1. 試各舉兩位具代表性心理學家為例，說明「聯結論」與「認知論」學者對「學習」的看法，並分別說明它們對「教學方法」之影響。

2. 何謂「資賦優異」（gifted）學生和「特殊才能」（talented）學生？試依據斯皮曼（C. spearman）的智力理論說明二者的異同。對這二類學生採用「回歸主流」

的教育措施，是否恰當？試申論之。

3. 試就認知的結構、功能和發展階段，說明皮亞傑（J. Piaget）認知發展理論之要點，並舉事實說明其理論對我國實際教育的影響。

4. 名詞解釋及比較：

(1)請扼要解釋下列名詞並寫出所提倡的心理學家：

①漸次接近法（successive approximation）

②擴散思考（divergent thinking）

③導進組體（advance organizer）

④普立麥原則（premack's principle）

⑤社會互動分析（social interaction analysis）

⑥性向——處理交互作用（Aptitude-treatment interaction）

(2)比較下列各對名詞之差異：

①負增強（negative reinforcement）

懲罰（punishment）

②內外控（internal and external control）

內外向（introversion and extroversion）

③連言概念（conjunctive concept）

選言概念（disjunctive concept）

④自我實現（self-actualization）

期望自我應驗（self-fulfilling prophecy）

七十六年度

1. 近二十年來，認知心理學對教育心理學的研究產生了很大

的影響，試就所知對下列四點作簡要說明：

(1)認知心理學的基本理念。

(2)認知心理學在教育上的應用。

(3)認知心理學在智力測驗上的應用。

(4)認知心理學在實際教學上應用的困難。

2. 試就以下三點說明道德教育問題：

(1)舉出一種道德發展理論。

(2)道德教育實施上的困難。

(3)道德教學的心理原則。

3. 試解釋以下三名詞：

(1)標準化測驗（standardized test）。

(2)性向與處理交互作用（aptitude-treatment interaction）。

(3)形成性評量（formative eavluation）。

七十七年度

1. 教學歷程及其相互關係。

2. 言教、身教及境教對人格教育的影響。

3. 獎懲在教育及訓育工作上之運用途徑。

4. 解釋名詞：

(1)形成性評量

(2)成就動機

(3)擴散思考

(4)倒攝抑制

七十八年度

1. 教育心理學的性質為何？其與心理學的關連性如何？又與教學心理學及教導心理學的差異為何？試充分說明之。

2. 當代學習論可歸分聯結論與認知論兩大學派。試探析各派重點論點，並闡述對於教學實際的影響。

3. 處於今日資訊科學的時代，創造能力的培養益發重要。試根據現代心理學的研究成果，擬訂培育學生創造能力的教學原則。

4. 解釋下列名詞：
   (1)發展任務
   (2)順攝抑制
   (3)水平思考法
   (4)形成性評量

七十九年度

1. 解釋「編序教學法」與「發現學習法」的意義，並比較其心理學的依據。

2. 解釋「發展任務」（Developmental tasks）的意義，並說明青少年階段（十二歲至十八歲）的發展任務。

3. 說明「人格統整」（Personality integration）的意義及其培養原則。

4. 比較「態度」與「價值」的意義，並說明兩者的關係。

八十年度

1. 解釋下列名詞：
   (1)同理心（empathy）
   (2)心理表徵（mental representation）
   (3)個別化教學（Individualized instruction）
   (4)反省性思考（reflective thinking）
   (5)潛在特質理論（latent trait theory）
2. 試從現代認知心理學的觀點，闡述「教」與「學」的意義及兩者之間關係，並扼要說明增進教學效率的可行途徑。
3. 如何衡鑑與激發兒童及青少年的學習潛能？試分別說明之。
4. 教師的人格特質及教導方式會影響學生的學習行為和人格發展，試就國內外學者研究結果敍述之。

八十一年度

1. 在概念與原則的教學，教師應遵循什麼注意事項。
2. 教師如何在教學中化解遭遇到的內心衝突和挫折？
3. 國民中學各科成績評量採用五等第記分法，試說明其原理、求法，及優缺點。
4. 試說明心理分析、社會學習、認知發展三種學派對人類道德的看法。

八十二年度

1. 解釋下列名詞：

(1)測量（Measurement）

(2)試題分析（Item analysis）

(3)試題難度（Item difficulty）

(4)試題鑑別度（Item discrimination）

(5)猜測校正（Correction for guessing）

2. 對於人類語文行為的解釋有不同理論，請說明「認知論」學者的看法。

3. 專家與業餘者在技能的表現方面，有哪些區別，試說明之。

4. 懲罰是否有效，證從史京納（B.F. Skinner）等人的觀點予以分析，並進而申述懲罰的替代方式。

八十三年度

1. 解釋下列名詞：

(1)社會化（Socialization）

(2)抗拒誘惑（Resistence to tempation）

(3)觀察學習（Observational learning）

(4)他律期（Heteronomous stage）

(5)道德行為（Moral behavior）

2. 何謂實驗法？如何應用實驗法進行教育心理的研究？試舉一例說明之。

3. 請舉例說明性向測驗和成就測驗的差別。

4. 對於品德不良的學生如何激起他們的醒悟？當他們改過自新時，在教育上應如何予以處理，以激發他們向上的動力。

八十四年度

1. 改變認知想法是壓力管理的方法之一；請舉例說明教師在面對壓力時，如何使用這種方法。

2. 何謂高峯經驗？並申述幫助青少年追求正向的高峯經驗，而非像飆車、吸食安非他命等負向的行為之一些策略。

3. 試比較原增強作用與次增強作用的不同，並舉例說明如何運用此兩種作用來增進學生在學校學習的意願。

4. 目前的教學不再強調單純的背誦記憶，而更重視學生的應用、理解、分析、綜合等能力。因此，身為教育工作者應採用那些方法幫助學生作有意義的記憶增進。

八十五年度

1. 傳統的智力測驗大都採用心理計量取向，最近有些心理學家提出多維取向和認知發展取向的智力理論，試分別申述之。

2. 請比較特質論、社會學習論、心理分析論和人本，對人格的看法及其對人生的啟示。

3. 試申述生活壓力的來源及其因應之道。

4. 請詳述柯柏格L. Kohlberg的道德發展論及其在道德教育上的應用。

八十五年度

1. 單選題：

(1)那一種心理疾病已經可以用藥物治療？ ①躁鬱症

（manic-depressive disorder）　②恐懼症（phobia）
③多重人格（multiple personality）　④強迫性失常
（compulsive disorder）

(2)採用認知觀點的諮商方法是：　①溝通分析法
（transacttional therapy）　②現實治療法（reality
therapy）　③存在主義治療法（existential therapy）
④完形治療法（Gestalt therapy）

(3)強調「同理心」（empathy）的是：　①認知治療法
②存在治療法　③「當事人（案主）中心」治療法
（clientcentered therphy）　④心理分析法

(4)將囚犯編號：　①只有便於管理的效果　②具有「去個
人化」（deindividuation）的效果　③可產生「社會助
長」的效果　④以上皆非

(5)治療對狗有恐懼症的病人時，不以「不再怕狗」為唯一
治療目標的是：　①行為治療法　②人本治療法　③認
知治療法　④以上皆是。

(6)刻板印象：　①是運用「可用性簡則」（availability
heuristic）的一種結果　②雖然是不理性，但是，對一
個人的適應而言，整體來說，是有好處的　③經由自我
應驗（self fulfilling）的方式，不易改變　④以上皆是

(7)成年人的智商（IQ），其算法是：　①（MA/CA）
×100　②（CA/MA）×100　③從同年齡層的常態分
配曲線來決定　④以上皆非

(8)佛洛依德（Freud）的理論不談：　①死之本能　②存
在的意義　③本我　(4)昇華

(9)在呈現「道德兩難」的問題時，柯柏（Kohlberg）所關心的是孩童的：　①一般態度　②答案是否正確　③答案是否因年齡而異　④觀點是否能採納他人的立場

(10)Julian Rotter提出「內控外控」的觀念。他屬於：　①人本論者　②心理動力學派（psychodynamics）　③社會學習論者　④行為學派

2. 簡答題：

(1)解釋「雙耳分聽」（dichotic listening），並以其研究發現解釋「雞尾酒效應」。

(2)記憶的研究發現「序列位置曲線」（serial positioncurve），它是什麼？並以理論解釋此曲線。

(3)比較費希納定律（Fechner's law）與韋伯定律（Weber's law）。

(4)什麼是程序性知識（procedural knowledge）？

3. 問答題：

(1)人格特質是否會因情境不同而無「一致性」？請申論這個爭議性的問題。

(2)發展的「階段」觀點有何基本信念？並以此為基礎，討論批判佛洛依德（Freud）與阿德勒（Adler）的理論。

(3)請討論智力的本質。

八十六年度

1. 青春期的發展有那些最主要的心理特徵？

2. 找尋問題解決的方法，基本上有兩大策略：程序法

（Algorithms）與捷思法（Heuristics）。試分別述之。

3. 試闡述菲德勒（F. B. Fiedler）領導權變理論（Contingency model）的要點。

4. 試舉例說明「折半信度」（Split-half reliability）？並說明折半信度為何又稱之為「內部一致性信度」？

5. 解釋名詞：

　(1)社會支援網絡（Social support network）

　(2)性別認同障礙（Gender identity disorder）

　(3)心像（Mental imagery）

　(4)集體潛意識（Collective unconscious）

　(5)情節記憶（Episodic memory）

八十六年度

1. 試說明錯覺（illusion）與幻覺（hallucination）的不同，並指出這兩種現象在知覺理論上的重要性。

2. 舉例說明行為治療中「洪水法」（implosive therapy）的基本原則。

3. 同儕（peer）透過那些方式影響兒童的社會行為發展？

4. 說明說服的「睡眠效應」（sleeper effect）現象。

5. 解釋名詞：

　(1)新語症（Neologism）

　(2)自我防衛機制（ego-defense emchanism）

　(3)社會化（socialization）

　(4)捷思思考法則（heuristics）

　(5)延宕的條件化（延宕制約作用，delayed conditioning）

普考

七十一年度

1. 試述古典制約學習與工具制約學習的基本歷程如何？它們在教育上的應用如何？
2. 何謂動機？試分述各種動機與學習的關係如何？
3. 青年期身心發展有何特徵？如何對青年加以輔導？
4. 試分析決定行為發展的因素如何？

七十三年度

1. 在教學過程中，如何善用獎懲原則？試述之。
2. 何謂工具制約和古典制約的學習歷程，試列舉日常生活一例說明之。
3. 解釋下列名詞：
   (1)防衛作用
   (2)增強作用
   (3)擴散性思考
   (4)學習遷移

七十四年度

1. 填充題：

(1)實驗法研究個體行為時，應考慮的三種變項是：　①＿＿＿＿＿＿＿　②＿＿＿＿＿＿　③＿＿＿＿＿＿

(2)個體身體動作發展常遵循三個可知的模式是：　①＿＿＿＿＿＿＿＿　②＿＿＿＿＿＿　③＿＿＿＿＿。

(3)皮亞傑將認知的發展分為四個階段：　①＿＿＿＿＿＿＿②＿＿＿＿＿　③＿＿＿＿＿＿　④＿＿＿＿＿。

(4)教學目標包含三大領域是：　①＿＿＿＿＿＿　②＿＿＿＿＿　③＿＿＿＿＿。

(5)學習遷移可分為兩種類型：　①＿＿＿＿＿　②＿＿＿＿＿＿＿。

(6)良好的心理測驗應具備三個條件：　①＿＿＿＿＿　②＿＿＿＿＿＿　③＿＿＿＿＿。

(7)舉出國內常用的個別式智力測驗：　①＿＿＿＿＿　②＿＿＿＿＿＿　③＿＿＿＿＿　④＿＿＿＿＿。

2.解釋下列名詞：

(1)智商

(2)教學模式

(3)個別差異

(4)抱負水準

3.何謂智能不適應兒童？並請說明可行之教育措施。

4.試就評量的目的和時機比較各類教學評量的方法。

七十五年度

1.請說明教學的基本歷程。

2.請說明行為發展的重要理論，並比較其異同。

3.請條列增進教學效果的重要方法。

4.就評鑑的目的來分，評鑑可分為準備性、形成性、診斷
性、總結性。請分別說明其評鑑結果在教學上的運用。

七十六年度

1.布魯納認知發展理論：

(1)兒童認知的三階段

(2)皮亞傑的形式操作期相當於布魯納理論的那一期

(3)舉例說明布魯納之理論如何運用於學習上？

2.馬斯洛之動機理論：

(1)五種需求是那些？舉圖說明

(2)試說明五種需求之意義

(3)這五種需求是層次的，其意為何？

3.解釋學習行為現象：

(1)①正增強　②負增強　③消弱　④懲罰

(2)負增強與消弱有何不同？

(3)消弱及懲罰有何不同？

4.解釋名詞：

(1)學習遷移

(2)比馬龍效應

(3)數量守恆概念

(4)行為目標

(5)師生互動社會分析

七十七年度

1. 試說明聯結論與認知論的學習原理在教學上的應用。
2. 何謂創造力？試說明創造的歷程，以及創造力與智力的關係。
3. 何謂挫折？試說明個人遭受挫折後的反應類型。
4. 何謂成就動機？試說明教育心理學中有關成就動機的理論，以及其在教育上的價值。

七十八年度

1. 試述艾瑞克遜（E. H. Erikson）的人格發展理論及其在中等教育上的意義。
2. 蓋聶（R. M. Gagne）的區分學習爲八大層次，試逐一列出並各舉一實例說明之。
3. 何謂個別化教學？其心理學的基礎爲何？試以一種個別化教學模式爲例闡述之。
4. 在教育成就上常見男女有別的事實，試由制約學習論、社會學習論與精神分析論分別解析之。
5. 試由理論依據實際應用，比較常模參照測驗（norm-referenced testing）與標準參照測驗（criterion-referenced testing）的異同。

七十九年度

1. 說明Erikson心理社會論的要點，此一理論爲何又叫做發展危機論？

2.請舉生活中的例子，那些是古典制約模式學習到的行為，那些是經由工具制約學習到的行為。

3.說明流暢、變通、獨特的意義？此三者與創造思考有什麼關係？

4.舉例說明增強、消弱原理用於學生行為的處理。

5.解釋名詞：

(1)楷模學習

(2)偶然學習

(3)功能固著

(4)成就動機

八十年度

1. 何謂「主學習」（Primary learning）、「副學習」（associate learning）與「附學習（concomitant learning）？試補說明之。

2.試述青少年社會行為發展之特徵及其影響因素。

3.學校如何因應學生的個別差異以符合「有教無類」和「因材施教」的教育理念？試就所知說明具體的辦法。

4.試從教育心理學觀點，扼要說明增進師生關係的可行途徑。

八十一年度

1.請說明教師應如何激發學生的內在動機？

2.何謂學習式態（learning style）？學生在學習式態有何差異？應如何適應？

3. 垂直思考（vertical thinking）與水平思考（lateral thinking）各有何所指？試各舉一例說明之。

4. 何謂「過度補償」（overcompensation）？試從教育心理學的立場評述之。

八十二年度

1. 何謂順攝抑制（Proactive inhibition）、倒攝抑制（Retroactive inhibition）？有意義的學習（Meaningful learning）是否會發生如是的現象？何故？

2. 試述道德認知的教學須參照那些心理學的原則才能收到實效？

3. 何謂社會關係圖（Sociogram）？並請說明其使用時應注意的事項？

4. 試述斑都拉（A. Bandura）的社會學習理論，並說明如何應用於幼兒教育。

八十三年度

1. 試述電腦輔助教學（Computer-assisted instruction）的優缺點及其運用方式。

2. 請說明教師應如何幫助學生提高其成就動機。

3. 郭爾堡（L. Kohlberg）的認知發展道德理論的要點如何？試簡述之。

4. 何謂「學習」？試由「行為心理學」與「認知心理學」的觀點闡述，並比較其差異。

八十三年度

1. 強化物（Reinforcer）的選擇與施與時，要注意那些條件才能強化效果增大？

2. 領導者是如何產生的？不同的領導方式會造成什麼不同的結果？

3. 解釋名詞：

　(1)分佈學習

　(2)語言的記憶（Semantic memory）

　(3)同化與調節（Assimilation and Accommodation）

　(4)離差智商（deviation IQ）

　(5)社會凝聚力（cohesiveness）

　(6)身心症（psychosomatic disorder）

4. 選擇題：

　(1)下列那一種不是壓力所造成的心理反應？　①注意力降低　②刻板行為　③攻擊行為　④自卑

　(2)超我（Superego）包含：　①規則、價值觀與道德觀　②個人的自我認同和意識　③糾結在一起的原始和內在的生理需求　④理性和邏輯的行為

　(3)出生後四個月，大部分的嬰兒會對以下何者笑：　①母親　②熟悉的人　③父親　④所有的人臉

　(4)刺激項目，被儲存在記憶中，是利用如下那一種網絡？　①圖片　②聲音　③聯合　④基模

　(5)在距離的判斷上，最重要也最不受經驗影響的是下列何種線索？　①輻輳　②直線透視（Linear perspectives）　③質地梯度（texture gradient）　④雙眼像差（retinal disparity）

(6)下列何者導致行為外觀上的最戲劇性改變？　①轉化型異常（Conversion disorder）　②慮病症（Hypochrodriasis）　③泛慮症（Generalized anxiety）　④身心症（Psychosomatic）

(7)社會學習理論（Social learing theory）認為最重要的學習方式是：　①正統條件化　②工具性或操作性條件化　③觀察學習　④以上皆非

(8)從感覺記憶傳出的訊息，通常：　①直接傳到長期記憶　②遺失了　③直接傳到短期記憶　④B與C

(9)「重疊」是左列那一項的視覺線索？　①閃光運動　②深度知覺　③物體大小　④顏色恆常性

(10)下列何者為真？　①效度高的測驗也具備高信度　②標準化程序可以確保高信度　③常模可以賦予分數意義　④以上皆是

(11)「遊戲」與「單身漢」兩種概念，那一個比較能夠精確分類？　①遊戲　②單身漢　③一樣困難　(4)沒有必要分類

(12)下列有關行為學派的敘述何者正確？　①欲探討人類內在運作過程②利用電腦來模擬人類的行為　③主要在探討刺激與反應之間的關係　④各種動物的學習法則不盡相同

(13)心理學家研究發現色情刊物會形成什麼效果？　①對於大部份人的性行為是產生不了作用　②一般而言，對男

性女性在生理上是會產生激發的作用　③一般而言，對男性在生理上才會產生激發的作用　④一般而言，對女性在生理上才會產生激發的作用

(14)根據研究發現幼兒到一歲半左右，語彙突然大量增加，其可能原因是什麼？　①發音器官開始成熟　②是語言發展的關鍵期　③此時才開始語言的學習　④大腦內語言中樞成熟及社會化能力的增加所致

(15)強調人類有「自我實現」（Self-actualization）的基本傾向的是那一種人格理論？　①行為論　②人本論　③心理動力論　④認知論

八十四年度

1. 心理病態人格的特徵為何？試說明之。
2. 試從佛洛伊德的理論說明原我、自我和超我。
3. 人類遺忘的原因為何？
4. 試說明行為塑造法（Shaping）如何改變行為。

八十四年度

1. 解釋名詞：
   (1)人本心理學
   (2)行為學派（Behaviorism）
   (3)達爾文（Charles Darwin）對心理學的貢獻
   (4)歐茲（James Olds）對心理學的貢獻
   (5)保留概念（Piaget's conservation）
   (6)深層結構（Deep structure）

(7)雙眼像差（Binocular disparity）

(8)基本歸因謬誤（Fundamental attribution error）

(9)壓力的認知評估（Stress' cognitive appraisal）

(10)韋伯定律（Weber's law）

2.問答題：

(1)試述弗洛伊德（Freud）對人格構造與人格發展的觀點。

(2)傳統的智力測驗（如「史丹佛——比奈（Stanford-Binet）測驗」）是以那些類型的題目為內容？近年來，心理學家對智力的本質重新思考；他們認為有那些類的「智力」是傳統的智力測驗沒有測到的？

八十五年度

1.人貴於學習與記憶，而記憶又可分感官記憶、短期記憶和長期記憶三層面。請分別說明如何在這三面有效的增進記憶。

2.請說明現代人青年期的特徵及其輔導。

3.解釋名詞：

(1)自變項

(2)感覺

(3)性向

(4)成就動機

(5)雙性化（androgyny）

(6)人工智力

(7)正增強

(8)收斂思考

(9)替代學習

(10)昇華

八十五年度

1. 問卷法和實驗法，在心理學研究上，各有何優點和限制？應該如何克服其限制？

2. 試簡述四種產生遺忘的主要學說，並舉例說明之。

3. 試述態度的本質和改變態度的方法。

4. 解釋名詞：

　　(1)內轟治療法（Implosive Therapy）

　　(2)交互抑制（Reciprocal Inhibition）

　　(3)降魔法（Pandemonium）

　　(4)保留概念（Conservation）

　　(5)自主塑成（Autoshaping）

八十六年度

1. 何謂「負性心向」（negative set）？試舉例說明之。

2. 請簡述凱利（G. Kelly）的個人建構理論（Personal Construct Theory）。

3. 解釋名詞：

　　(1)認知治療法（cognitive therapy）

　　(2)家族治療（family therapy）

　　(3)史蒂文斯乘冪律（Stevens' power law）

　　(4)史金納箱（Skinner box）

(5)團體思考（groupthink）

4. 選擇題：

(1)人本心理學家提出何種動機理論？　①歸因論　②特質論　③驅力減降論　④需求層次論

(2)艾立克森（E.H. Erikson）認為青年期發展上的心理危機相對於「自我認同」的是：　①羞愧懷疑　②不信賴　③自貶自卑　④角色混亂

(3)運動視覺常會發生後效，如腳踏車轉動的輪子。現在假設你正在凝神觀看一片大瀑布（如尼加拉瀑布），你會看到整片大瀑布往上翻嗎？　①會　②不會　③時間長的時候會　④時間短的時候會

(4)關於短期記憶（short-term memory）的所謂「魔數 7 」（magical number 7），指的是：　①短期記憶約可保存七秒鐘　②短期記憶約可保存七分鐘　③短期記憶約可保存七項內容　④短期記憶約可用七種方式編碼

(5)下列用語，何者與同理心（empathy）的意義不同？　①設身處地　②感同身受　③同情心　④將心比心

(6)不同學派的心理學家，持有不同的動機理論，行為主義者提出何種理論？　①驅力減降論　②需求層次論　③歸因論　④特質論

(7)「思想紊亂，很難以口語或文字與別人溝通」最常出現在那一類患者？　①焦慮症患者　②抑鬱症患者　③反社會性違常者　④精神分裂患者

(8)蓋賽爾（Gesell）認為人類早期的發展，有一定的規律。下列何者並不包含在他所言的規律中？　①由外而

內 ②由頭到尾 ③由軀幹到四肢 ④由整體到特殊

(9)測驗中做爲個人和他人比較之用的是： ①信度 ②效度 ③常模 ④智商

(10)誰是第一個提出集體潛意識（collective unconscious）的學者？ ①阿德勒（Adler） ②佛洛依德（Freud） ③荷妮（Horney） ④榮格（Jung）

(11)所謂的勞力辯正（effort justification）係指我們會認爲費過心力追求而得的東西更有價值。這是下列何者造成的結果？ ①認知失調 ②自利歸因 ③成就動機 ④自驗預言

(12)人可以聽到下列那種頻率的聲音： ①2赫茲（Hz） ②5萬赫茲（Hz） ③3萬赫茲（Hz） ④1萬2千赫茲（Hz）

(13)下列何者不是懲罰的副產物？ ①非所欲的行爲可能中止 ②可能引發攻擊行爲 ③非所欲的行爲可能被其他行爲所替代 ④愉快的情緒

(14)對一個謀殺案的目擊者來說，他的那一種記憶能力檢察官最感興趣？ ①事件的記憶 ②意義的記憶 ③程序的記憶 ④建構式記憶

(15)何謂音素（phoneme）？ ①語言系統的最小意義單位 ②語音系統的最小單位 ③所有語言共有的發音單位 (4)電報公司所發展的基本聲音單位

八十六年度

1. 舉例說明聚斂性思考（convergent thinking）與擴散性思

考

2. 何謂程序性記憶（procedural memory）和陳述性記憶
（deciarative memory）？

3. 解釋名詞：

(1)意義治療學派的去反射法（de-reflection）

(2)雙避衝突（avoidance-avoidance conflict）

(3)他律期（hoteronomous stage）

(4)責任分散（diffusion of responsibility）

(5)布洛卡區（Broca's area）

4. 選擇題：

(1)在輔導的初階段，輔導者以何種基本的技術來引導案主
吐露個人的困擾較具效果？　①詢問　②探究　③傾聽
④摘要

(2)將心智上的偏差（變態）狀況視為身體疾病的症狀，通
常會導引出何種治療方式？　①藥物治療　②認知治療
③行為治療　④環境治療

(3)處在壓力的過程中，當腦下垂體前葉和腎上腺皮質無法
再繼續加速分泌激素，意味有機體再也無法適應長期性
的壓力，此現象屬於一般性適應症候的那一個階段？
①感覺階段　②抗拒階段　③衰竭階段　④恢復階段

(4)艾立克森（F.H. Eerikson）認為老年期發展上的心理
危機相對於「完美無憾」的是：　①悲觀絕望　②不信
賴　③自卑自貶　④退縮內疚

(5)英國學者瑞文（J.V. Raven）所編的非文字推理測驗是
那種類型測驗？　①性向測驗　②智力測驗　③成就測

驗　④創造力測驗

(6)當我們說某人一生都只在追求「利」，這很可能是他的：　①主要特質（cardinal trait）　②中央特質（certral trait）　③次要特質（secondary trait）　④共同特質（common trait）

(7)下列關於某人人格特質的描述，以何種順序呈現最能引起別人的好感？　①靈敏、勤勉、衝動、善辯、倔强、嫉妒　②嫉妒、倔强、善辯、衝動、勤勉、靈敏　③嫉妒、善辯、靈敏、倔强、勤勉、衝動　④善辯、靈敏、嫉妒、勤勉、倔强、衝動

(8)分辨聲音的頻率是依賴：　①中耳的錘骨　②外聽道的鼓膜　③耳蝸的基底膜　④內耳的毛細胞

(9)在實驗室中，如果動物難以區辨兩個刺激的不同，主要是因為：　①動物沒有良好的知覺敏銳度　②難以分辨那一個刺激才是與强化物聯結在一起的　③情緒不穩定，無法作穩定反應　④實驗室採光不良，無法看清楚刺激

(10)七位數字的電話號碼常被分為三合數的「局號」與四位數的「用戶號碼」，並以「－」符號隔開，是為了有助於記憶上的：　①覆誦（rehearsal）　②提起（retrival）　③貯存（storuge）　④組集（chunking）

(11)幼兒學習語言，原則上不是靠模仿大人說話。」這個說法的主要論據是：　①不論學什麼，模仿學習都不是十分有效的學習方式　②幼兒模仿大人的機會並不多　③

完全靠模仿學會語言，所需的時間會長到不可想像　④「模仿學習」本身在學理上是可疑的

⑿根據馬斯洛（A.H. Maslow）的需求層次論，人們需要愛與情感是屬於那一層次？　①生理需求　②安全需求　③歸屬需求　④尊重需求

⒀當個人是爲了促進社會共同的福祉，而決定什麼是該作的，什麼是不該作的，根據柯伯（L. Kohlberg）的理論，他的道德發展是達到：　①階段四：法律和秩序取向　②階段五：社會契約取向　③階段六：倫理原則取向　④階段七：宇宙的取向

⒁社會心理學家注意到，在引導個體與個體之間親密感增進歷程中，下列那一個是這過程中一個關鍵的成分？　①獎賞　②外表的吸引力　③自我表露　④年齡

⒂記增强術（mnomonic techniques），是利用如下何種方式，增加記憶能力？　①重新組織方式　②複述方式　③精緻（elaboration）方式　④以上皆是

基層特考

六十七年度乙等

1. 試述教學中應用嘗試錯誤說應注意的事項。
2. 試述「智力」與「學力」的差別及兩者間的關係。
3. 試設想一中等程度（中才）兒童在學習語言可能遭遇的困難及輔導的方法。
4. 試述知識的學習和人格發展的關係。

六十八年度乙等

1. 何謂動機的衝突？請舉例說明勒溫所提示的四種動機衝突的情境。
2. 試述心理衛生工作的目標及其重要性。
3. 目前各級學校都很注重輔導工作，請說明學業輔導的意義及重要內容。
4. 簡答題：
   (1)請舉例說明「智力商數」（I.Q.）的計算方法。
   (2)請簡述魏氏兒童智力量表（W.I.S.C.）的內容。
   (3)何謂「可教育性智能不足兒童」？
   (4)資源教室的功能何在？

六十八年度丙等

1. 何謂特殊兒童？在我國國民教育階段裡有那些「類型」的特殊兒童正在接受那些「方式」的特殊教育？請逐類簡評其優缺點。
2. 何謂制約學習論？有那兩種主要類型？請比較其異同。
3. 請簡述馬斯婁的動機層次說，並進一步討論此一理論在教育上之應用價值。
4. 解釋名詞：
   (1)抱負水準
   (2)性向測驗
   (3)編序教學
   (4)順攝抑制
   (5)當事人中心諮商

六十九年度乙等

1. 試從青年期的身心發展特性討論青年輔導的重點。
2. 請分別說明資賦優異的意義及各國所採用的教育方式。
3. 心理學家柏隆姆（Bloom）等人曾分別將教學目標分成「認知」、「情感」及「動作技能」等三大領域。請分別簡述其主要類目，並試加批評其優缺點。
4. 簡答題：
   (1)試比較行爲治療與行爲改變技術之主要異同。
   (2)請以智力測驗爲例子，分別說明再測信度和同時效度。
   (3)請舉例說明學習的類化現象與遷移現象。

六十九年度丙等

1. 請摘要說明教師的「教育態度」在教學上所發生的重要影響。
2. 試述「編序教學」的主要特質及所依據的主要學習理論。
3. 試述智能不足兒童的意義、類別以及其特殊的教育方式。
4. 簡答題：
　(1)請舉例說明「實驗組」與「控制組」的含義。
　(2)請各舉一例說明「甜檸檬適應方式」與「酸葡萄適應方式」。
　(3)何謂「當事人中心的諮商」？

七十年度丙等

1. 在教學上，一般相信獎勵的方式優於懲罰，試從心理學的觀點解釋其理由。
2. 防衛作用的意義和功用何在？試舉最常見的四種，分別說明之。
3. 教育上強調身教重於言教，試說明此種觀念在教育心理學上之理論根據。
4. 試相對的解釋下列各對名詞：
　(1)資賦優異
　　智能不足
　(2)聚斂性思考
　　擴散性思考
　(3)集中練習

　　　分佈練習
　　(4)性向測驗
　　　成就測驗

七十一年度丙等

1. 試述兒童遊戲與想像力發展的關係。
2. 試述「遺傳」與「環境」兩個因素對發展的影響。
3. 試述「記憶」的限度，並舉出增加記憶力的方法。

七十二年度丙等

1. 解釋名詞：
　　(1)智商（Intelligence quotient, I.Q.）
　　(2)自我觀念（Self concept）
　　(3)成就動機（Achievement motivation）
　　(4)職業輔導（Vocational guidance）
　　(5)昇華作用（Sublimation）
2. 試述影響學習的社會因素。
3. 如何改進國民中小學的教學方法，以培養學生的創造能力？試申論之。
4. 試說人格的統整性和連續性。

七十三年度丙等

1. 何謂教育心理學？教育心理學的研究方法有那些？試簡述之。
2. 試述一個心理健康的人所具有的行為特徵。

3. 試就內容、性質、用途和方式說明心理測驗的種類。

4. 個體發展跟成熟，都與遺傳、環境有關，試說明何者重要，其故何在？

5. 解釋下列各對名詞：
   (1)自變項
   　　依變項
   (2)關鍵期
   　　銘印現象
   (3)最大表現測驗
   　　典型表現測驗
   (4)趨避衝突
   　　雙重趨避衝突

七十四年度乙等

1. 解釋下列名詞：
   (1)性向（ aptitude ）
   (2)超我（ supergo ）
   (3)社會化（ socialization ）
   (4)成就動機（ achievement motive ）
   (5)智力商數（ intelligence quotient ）

2. 如何衡鑑與培養青少年的創造力？試述之。

3. 影響兒童學習的因素有那些？試從個人和環境兩方面分別說明之。

4. 試述增進學校師生心理健康的可行途徑。

七十四年度丙等

1.試述教育心理學對教育的貢獻。

2.試述「興趣原則」的理論根據。

3.在教學中「教材」和「兒童的心理狀況」何者為「首要」的考慮條件？如果上課時兒童不想學習，教師應該「怎樣做」才能達到教學目的？試述之。

七十六年度丙等

1.試述教學評量在教育中的主要功能？

2.試述學習困難的主要因素。

3.實施懲罰的基本原則。

4.解釋名詞：

　(1)智商

　(2)自我觀念

　(3)加速學習制

　(4)長期記憶

　(5)保留概念。

七十七年度乙等

1.說明下列各心理學對攻擊性行為可能有的不同觀點：

　(1)生理心理學

　(2)S——R心理學

　(3)認知心理學

　(4)心理分析學

　　(5)人本心理學

2.在動物實驗中，如何去衡量這種操作制約所形成之行為力量的強弱。

3.經驗與學習如何影響人類需求及目標的衍化，試舉具體例證說明。

4.認知失調（cognitive dissonance）是如何形成的？個人處在這種狀態下的感受如何？有那些方法可以解除失調狀態？並請舉例說明。

5.試述柯爾保（Kohlberg）道德發展的三個層次、六個階段。

6.請列舉各種自我防衛的行為機轉，並說明它們和生活適應的關係。

7.解釋下列各名詞：

　　(1)普里馬克學習原則（premack principle）

　　(2)R E M睡眠

　　(3)B＝F(P,E)

　　(4)黑箱論（black box）

　　(5)libido

七十八年度乙等

1.簡述下列名詞之意義：

　　(1)關鍵期（critical period）

　　(2)刺激類化（stimulus generalization）

　　(3)認知失調（cognitive dissonance）

　　(4)負增強（negative reinforcement）

(5)內外控（internal/external locus of control）

(6)新心理分析論（neo-psychoanalytic theory）

(7)心身性疾病（psychosomatic illness）

(8)同化作用（assimilation）

2. 試就本我（id）、自我（ego）、超我（superego）理論，說明心理健康的意義。

3. 何謂創造力？其與智力之關係爲何？

4. 比較行爲論（behaviorism）與人文論（humanism）對學習看法的異同。

七十九年度乙等

1. 列舉古典式制約學習與工具式制約學習相異之處。

2. 試列舉個人競爭、團體競爭與自我競爭三種競爭方式的利弊。

3. 改正或補充：

(1)攻擊行爲的傾向，是人類的一種本能。

(2)學習是行爲的改變，而此改變必是由壞變好。

(3)從面部的表情可以看出一個人的情緒反應。

(4)在發展的過程中，男的總比女的高而重。

七十九年度丙等

1. 解釋名詞：

(1)自我統整

(2)擴散性思考

(3)簡述魏氏兒童智力量表

(4)T 分數

(5)性向處理互動

(6)非指導性智商

2. 問答題：

(1)設計一種有效教學法，實驗控制組繪圖試說明之？

(2)說明聯結論、認知論、學習觀與教育觀，試比較之？

(3)①教學歷程與教學評量的密切關係為何？

②兒童期反抗與青春期的反抗？

③期待效應影響教師教學行為。

八十一年度乙等

1. 申論題：

(1)心理輔導工作中使用的心理測驗為何要經過「標準化」（standardization）？

(2)「歸因」（Attribution）歷程與「形成印象」（Impression Formation）有什麼關係？

(3)如何判斷一個人是否有心理異常（Abnormal），請說明三種判斷的原則。

(4)試比較古典制約學習（Classical Conditioning）與工具制約學習（Operant Conditioning），並分別以日常生活為例分別進一步說明之。

2. 名詞解釋：

(1)知覺組織的相似法則。

(2)分佈學習（Distributed Learning）

(3)凝固作用（Consolidation）

(4)心向（Mental Set）

(5)心理年齡（mental Age）

(6)成就動機（Achievement Motive）

(7)身體化疾病（Somatoform Disorders）

(8)自利的偏差（Self-saving Bias）

八十一年度丙等

1. 試就葛拉舍（R. Glaser）的教學模式說明心理學的性質。

2. 試述布魯納（J.S. Bruner）認知發展表徵系統論之要義。

3. 試釋比馬龍效應（Pygmalion effect）並論述其在教育上的啓示。

4. 試分述態度包括那些成分？態度學習的內在條件與外在條件爲何？

八十二年度乙等

1. 解釋名詞：

(1)主觀輪廓（Subjective Contour）

(2)學習遷移（Transfer）

(3)失憶症（Amnesia）

(4)類化（Generalization）

(5)關鍵期（Critical Period）

(6)建構效度（Construct Validity）

(7)人格動力學（Personality Dynamics）

(8)案主中心治療法（Person-centered therapy）

2.申論題：

(1)完形心理學派認為人類在知覺上是根據那些法則將感覺
的資料加以組織的？試說明之。

(2)試說明短期記憶（Short-term memory）與長期記憶
（Long-term memory）的不同特性。

(3)試評述柯柏格（Kohlberg）氏之道德推理行為之發展
階段及其所用的評量方法。

(4)試評述馬斯洛（Maslow）氏的人格理論。

八十四年度乙等

1.馬斯洛（A. H. Maslow）的需求層次論，在教育行政上
有那些激勵策略或措施可以提升教育人員之工作動機？

2.聯結論與認知論所持理論有何不同？從其實驗與理論之分
析有何啟示？

3.何謂標準化（Standardization）測驗？標準化測驗應具備
那些條件？

4.解釋下列心理學之名詞：

(1)社會助長（Social facilitation）

(2)長期記憶（Long-term memory）（L.T.M.）

(3)壓力（Stress）

(4)腦力激盪法（Brainstorming）

八十四年度丙等

1.何謂心理健康（Mental health）？心理健康（良好適
應）與心理不健康（不良好適應）有何特徵？試分述之。

2.促進學習與加强記憶之條件有那<u>些</u>？

3.心理學家皮亞傑（Piaget）將智能發展分爲那幾個時期，其在教育上有何意義？

4.解釋下列心理學上名詞：

(1)幻覺（Hallucination）

(2)負增强（Negative reinforcement）

(3)態度（attitude）

(4)反向作用（Reaction formaion）

(5)品格（Character）

八十六年度

1.試舉例說明頓悟（insight）學習。

2.感覺與知覺在心理歷程上有何區別？它們之間的關係如何？

3.心理測驗中的再測信度（test-retest reliability）爲何會在兩個施測時間相隔愈長時，其信度愈低；而時間相隔太短，則信度會偏高？試分別說明之。

4.在做社會歸因判斷時可能會產生什麼偏差？

5.解釋下列名詞：

(1)長期記憶（long-term memory）

(2)歸納（induction）

(3)魏氏智力量表（Wechsler Intelligence Scale）

(4)心理抗拒或心理反感（psychological reactance）

(5)健康心理學（health psychology）

五、教育行政學

師範大學・教研所

八十四年度

1. 就教育行政而言，何謂權力（power）？教育行政人員宜如何取得及運用權力，才能成為一個具有完全權力（full power）的領導者？請申述之。

2. 學校可透過哪些途徑來運用社區資源？在運用社區資源時宜注意哪些事項，才能有效而且不致產生副作用？請分別申論之。

3. 試析述教育行政決定前提「事實因素」和「價值因素」的概念意義，並申論其對教育行政人員作決定應有之啟示為何？

4. 試評述學校靜態組織結構與動態行政歷程之概念意涵，及其在有效學校行政運作上應有之啟示。

八十七年度

1. 教育部發布的教師輔導與管教學生辦法規定：以該辦法明定以外之其他適當措施管教學生時，其執行應經適當程序。請申論管教學生應經適當程序的目的與具體做法各為何。

2. 教育行政機關為實施專業分工，須畫分部門。畫分部門的

方法可分爲兩大類，即按目的畫分部門（purpose depa-rtmentalization）與按程序畫分部門（process departme-ntalization）。這兩類畫分部門的方法各有何優缺點？又畫分部門應注意那些原則？請分別申論之。

3. 教育當局一再宣示「教學正常化」爲中小學教育之重點，其政策目標爲何？學校行政人員應如何貫徹此項教育政策？請加以評述並提出可行之策略。

4. 國內外近十年來不少學者及行政決策者強力主張「教育市場化」（Marketization of Education），並推動系列改革方案。試分析此一教育政策導向的理論依據，並評論其利弊及其影響。

政治大學・教研所

八十年度

1. 申述何謂官僚模式、同僚模式與政治模式？「教授治校」
   為何種模式，在何種條件才會成功。
2. 教育，行政機關是否應予獨立，試就當前情況，以「行政
   效率」回答以下問題：
   (1)獨立與非獨立之利弊？
   (2)以目前而言，在何條件下才可以獨立。
3. 目前教育計畫缺失何在？如何改進？
4. 目前高等教育學費政策是否合理，試抒己見。

暨南大學・教研所

八十六年度

1. 綜合教育部近年來的政策宣示及行政院教改會的建議，歸納出我國未來教育政策的走向，並請加以評述。

2. 有關領導及激勵的理論頗多，請就其中你最欣賞的理論各一個（即領導與激勵理論各一個），先扼要敍述其論點，然後申論教育行政主管如何予以具體運用。

3. 近年來各界倡導實施學校本位管理（school-based management），請先申論學校本位管理的內涵及具體做法，再評述其實施後所可能產生的得失。

4. 校園安全為當前學校行政工作重點之一，請擬定一份校園安全實施計畫，計畫中至少包括計畫名稱、計畫原則、實施方案、經費來源及成效評估等項目及內容。

中正大學・教研所

八十五年度

1. 試述教育行政學研究的主要內容，以及應用實證研究模式
（Positivistic Research Model）在這些內容上，所獲得
的研究成果及其限制。

2. 解釋名詞：
(1)科層體制（Bureaucracy）
(2)權變理論（Contingency Theory）
(3)葛佐爾斯及顧巴二氏理論（Getzels-Guba Model）
(4)政策過程模式（Policy Process Model）
(5)學校效能研究（School Effectiveness Research）

3. 班特蘭飛（Ludwig Von Bertalanffy）倡一般系統理論，
提供新的研究方法和思考取向，對於近世的學術思想產生
了重大的影響。試述一般系統理論的發展背景、主要內
容、及其評價。

4. 綜合中外教育行政文獻探討，試述當代各國教育行政發
展，無論是理論面或實務面的共同趨勢，並據以分析我國
教育行政的發展現況，研擬教育行政革新的具體建議。

八十六年度

1. 假設您剛調任至一所國民中學當校長，今天是您第一天上班，教育局局長特別前來表達祝賀之意，臨走前他（她）要求您擬定一項書面報告，說明您瞭解、維持或改善、及創造此所學校較佳學校氣氛的策略，請完成此項任務。

2. 試列舉領導方面的相關理論，並申論如何將這些理論應用至學校行政與管理上，以便提昇學校的效能。

3. 試從法令規章、權力分配及教育經費來源等三個角度，分析比較英美兩國教育行政制度的異同。

4. 試比較分析行政院教育改革審議委員會所建議之「教育鬆綁」的理念與教育權力地方化（Decentralization）的概念與實際作法。

八十七年度

1. 試評析我國現行中小學校長之培育制度，及其改革之道。

2. 由於政治、社會環境的變化，及校園民主化理念的興起，我國中小學學校行政人員（包括校長與教師兼任之主任）之任用已產生變革，試述變革的內容與影響。

3. 何謂「有效率的管理者」？何謂「有效能的領導者」？學校校長如何成為一位既是「有效率的管理者」又是「有效能的領導者」？

4. 有的人認為學校組織是較屬於反應性的組織（reactive organizations），而非預先反應的組織（proactive organizations），因此學校深受外在環境的影響，而面對

外在環境的變遷影響力時，學校管理環境的策略主要包括
兩大類，即(1)因應環境需求，(2)維持與外在環境的關係，
試說明此二類策略的(1)意義、與(2)作法。

高考

七十七年度

1. 試以組織氣氛理論之研究，說明如何培養優良學風？
2. 教育經費運用之原則為何？試以評述我國地方教育經費之得失？
3. 教育政策之制定，如何避免社會——心理抗拒？
4. 現行師範教育之實施成效及得失如何？試以師範教育法評析。

七十九年度

1. 有關「師範教育法」的草擬修訂工作，正處於最後階段，你認為這次草擬修訂工作，最值得可取之處有哪些？
2. 何謂「權變領導理論」？試分析說明之。
3. 如果你有機會從事教育行政工作，你準備本著哪些基本原則推展「校園規劃」工作，試申論之。
4. 教育行政領導原則應有哪些？試申論之。

八十年度

1. 激勵保健論的主要論點如何？又假設此一理論正確的話，則教育行政人員如何才能提高組織成員的工作滿足感，請

分別申論之。

2. 對成員的考核要確實，方能激勵其士氣，請對我國公立教職員成績考核辦法及其實施情況作一檢討，提出其缺失及改善的具體辦法。

3. 我國的教育行政應如何改進，才能更符合民主化及專業化的發展趨勢？請申論之。

4. 請簡答左列各小題：

　　(1)擬辦公文時，在哪些情況下宜採「先簽後稿」的方式。

　　(2)我國憲法對各級政府教育行政權的劃分有何規定？

　　(3)常態編班的主要優缺點各爲何？

　　(4)溝通過程中，在哪些情況下採雙面俱陳的效果會優於採單面陳述呢？

　　(5)非正式組織的主要特性有哪些？

八十一年度

1. 何謂目標管理？其運作要領爲何？試申論之。

2. 何謂「附加價值的領導」？可分爲幾個階段？試申論之。

3. 巴納德的動態平衡行政理論有哪些要點？對於我國當前的教育行政運作有何啓示作用？試申述之。

4. 歷程評鑑和成果評鑑有何不同？形成性評鑑與總結評鑑有何區別？試分別申論之。

八十三年度

1. 試評述我國現行中央教育視導制度。

2. 試舉三種「集體作決定的技術」？並申述其要點。

3. 溝通要成功有效，應注意哪些原則？試申論之。

4. 在行政運作中應如何充分利用非正式組織，以期能導致最佳的績效。

普考

八十二年度

1. 學校行政的任務可分為那幾類？請申論之。

2. 教育計畫能否成功地適應國家之實際及未來的需要，與各國所受內在與外在條件限制有關，若有差異，但是有些共存的消極因素，可能影響教育計畫的成敗，試至少列舉十項說明之。

3. 師範教育應注重學術導向抑或專業導向？試說明之。

4. 教育行政的研究，通常依照那些步驟進行，試申述之。

基層乙等特考

七十九年度

1. 如何提高教育行政領導效果？試從社會系統理論的觀點加以申論。

2. 目前，青少年犯罪問題日趨嚴重；究竟應採取何種改進措施，加以有效防制？試從教育（含學校）行政的立場析論之。

3. 如何提振國民中小學教師的服務熱忱？試從有關理論及可行作法加以分析。

4. 依據國民教育法，闡釋國民教育的特質，並依國民教育的實施情況，檢討該法有無值得修改之處？

六、教育哲學

師範大學・特教所

八十年度

1. 試述墨子的哲學思想並論其教育涵義。
2. 本世紀二、三十年代，在美國學術界掀起「教育科目」論戰，試問原因何在？
3. 何謂世界觀？這種教育理念在中小學教育中如何實施？試說明之。

八十二年度

1. "Knowing is a process, not a product; teaching and learning is therefore a process, not a product. "Discuss.

八十七年度

1. 說明「經驗主義」（Empiricism）和「試驗主義」（Experimentalism）之不同所在。
2. 「泛道德主義」（Paumoralism）在教育上產生什麼影響？試舉例說明。
3. 比較傳統教育哲學家（如柏拉圖）與自由進步主義教育哲學家（如盧梭或杜威）兩種教育現在教育對象、教師角色、課程、教法、與評鑑上之不同。

4. 就批判理論之教育觀點，反省台灣教育之缺失，並提出補
　救之道。

高考

五十三年度

1. 教育哲學與教育科學，有何差別？其研究方法與任務各如何？

2. 形式訓練之基本假定爲何？其學說與心靈形成之理論有何不同？

3. 杜威之教育理論對於「進步的教育」曾發生何種影響？二者之關係爲何？

4. 程朱之「性即理」說與陸王之「心即理」說，其內容有何異同？

五十四年度

1. 形式訓練與心靈形成說有何不同？試比較說之。

2. 「教育可能性」與「教育效能」二者之關係如何？試說明之。

3. 斯賓塞主張教育爲生活之預備，杜威則認爲教育即生活，二說之異同、得失各如何？試爲說明。

4. 或謂南恩（P.Nunn）之「新自然主義」爲個人主義之修正，其學說之背景與內容各如何？

五十六年度

1. 世謂近代德國之復興肇基於斐希特（Fichte）之「文化的民族主義」，試申述其內容並評論其得失。
2. 孟子道性善，荀子言性惡，其持論影響及於教育各如何？
3. 教育之「可能性」限度若何？試以「教育功能」與「自我實現」分別說明之。
4. 教育哲學與教育科學之差別何在？其任務與研究方法有何不同？

五十七年度

1. 教育的可能性，以何為根據？
2. 荀子謂「人之性惡，其善者也」，試從教育功能觀點，闡釋其意旨。
3. 闡明教育哲學與教育科學的範圍及其關係。
4. 比較經驗主義與理性主義兩學派對於知識教育所持的解釋。

五十八年度

1. 杜威（J.Dewey）所謂「生長可能性」，是何意義？試申論之。
2. 人性的智愚及善惡兩問題何以須分別處理？試詳述之。
3. 民生主義教育哲學之內容為何？試詳述之。
4. 教育哲學與教育科學之異同及關係如何？試論之。

六十年度

1. 略述三民主義教育哲學之目的論。
2. 價值教育與傳授知識教學有何差別？價值教學在實施上應注意何種事項？
3. 試從「知識論」中「旁觀者」論之要義，及其對教材教法之影響。
4. 杜威主張「教育即生長」試述其涵義及得失。

六十六年度

1. 教育理論常隨哲學思潮而變遷，試述哲學與教育之關係。
2. 試比較理想主義與實驗主義知識論對教育的影響。
3. 試述 國父道德哲學思想其對教育的影響。
4. 簡述下列哲學家的教育思想：
   (1)柏拉圖
   (2)盧梭
   (3)懷海德
   (4)赫欽斯
   (5)杜威

六十七年度

1. 根據心物的關係，比較理想主義、實在主義及實驗主義的異同及得失。
2. 試論 國父「知難行易」的哲學思想及其對教育理論的影響。

3.試述存在主義的哲學思想及其對教育理論的影響。

4.試述下列各詞的意義,並說明是那個哲學家或學派所提出的觀點?

　(1)形上學

　(2)我思故我在

　(3)他是他自己的主人

　(4)經驗改造

　(5)實體世界和觀念世界

六十八年度

1.試述　國父民生哲學對教育目的的影響。

2.比較分析　國父及先總統　蔣公對王陽明知行合一學說的批評。

3.比較　國父宇宙進化論和達爾文進化論之異同,並評述其得。

4.解釋下列各名詞:

　(1)共和國

　(2)民主主義與教育

　(3)愛彌兒

　(4)教育的節奏

　(5)純粹理性批判

六十九年度

1.試述　國父的人性論,及其對教育的影響。

2.試述實在論與理想主義教育思想的異同。

3.試述進步主義教育思想。

4.解釋下列各名詞：

　(1)民主主義與教育

　(2)教育節奏論

　(3)存有與虛無

　(4)愛彌兒

　(5)純粹理性批判

七十年度

1.試比較進步主義與永恆主義之教育理論，並評論其得失。

2.試以　國父倫理學申論其他道德教育之目標，內容及方法。

3.試比較文雅教育與實用教育之哲學理論基礎。

4.試簡述下列各哲學家的教育思想。

　(1)杜威

　(2)盧梭

　(3)赫爾巴特

　(4)柏拉圖

　(5)福祿貝爾

七十一年度

1.以三民主義為基礎的教育目標？並就實際舉例說明。

2.杜威的知識論看法：

　(1)知識的起源。

　(2)知識的特質

(3)知識是主觀、客觀或主客觀兼具。

(4)知識是進步的或固定不變。

並說明與教育的關係，及其優缺點。

3. 永恆主義之教育理論及其得失？

4. 解釋下列名詞是何派或何人所提出？並述其要點。

(1)道德無上命令

(2)連貫真理

(3)存在先於本質

(4)科學的哲學

(5)知識起於感覺和反省

七十二年度

1. 試述三民主義之哲學基礎。

2. 試述人文主義教育思想。

3. 試述杜威教育即生長說之意義。

4. 試述存在主義之教育思想。

七十三年度

1. 人文主義與新人文主義思想之發展與內容之異同。

2. 試說明實驗主義之特點。

3. 國家主義思想之發展及其主要代表之著作思想要點。

4. 十八世紀以來，何種教育哲學思想影響教育發展最大，其要點如何？試申論之。

七十四年度

1. 三民主義教育思想的教育原理。
2. 實驗主義思想的來源及特質。
3. 教育與哲學的關係為何？
4. 解釋名詞：性惡說。

七十五年度

1. 試根據倫理、民主與科學三個準則，界定並舉例說明教育與反教育之區別。
2. 「道德自律的殿堂，必經他律的大門」試就康德與皮亞傑之理論衍釋其要旨，並以之評論我國中小學德育措施之缺失，與提出補救之道。
3. 「罰亦有道」試言懲罰哲學之兩種預設與三種原理，並論其教育義蘊。
4. 試界定教學與灌輸（teaching and indoctrination）之不同涵義，並以之詮釋如何才能達成「師者，所以傳道、授業、解惑也」一語之要旨。

七十六年度

1. 何謂教育機會均等？並述促進我們教育機會均等之途徑。
2. 教育如何改善人類的生活？
3. 試比較經師、人師、艮師的異同。
4. 試述實驗主義的特質。

七十七年度

1. 試比較說明個人本位主義和社會本位主義的教育思想。
2. 理性主義和經驗主義的對立有無調和之可能。
3. 比較　國父、孟子、荀子對人性的看法。
4. 試比較　國父三民主義教育思想與共產主義教育思想的差異。

七十八年度

1. 教育科學與科學教育有何不同？
2. 試述教育哲學的意義及其研究途徑。
3. 試述康德的道德哲學思想及其對教育及影響。
4. 試述杜威實驗主義的重要教育觀點。

七十九年度

1. 孔子（學思並重論）的知識論依據？試代為詮釋。
2. 請界定哲學與教育的涵義，說明其正負面關係。
3. 從康德與皮亞傑界定他律與自律的涵義，並論其德育要旨。
4. 「罰亦有道」試論懲罰哲學的意蘊。

八十年度

1. (1)賀恩（Hom, H.H.）的教育哲學。
　(2)皮德思（Peters, R.S.）的教育哲學。
以上各教育哲學之主要內容是什麼？請分別說明並加以批

判。

2. 何謂價值？哲學上價值論有那三大主要問題？價值和教育
有何關係？

3. 三民主義教育理論何以能適合我國人文文化，又能順應世
界自由、民主思潮？

4. 如何運用儒家倫理之核心「誠意、正心」之理論，擬訂革
新當前學校教育方案？

八十一年度

1. 當代教育理論的研究，或重科學實證、或重理論理解、或重
意理批判、或重行動研究，不一而足。試比較其異同優
劣，並論如何善用方法，建立健全教育理論。

2. 試界定平等與公道（equality and equity）的要旨。又
「有教無類與因材施教」兩大教育原則，能否相輔互補？
是否合乎平等與公道之義理？

3. 試言學校化教育（deschooling）的要義。又其所言亦為
我國學校教育之缺失否？如何補救。

4.「認知是過程而非結果，教與學亦如是。」試從正反兩面
加以論證，並試提你自己的觀點。

八十一年度

1.「無教育的哲學是空；而無哲學的教育是盲。」試加衍釋
並評述之。

2. 教育應重視個性自由發展或羣性紀律陶冶？其哲學論據有
何不同？能否相容？

3.「學生記過必要告周知，如今才能收到殺雞儆猴的目的」試評其懲罰哲學的預設與論據是否合理？

4.「有效用即眞」（What works is true）試衍釋其要旨並論其教育義蘊。

八十二年度

1.有人說：「哲學史即哲學」。持此看法的人，根據的是什麼的理由？這些理由，你認爲是否正確？爲什麼？

2.試申論國父民生哲學影響三民主義教育目的之內涵。

3.孟子認爲學問之道在「求放心」，而荀子主張」化性起僞」，各有何理論依據？

4.斯賓塞（H. Spencer）倡導「自然懲罰說」，請說明其要旨，並討論其優缺點。

八十三年度

1.康德（I. Kant）倡導道德的實踐理性及德育的意志自律，請分別闡釋其旨意。

2.試比較儒墨兩家之教育思想。

3.試釋理想主義的知識論及其教育涵義。

4.請解說哲學與科學的不同。

八十四年度

1.請詳述皮德思（Peters, R.S.）用以解釋教育的三個規則。

2.藝術與道德，二者是否具有相輔相成的關係？請從哲理層

面討論之。

3. 試述清末「中學為體，西學為用」教育思潮之背景，並以當時教育宗旨說明之。

4. 柏拉圖（Plato）在其理想國中之教育主張，係建立在其人性的觀點之其內容大要若何？

八十五年度

1. 試舉例說明並評述布魯姆（Bloom）等人對認知領域的教育目標之分類。

2. 請詳述奧圖（Otto, Max.c.）所提的美國之四派人文主義（Humanism）。

3. 試比較程顥與程頤的教育思想。

4. 教師懲戒權是見仁見智的問題，很不容易獲得社會的共識；事實上，懲罰具有正面的規準，亦有反面的規準。

請就所知，闡釋上述正、反兩面的規準。

八十六年度

1. 何謂演繹（dcductive method）？請說明其在教育哲學上之應用。

2. 孔子「學思並重」論有何知識論基礎？試加衍釋之。

3. 試依據蔡培民國元年「對於新教育之意見」及民國十一年「美育實施的方法」，說明其對美感教育的主張。

4. 盧梭（J.J. Rousseau）倡導自然主義的教育，與其人性的主張有何關係？

高等檢定考試

八十四年度

1. 眞理的意義是什麼？人類有否認識眞理的能力？
2. 柏拉圖的理型（Ideas）與亞里斯多德的概念（concept）有何不同？
3. 康德主張先天知識說其「先天」的意義是怎樣的？
4. 說明理性主義與經驗主義的主要差異。

基層乙等特考

六十九年度

1. 試述教育哲學的性質與任務。
2. 試述杜威教育哲學的主要觀點。
3. 如何決定選擇教材的標準？
4. 如何判斷教學方法的效果？

八十一年度

1. 教育思想（潮）與教育哲學有何不同？應根據那三大規準來批判較為合理？並請舉例說明之。
2. 試述教育哲學與教育科學有何不同？有何關係？試分述之。
3. 杜威道德教育之重點有那些？有何貢獻？
4. 孫中山先生對道德教育有何見解？對教育有何影響。

八十四年度

1. 進步主義的教育（Progressive education）有那些基本原則？請詳述之。
2. 試申論　國父的力行教育思想。
3. 試從人性的本質與改變的可能性，論述其與教育的關係。

4.請說明訓育方法需要哲學為根據的道理。

八十五年度

1.請詳述斯普朗格（E. Spranger）所提之六種價值類型。

2.試申論孔子的教育思想。

3.存在主義者倡言「存在先於本質」，請闡釋其旨意，並討論其全人教育的理念。

4.試釋試驗主義的知識論及其教育涵義。

八十六年度

1.試說明教育哲學的功能。

2.試比較朱熹與陸九淵的教育思想。

3.德儒康德（I. Kant）的道德學說，影響倫理與教育思想頗為深遠。試討論康德的道德觀及其教育涵義。

4.試釋意識型態批判與教育的關係。

國防乙等特考

六十年度

1. 試從杜威所說的「教育即生長」與施普朗格所主張的「教育爲文化陶冶」論述教育的本質。
2. 試就人類的特點說明教育的目的。
3. 試述德、智、體、羣等四育的理論根據。
4. 試述教育理論與教育實際的關係。

六十二年度

1. 試述教育的文化功能。
2. 試述培養通才與造就專才兩種教育目的之理論根據。
3. 試分述德智體羣四育的重要性及在課程中應佔的比例。
4. 如何將教學、訓育與輔導諧和應用，以發揮教育的功效？

七十年度

1. 試述　國父在三民主義中所指出的教育主張。
2. 試述康德（I.Kant）所主張的「道德義務」
3. 試簡述盧梭（J.J.Rousseau）的教育主張。

七十二年度

1. 以簡短文字說明下列哲學的代表人，及其重要觀點。
   (1)個人本位說
   (2)社會本位說
   (3)公民訓練說
2. 教育家有主張教育為生活之準備，有主張教育即生活，兩者是否可融合，試申論之。
3. 說明道德學說的理論，並評論當前道德教育的缺失，再提出改進的意見。
4. 試說明三民主義教育的理論，如何與德、智、體、羣四育互相貫通？

七十六年度

1. 試述實用主義與教育哲學的教育本質。
2. 試評述杜威教育的價值說及其教育之作用說。
3. 試述個人主義教育哲學的優缺點。
4. 試申述哲學與教育的關係。

退除役乙等特考

八十四年度

1. 盧梭（J.J.Rousseau）關於教育的主張，何以被稱爲教育觀念上的「哥白尼式革命」？
2. 請詳述重建主義（Reconstructionism）教育思想之特性。
3. 請述陶知行的鄉村教育思想。
4. 孔子關於人性的觀點，僅說「性相近也，習相遠也」，何以孟子斷言性善？

薦任升等考試

八十四年度

1. 洛克（Locke, John）所提之紳士（Gentlemen）的養成教育，亦即貴族教育之四目標爲何？試詳述之。
2. 人性問題何以是教育的根本問題之一？在哪些方面有影響於教育？
3. 請舉若干實例以說明古今中外的哲學家大都同時是教育家或教育學家。
4. 試述朱熹的教育思想。

藝術教育館薦任任用資格考試

八十四年度

1. 培根（F. Bacon）曾以三種昆蟲隱喻不同治學方法，試衍釋其知識哲學論據及教育涵義。

2. 試評述實驗主義（Experimentalism，或實用主義 Pragmatism）心靈論的教育理論。

3. 試述　國父對下列倫理學各課題之觀點：

    (1)如何判斷道德行為？

    (2)何謂善？何謂惡？

    (3)如何認知善惡？

    (4)如何有效實踐道德？

4. 何謂社會導進說（Social Telesis），教育在社會進步中扮演何種角色？

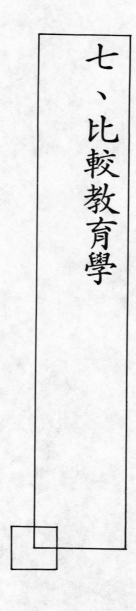

七、比較教育學

暨南大學・比較教研所

八十四年度

1. 試說明比較教育中的〔比較〕一詞，其涵義為何？並略述其研究步驟的要點。
2. 試說明近年來我國教育的改革的重要動向，並展望其主要的教育遠景。
3. 比較教育研究的目的為何？試比較分析當代各種不同的比較教育理論對此問題的基本觀點，並申述己見。
4. 試比較分析美、英、德、法四個國家師資培育制度形成的歷史背景及最近的改革動向。

八十五年度

1. 法國學者朱利安（Marc-Antonie Julien）有比較教育之父的尊稱，理由何在？試論述之。
2. 從最近各國教育改革的方向與策略，有那些共同的重點值得我國借鏡？試詳述之。
3. 教育的發展是否有可資「預測」之科學法則？當代比較教育理論對此問題持論不一，試就所知加以比較分析。
4. 試比較分析英、美、德、法四個國家學校制度形成的歷史文化背景及其特色。

八十六年度

1. 自一九五〇年以來，世界教育改革的趨勢有那些特徵？又有那些共同發展方向可供我國借鏡？試分別說明之。

2. 一九七〇年代以來，世界比較教育重視那些研究主題？又對我國比較教育研究有何啓示？請一併說明之。

3. 霍姆斯（Brian Holmes）和金恩（Edmund King）兩人的比較教育理論同樣受到波柏爾（Karl Popper）科學方法論的影響，惟兩人發展出來的方法論卻不相同，試加以比較分析，說明兩人各受到波柏爾何種影響，並進一步討論爲使比較教育研究既符合科學客觀性，又能落實到教育決策，在霍姆斯和金恩的方法論之間，宜如何採擇較爲允當？

4. 英、美、德、法各國近年來師資培育之改革均有強調學校實地經驗的趨勢，試分析此種改革趨勢的社會文化因素，並說明各國具體改革措施可供我國師資培育改革借鏡之處。

高考

七十三年度

1. 歐美諸國高級中等教育之發展趨向爲何？試就其組織型態分評述之。
2. 試比較英、德兩國建教制度之特色。
3. 評評法國成人進修教育體系之特色。
4. 試比較美國社區學院（community college）與我國二年制專科學校體制、功能之異同。

七十四年度

1. 美、法兩國教育行政制度有何異同？試比較說明之。
2. 試評美國師範教育制度的特徵及其發展趨勢。
3. 試比較英、美兩國「綜合中學」（Conprehensive high school）發展的背景及其功能之異同。
4. 何謂「終生教育」（Lifelong education）？試引證各國在進修教育體系上的措施以說明之。

七十六年度

1. 就中央教育行政制度的功能而言，我國與法國有相同之處，試比較其異同並申論之。

2.何謂感化教育？試比較說明歐洲各國的感化教育之發展。

3.試比較說明當前英國、美國與西德的職業教育制度。

4.試就西方大學教育制度之主要傳統任務，申論說明之。

七十七年度

1.請就第二次世界大戰後，比較說明英國與日本的學制改革
之主要趨向。

2.請比較說明三民主義與共產主義的教育思想。

3.請就美國、西德與日本大學教育之任務，分析比較說明
之。

4.請比較分析西德、法國與英國的中學師資養成制度。

七十八年度

1.試述比較教育研究之類型。

2.試比較說明中美兩國師資培育制度之異同。

3.試述英國一九八八年教育改革法案（Education Re-
formed Act, 1988）之內涵及其對我國教育發展之啟示。

4.試述教育國際化之理念及其途徑。

七十九年度

1.比較英國普通教育證書考試和我國大學入學考試制度之得
失。

2.英、法、西德初期中學校發展趨勢。

3.解釋名詞：

(1)西德基礎學校

(2)綜合中學

(3)公學

(4)美國初級學院

八十年度

1. 教育行政人員應如何從事比較教育研究，始有益於教育行政措施的改進？試舉例說明。

2. 我國正加強實施民主政治教育。試引述歐美加強公民教育的具體措施或研究結論，說明其可供我國借鏡之處。

3. 那些國家設有多元技術學院（Poly-technisc）？試就其成立背景及發展趨勢，說明多元技術學院與美國社區學院（Community College）、日本短期大學及我們專科學校之異同。

4. 大學教育數量應如何決定？大學教育水準應如何維持？試就美、英、法、德、日等國經驗，歸納其可供我國借鏡之處。

八十一年度

1. 試解釋下列各項名詞：

(1)比較教育的科學研究

(2)文化相對論（Cultural relativism）

(3)美國的社區學院（Communutiy College）

(4)法國的高中畢業會考

(5)英國的地方教育當局（Local Educational Authorities）。

2.試藉德、英、美三國的經驗說明「學術自由」、「大學自主」、「政府監督」的意義，並分析三者之間的關係。

3.目前我國的師資培育，究竟適宜由師範院校單獨培育或由各大學院校參與，共同培養？試就法、德、英、美、日五國的發展趨勢，提供比較啟示。

八十二年度

1.試評述比較教育中的實證主義（positivism）和文化相對論（Cultural relativism）之間的爭論及其可能之統合途徑。

2.美國教育行政制度之基本特徵為「地方分權」，試分析說明其形成之背景。

3.敍述瑞典成人教育的特色。

4.美、日兩國近年來師範教育之改革，有採教師分級制之趨勢，試舉述有關的改革報告書或法案加以比較分析，並以比較所得結果為基礎，試申論其可供提昇我國師資素質參考之處。

八十三年度

1.試分析日本中等教育制度的特色，並申論可供我國參考之處。

2.試述德國國民學院。

3.在美國教育改革中，有哪些措施用來控制成效的績效要求。

4.試分析比較教育的意義與目的。

基層乙等特考

七十六年度

1. 試比較說明當前英、美、西德等國家的職業教育制度。
2. 就教育功能而言，說明美國與法國的中央教育行政制度的異同。
3. 試評述英國公學制度。
4. 試解釋下列各名詞：
   (1)西德基礎學校
   (2)西德文化部長會議
   (3)法國高等專門學校
   (4)美國地方學區
   (5)美國綜合中學

八十一年度

1. 法國的教育行政制度具有那些特色，試分析之。
2. 試述日本教育之文化因素。
3. 試分析德國成人教育之特色。
4. 試分析美國中小學師資培養制度之特色及其趨勢。

中正大學・成人及繼續教研所

八十二年度

1. 解釋下列名詞：
   (1)成人教育
   (2)非正規教育
   (3)終生教育
   (4)社區教育
   (5)非傳統教育
2. 何謂成人基本教育？成人基本教育為當前我國推展成人教育的重點，試就目前我國推展情形加以評述之並提出改進意見。
3. 「成人教育學」（Andragogy）與傳統所謂「教育學」（Pedagogy）有何不同？試從成人學習者、成人課程與成人教學三方面分別析論之。
4. 近年來，社會各界愈益重視成人教育推動工作，請分別從成人教育政策規畫、學術研究、人才培育及制度建立等方面，論述我國成人教育未來應努力的方向。

八十三年度

1. 試比較下列各組名詞：

(1)終生教育

　　回流教育

(2)成人識字教育

　　成人基本教育

(3)成人教育

　　成人學習

(4)文盲

　　功能性文盲

(5)大學推廣教育

　　大學成人教育

2. 補習教育為我國成人教育體系重要的一環，試分別從法令依據、政策規畫、師資課程與行政運作等重點，論述當前面臨的問題及未來應努力的方向。

3. 試從世界主要國家成人教育發展趨勢，析論我國成人教育未來的發展方向。

4.「成人教育」與「國家發展」之間有密切關係，試說明此二者之間如何相互影響。

八十四年度

1. 解釋下列名詞：

　(1)繼續教育單位（Continuing Education Unit, CEU）

　(2)學習組織（learning organization）

　(3)暑期學校（summer school）

　(4)隔空教育（distance education）

　(5)讀書會（study circle）

2.何謂學習社會（learning society）？學習社會的主要特徵
　爲何？我國應如何建構終生教育體系，以因應學習社會的
　來臨？

3.爲落實成人識字教育，政府委託學界完成「我國失學國民
　脫盲識字標準與識字字彙」之研究，試說明此一研訂工作
　的重要性及有待政府機關與識字教育工作者繼續努力的方
　向？

4.我國大學成人教育的實施及成長頗爲緩慢，至今尚未完全
　發展，尤其仍存在頗多問題，試從比較成人教育的觀點分
　析我國大學成人教育的發展方向？

5.試述社區成人教育的實施類別？並說明我國成立新型態的
　社區成人教育機構之必要性及可行模式？

八十五年度

1.解釋下列名詞：
　(1)社區成人教育（community adult education）
　(2)終生學習（lifelong learning）
　(3)激進成人教育（radical adult education）
　(4)遠距教學（distance teaching）
　(5)成人教育學（andragogy）

2.近年來，我國成人教育的推展主要係依據「發展與改進成
　人教育五年計畫綱要」辦理，試說明五年來的實施成果及
　目前有待解決的問題。

3.週來「終生學習」與「教育改革」甚受關注，試述二者之
　關係及其對國內教育改革的啓示。

4. 何謂「成人教育專業化」？試論成人教育專業化需符合那些規準，以及我國未來成人教育專業化應努力的方向。

八十六年度

1. 解釋下列名詞：
   (1)方案發展（ program development ）
   (2)成人教育行銷（ marketing of adult education ）
   (3)社區學校（ community college ）
   (4)成人學習的機構障礙（ institutional barriers ）
   (5)開放學習（ open learning ）
2. 何謂終生學習機構？試述我國終生學習機構的規畫原則與經營策略。
3. 成人教育文獻中，有關方案發展（ program development ），或活動設計（ programming ）的模式很多，試擇一評述之。
4. 試論述成人教育與現行教育體系中的學校教育有那些差別。
5. 國民中小學負有推動社會教育、成人教育的責任，但當前國中小所推動的成人教育工作卻相當有限，請提出國中小推行成人教育工作的現況、困難和改進之道。

八十七年度

1. 解釋下列名詞：
   (1) 社 區 本 位 的 成 人 教 育（ community-based adult education ）

(2)隔空及開放學習（distance and open learning）

(3)兩性平等教育（education for gender equity）

(4)帶薪教育假（paid educational leave）

2. 最近，終身學習成為我國教育改革政策的重要方向，試闡述終身學習的理念內涵，並提出為落實終身學習理念應推行的政策及措施的建議。

3. 影響成人繼續參與學習活動的因素有哪些？在從事成人基本教育活動時，應依循那些原則及採取何種策略才能提高不識字民眾的學習參與？

4. 試述學習型組織的概念、建構途徑及其學習社會的關係。

5. 梅齊羅（Jack Mezirow）曾提出觀點轉換理論（perspective transformation），他認為觀點轉換是一個批判覺醒的過程，透過此一過程，個人得以檢視自己從未質疑的一些假設、價值和信念，因此觀點轉換有助於成人的發展與成長，成人教育應促進觀點轉換的形成。請就觀點轉換理論論述其對成人教育方案規畫的啟示。

八、初等教育

台北市立師範學院・國教所

八十二年度

1. 選擇題：

　(1)世界上最早實施義務教育的國家是　①美國　②英國　③法國　④德國。

　(2)根據皮亞傑（Jean Piaget）的認知發展階段理論，七至十一歲兒童的智力發展階段應屬於　①感覺動作期　②前操作期　③具體操作期　④形式操作期。

　(3)學校行政人員應放棄「唯我獨尊」、「獨斷獨行」的心態，是強調：　①專業化　②民主化　③整體化　④彈性化　原則的重要性。

　(4)在教育計畫中，「短程計畫」多隔：　①政策性層面　②策略性層面　③技術性層面　④理論性層面。

　(5)依「教育專業人員獎懲標準」之規定，對學生施予不當補習者，教師將遭受：　①申誡　②警告　③記過　④記大過　之處分。

　(6)四段教學法的創始者是　①福祿貝爾　②裴斯泰齊　③盧梭　④霍爾巴特。

　(7)提倡教學要依自然九大原則的是　①盧梭　②斯賓賽　③柯美紐斯　④南恩。

(8)就專業道德上，從輔導中所得的資料或訊息，應　①完全絕對保密　②對他人有明顯緊急危險時，可告有關當局　③可供個案討論　④徵得本人或監護人同意可公開。

(9)下列何者屬於輔導上的初級（一級）預防。　①提供問題諮詢　②改善教育環境　③早期鑑定與預防　④診斷與安置。

(10)較能達成辨別、尊重與激發探討等作用的輔導技術是　①澄清　②解釋　③反映　④傾聽。

2.回答題：

(1)目前我國初等教育存有那些問題？試就解決問題之需求提出改革策略。

(2)試分析學校組織文化的內涵，並說明如何塑造優良學校組織文化，提升學校效能。

(3)請就你的專業知識中選一個你認為最好的教學法說明其特點及適合使用之科目與年級。

(4)略述在團體輔導歷程中各階段的主要任務，以及各階段常遇的問題和其處理方式。

八十三年度

1.以任課教師的立場而言，您認為國小教科書採取「統編本」或「審定本」何者較為恰當？請依所見說明理由？

2.補救教學的實施，在理論上有其必要，在實務上有哪些困難？如何才能有效地進行補救教學？

3.試就兒童的「好動行為」或稱「注意力不足過動症」。

（Attention deflcit hyperactivity disorder），說明其可能的原因，及輔導預防的方法。

4. 比較分析任何二個領導學說的異同及其優、劣點。

八十四年度

1. 請詳細敍述課程、教材、教學的涵義，進而詳述三者之關係。

2. 何謂理情治療法？試說明其主要概念及治療的過程。

3. 試論「學校本位管理」（site-based management）以及「反省式」（reflective）行政管理的理念在我國學校行政革新上的意義及啓示。

4. 「師資培育法」修正通過公布後，師資培育正式邁向多元化，請就您所知，在多元化過程中，如何來提升師資素質？

八十五年度

1. 問答題：

　(1)試說明教育人員、輔導人員、諮商人員及心理治療人員等四種助人專業程度的比較。

　(2)試論述現階段我國國民教育所面臨的五個問題及其因應策略。

　(3)請依行政決定的理論，評析教育部擬議設置「教育研究中心」之利弊得失。

　(4)請以實例說明，比較建構式和非建構式教學之差別。

2. 解釋名詞：

(1)教育優先區（educational priority areas）

(2)當事人中心治療

(3)學校正式組織（formal organizations）與非正式組織
（informal organizations）

(4)過程模式（process model）

八十六年度

1. 解釋名詞：
   (1)內團體與外團體
   (2)課程統整原則
   (3)學校行政計畫
   (4)開放教育

2. 問答題：
   (1)輔導中「個案研究」的意義是什麼？它的優、缺點何
   在？使用時應注意些什麼？
   (2)請說明國小課程標準的角色及未來改進方向。
   (3)依據教師法第十六條暨第十七條之規定，學校教師享有
   那些權利，負有那些義務？學校行政單位及人員應如何
   保障教師的權利，以及確保教師盡其義務？
   (4)試就意義與特性，分析並比較初等教育、國民教育與義
   務教育之概念相異處。

新竹師範學院・初教所

八十二年度

1. 教育機會均等（equality of educational opportunity）為世界各國力求實現之目標，試申述其涵義及促進其實現之途徑。

2. 六○年代以後，認知理論席捲心理學界。請問何謂認知？和傳統的行為主義比較，二者對學習的觀點有何差異？試述之。

3. 請論述目前小學教科書中之意識型態及其對學生之影響。

4. 教師對學生實施體罰的問題，眾說紛云，人言言殊，試從科際整合的觀點予以評述。

八十三年度

1. 解釋名詞：
   (1)資源教室（resource room）
   (2)合作學習（cooperative learning）
   (3)系統減敏感法（systematic desensitization）
   (4)目標管理（management by objective）

2. 試述我國國民教育的涵義與特質，據此，從教育自由化的理念，提出其因應發展之途徑？

3. 下面是學校潛在課程（hidden curriculum）的例子。請以自己的教學經驗，申論其影響。

(1)教科書被當做最權威的知識來源

(2)考試措施

4. 請敍述兒童虐待（child abuse）之定義。在各種兒童虐待中，有那些訊息可知道兒童可能正遭遇或曾遭遇過兒童性虐待？若您是一位國小輔導主任，當一位導師轉介一位因不堪生父時常脅迫與他進行性行為而常逃家的六年級女生給您時，您會如何針對此女同學擬定一套輔導策略。

5. 試簡要說明任何一種領導權變學說，然後申述其在國小學校行政領導實務上的應用。

八十四年度

1. 解釋名詞：

(1)空椅法（empty chair）

(2)精熟學習法（mastery learning）

(3)教學風格（teaching style）

(4)轉型領導（transformational leadership）

2. 試比較社會學習理論（social learning approach）與認知行為治療理論（cognitivebehavior approach）之理論重點有何異同？並各舉一例說明如何運用在一位有「拒絕上學」（school phobia）的國小學童身上？

3. 何謂空無課程（或稱懸缺課程，null curriculum）？試以目前我國國民小學的學校課程來說明空無課程的概念。

4. 行政理論的發展共包括三個時期：傳統理論、行為科學與

系統理論，請就其中一個時期之理論的特性、盛行年代、以及該時期中的一個代表學派之主要內容與代表人物，加以說明，然後申述該時期理論對教育或學校行政實務工作之啓示。

八十五年度

1. 名詞解釋：
   (1)補償教育（compensatory education）
   (2)生涯彩虹（career rainbow）
   (3)課程均衡（curriculum balance）
   (4) 兩因素工作滿足論（two-factor-job-satisfaction theory）
2. 請說明 William Glasser 所發展的「現實治療」（Reality Therapy）
   (1)對人性的看法。
   (2)簡要說明其諮商的八大步驟。
   (3)對現今兒童輔導工作的意義及助益何在。
3. 何謂教育工學（educational technology）？認知科學（cognitive science）及行為科學（behavioral science）皆對教育工學的理念發展有相當的影響，請說明之。
4. 近年來，民間與政府皆談「教育改革」的問題，請就行政角度和教學角度，提出你的教育改革觀點、措施及理由。
5. 梅效能校長今年四十五歲，原擔任城市裡某國小的校長，一向不苟言笑、堅持強勢的領導作風、事必躬親，工作要求標準很嚴格、嚴以律己律人，三年下來，老是和學校同

仁發生衝突、感情冷淡、校務推展窒礙難行。梅效能校長心想只要換個環境，重新來過，必然可以當個「好」校長，因此自願請調爲梅山國小（屬半城鄉地區的學校，全校有五十八位老師），他不改先前作風。如今一年半過了，他很茫然，也很感慨。像以前一樣，他依然無法獲得行政和教學同仁的支持，處處受到惡意杯葛，致使校務難以推展。對自己再一次的挫敗，有些心灰意冷，可是也想不出對策。你對管理理論與實務素有研究，他特來請教高明。請你分別應用領導的特質論、行爲論、情境論等觀點，惠予指點迷津，幫助梅效能校長展現有效的領導風格，發揮必要的領導能力，以增進辦學績效。

花蓮師範學院・初教所

八十二年度

1. 請闡述哲學家洛克（John Locke）、盧梭（Jean-Jacques Rousseau）與瑞士教育學家斐斯塔洛齊（Johann Heinrich Pestalozei）的教育思想及其對初等教育發展的影響。

2. 試述民主教育的特質，並論述如何落實於國民小學的生活教育中。

3. 假設某國民小學教師的流動率頗高，學校內非正式組織林立，其中以訓導處及總務處，教職員問題最嚴重。這個學校有許多老師在外兼家教、補習，有的忙於出入股票市場，有的又兼有其他營利性事業。在前任校長任內，密告、黑函滿天飛，教師打架、家長告狀、學生吸毒事件層出不窮，請你引用現代相關教育行政理論，說明如何治理這個學校。

4. 校內藥物濫用問題日益嚴重，試論如何從教育社會學的觀點分析此問題。

八十三年度

1. 試比較國民教育與義務教育、顯著課程與潛在課程、教學

與灌輸之異同,並各舉一個例子說明之。

2. 我國國民教育目的,依法令規定,是在培養德智體羣美五育均衡發展之健全國民,試從教育哲學、教學心理學、教育社會學、教育史四個角度,論證這個目的合理性的程度?並從學校實踐觀點,評論其可行性?最後,再為這個目的界定一個能兼顧合理性與可行性的解釋。

3. 最近「人本教育理念」在我國大眾傳播媒體上得到非常廣泛的注意。試申論「人本教育理念」在我國國民教育實務上可以實踐的層面、程度、可能性、或困難處等。

4. 針對我國目前「國民教育」的現況與實務,請提出一個最值得加以改進、且最具有關鍵性之處(任何層面,大問題、小問題皆可),並提出應如何改進或解決之具體建議。請儘量應用你所知道的理論根據或已有的研究成果來支持你的立論(包括為何要改進、改進的關鍵性或迫切性等)。

八十四年度

1. 分析並比較「教育與灌輸」、「教學與訓練」和「權威與紀律」等概念之意義。

2. 最近「教育鬆綁」的主張受到廣泛注意,試述其意並申論「教育鬆綁」在我國國民教育實務上的可能影響。

3. 國民新課程標準業已修訂公佈,並將自八十五學年開始實施。新課程標準的內涵和特色為何?請加以評析,並論述如何實施才能落實新課程標準的精神。

4. 何謂「有效的教學」?請從哲學、心理學、社會學等層面

的理論或研究加以論述。

八十五年度

1. 滿清末年鴉片戰爭失利，為了因應變局，曾有那些教育思想出現？請做評述。
2. 試比較人文主義和行為主義的人性觀，以及由此衍生的教育方法。
3. 某國小現有十班，教師十五人，由於學校座落於市郊，每班學生人數又少，因此老師流動率低，彼此之間的感情也很融洽。惟近年來受外在因素影響，學區人口大量流失，教育局決定該校減班，並縮小教師編制為十二人。傳統上，教師去留是以在本校任職年資長短來決定，但該校校長打算放棄傳統作法，而改採教師互相票選的方式，選出三名調離本校教師。請試由現代教育行政管理理論，評析該校長之作法。
4. 教育革新運動在我國正如火如荼進行，請試就官方或民間之教育革新主張中，選擇一項，詳述其內容，並以研讀過的教育理論或已有的實證研究評述其利弊，最後提改進或解決之具體建議。

八十六年度

1. 請論述教師在職進修教育與教師專業發展、學校組織革新的關係，並對當前國小教師在職進修的制度或措施加以評析，且提出具體的改進建議。
2. 國民小學教科書已全面開放民間參與編輯，學校可以從審

定合格的版本中選擇合適的教科書。請論述教科書的開放
選用在課程改革上的意義，及其對國民教育的影響。

3. 試就臺灣從一九五〇年至一九九〇年之國民教育發展脈
絡，詮釋當前國民教育鬆綁之內容及其意義。

4. 試詮釋教育理論、教育實踐、教育理想、教育現實四者之
辯證關係，並舉例論述之。

九、教學原理

彰化師範大學・特教所

八十年度

1. 選擇題：

(1)蓋聶（R.M.Gagne）的學習階層分類，位於最高層級的學習是：　①刺激──反應學習②概念學習③原則學習④解決問題。

(2)下列有關敎學法（discovery method）的描述，何者爲「非」？　①敎師向學生提供的是一種問題情境②相當節省敎學的時間③有利於培養學生的內在動機④特別適用於學前及小學低年級兒童。

(3)先行組織者（advance organizer）的敎學模式結構有(A)呈現先行組織者，(B)加強認知結構(C)呈現學習任務和材料三種，依先後順序而分爲：　①A→B→C②A→C→B③B→C→A④B→A→C。

(4)個別化敎學制（PSI）又稱凱勒計畫（Keller plan）的特點，除了自定學習步調和利用傳統方式作補充之外，下列何者「不」包括在內？　①以精熟爲導向②採個別輔導③在不同單元的學習指導中提供目標、學習建議④學期總成績常採常模參照方式評量。

(5)有關課程與教學關係的說法，下列何者為「非」？ ①有效課程，未必保證教學可獲致良好的結果②教師教學效能，隨使用之課程的品質而有變化③課程與教學為截然不同的概念④可依是否執行作為課程與教學的分界線。

(6)能比較特殊文化的重要學說、通則或事實，屬於認知領域的那個層次？ ①知識②分析③綜合④評鑑。

(7)倡導精熟學習（mastery learning）原理的是： ①B.S.Bloom②J.S.Ausubel③J.Piaget④J.S.Brune。

(8)依我國特殊教育法（第六條）規定：特殊教育之設施，以適合下列何者為原則？ ①民主化②個別③個別化④自由化 教學。

(9)價值形成的過程，需循著那種程序？ ①選擇→讚賞→行動②讚賞→行動→選擇③行動→選擇→讚賞④選擇→行動→讚賞 教學。

(10)「高二公民課的教師常邀請頗有聲譽的民意代表向學生發表從政理念與抱負，希望藉此而提升同學追求從政生涯。」是屬於達成情 目標的那種策略？ ①增強②相近③示範④放任。

(11)下列何者為擴散性問題？ ①你做這道菜，需要加鹽嗎？②你認為該怎麼做，才能改善中部地區道路交通？③從這分資料，你知道些什麼？④木柵動物園，養有那些動物？

(12)下列何種教學法，較能增進學生的道德發展？ ①講述法②欣賞法③設計法④討論法。

⒀中外的研究共同發現，屬於學生中心型的各種教學方式，對於學生那些方面的影響較為有利？ ①認知與情意②認知與人格適應③人格適應與情意④認知與技能。

⒁教學評量採用標準參照評量的主要用途為？ ①診斷：補救教學②安置：分班編組③記分：常態等第別④效用：一般目標，期限長。

⒂統合「過程——結果」教學研究模式與教室人種誌教學研究策略，第一步驟為： ①以量的研究方式進行②以質的研究方式進行③以質量並濟的研究方式進行④以先量後質的研究方式進行。

⒃基於教學需要，智能不足課程若分為學前、小學、初中、高中四級時，在中學（初中、高中）階段宜增加下列何者的比重？ ①學術科目②職業發展科目③人格發展科目④社會化科目。

⒄F.E. Williams 的「認知——情意教學模式」，強調那些向度？ ①課程、教師行為、學生行為②課程、校長行為、教師行為③課程、校長行為、學生行為④課程、家長行為、學生行為。

⒅下列何者「不」是開放教室（open classroom）教學環境的特徵？ ①重視學習環境的充實②運用彈性課表進行學習③教師扮演助長的角色④學生扮演傾聽者的角色。

⒆自然學科探究教學，強調什麼技能？ ①科學過程技能②科學成果技能③科學總結性技能④以科學成果技能為主，過程技能為輔。

(20)「延緩判斷」是下列那一種創造思考技術所要掌握的原則之一？ ①檢核表②屬性列舉法③腦力激盪法④分合法。

(21)學校實施編序教學最大的困難，在於 ①無法爲學生提供增強②學生無法按照自己的步調去學習③無法爲學生提供補救機會④無法提供足夠的教學機會。

(22)下列有關討論會的主題，何者的敍述「欠」妥？ ①主題事先應由學生決定②主題儘量與教學目標有關聯③主題儘量與學生的問題有關聯④主題可激發學生願意去討論並找出解決之道。

(23)下列何者，「不是」使發問有效的方法？ ①先指名答題者，再提問題②回答問題的機會要普遍③鼓勵學生評鑑答案④避免重述問題及答案。

(24)皮特恩（R.S.Peters）提出可運用於教學上的三個教育的規準（criteria），下列何者「不」包括在內？ ①合認知性②合價值性③合自願性④合效率性。

(25)柯隆巴克（L.J. Cronbach）所提「性向與處理互動」（Aptitude-treatment interaction）的教學原則，屬於何種理論的內涵？ ①社會化②個別適應③熟練④同時學習。

2. 問答題：

(1) 個別化教學（individualized instruction）的特質爲何？它與個別教學（individual insttuction）有何不同？

(2) 影響教學成果的重要變項中有稱爲「性向變項」

（aptitude vatiables）者，試說明性向變項係指何因
素？何以它會影響教學的成果？

3. 解釋下列四項術語：

　(1)形成性評量（formctive avaluation）

　(2)綜合性評量（summative evaluation）

　(3)個體之間的差異（inter-individual difference）

　(4)個體內在的差異（intra-individual difference）

八十一年度

1. 解釋名詞：

　(1)F.S. Keller 的「個別化教學制」（personalized system
　　of instruction）。

　(2)F.E.Williams 的「認知──情意教學模式」（model of
　　cognitive-affective instruction）。

2. 請分別敍述精熟學習（mastery learning）方法的特性及
其在實際應用上的限制。

3. 請析述先行組織者（advacce organizer）教學模式在教學
活動上所劃分的階段類別及重點。

4. 學校之教學制度率皆集中若干位學生為一班以實施班級教
學，試評析班級教學之優點與缺點。

5. 培養學生「熱愛我中華民國」之愛國精神及教師之重責大
任，試申論在國民中學（或國民小學）實施此一愛國教育
之教學原理。

6. 為什麼教學時要引起學生的學習動機？引起動機應參照那
些原則？

八十二年度

1. 試說明美國教育學者克伯屈（W.Kilpatrick）所提倡之「設計教學法」（project method）的步驟並評論其得失。
2. 論語這本書上有一句話：「子曰，不憤不啓，不悱不發，舉一隅而不以三隅反，則不復也。」試就教學原理的立場闡述其意義。
3. 個別化教育方案（IEPs）需包括那些要素？爲身心障礙學生及資賦優異學生設計者所包括的要素有無差異，請一併析述之。
4. 何謂常模參照評量與效標參照評量？爲身心障礙者進行的評量採那種方式？理由安在？請分述之。
5. 政策規定：國中資優班自八十一學年度土採分散式編班教學。請問就學理觀點如何安置這些資優學生，較易達成教學成果？

八十三年度

1. 試述哲學思想對教學流程的影響。
2. 試述中小學教室管理的主要功能。
3. 試述教學評量的意義、功用及類別。
4. 課堂教學時，教師與學生的座位可排列如以下四圖，請分析不同座位安置法於教學情境中之特質與影響。
5. 試以教學原理分析「博學之，審問之，愼思之，明辨之，篤行之。」（中庸）理念，分別應用於教學與學習之意義

（請著重分析教學與學習之異同點，而非單純解釋此中庸理念之意義）。

八十四年度

1. 問答題：

(1)試利用美國教育家 William H. Kilpatrick 所創導的同時學習原則，分析發展遲緩（developmental delay）者之職業教育教學原則，並舉實例說明之。

(2)試說明教室管理原則，並比較普通班級與身心障礙特殊班級，教師在執行教室管理策略時之異同。

(3)從理論與實際經驗中歸納出教學方法的原則，這些教學基本原則有那些適用於教學前、教學中、與教學後，試略述之。

(4)師範學校主張教學科學化，一般大學主張教學藝術化，請就基礎、內容、態度與技術等方面略述之。

(5)何謂教科書？其主要功能是什麼？如何使用？

2. 解釋名詞：

(1)編序教學

(2)教學模式（Teaching Model）

(3)屬性列舉法（Attribute Listing）

八十五年度

1. 請(1)繪製流程圖及(2)分階段說明，教學之基本歷程。

2. 請試比較 B.F.Skinner （中譯：史金納、施金納等）和 J.S.Bruner （布魯納）在(1)理論學派(2)學習之基本假設，

和(3)教學法運用上之差異。

3. 請說明 L.S. Vygotsky（譯：斐哥斯基、維果斯基、維可斯基等）之 Zone of Proximal Development（ZPD）（中譯：趨近發展區、近側發展區、最近發展區等）之基本概念及其在教育上之應用。

4. 教學法中含有直接教學模式和間接教學模式，請試由下列方面(1)概念(2)適用時機及狀況(3)功能討論之。

5. 以國中階段學生而言，在國文科教學上（包含認知、情意、技能三方面），根據對象之不同：(1)一般正常學生(2)中重度智能障礙學生(3)聽障學生，請依其特殊需要，分別敍述其教學目標。

八十六年度

1. 選擇題：

(1)①發表②發現③練習　教學法最適合於課程的加深加廣，可以說是一種有系統的放式教學型態，在中小學的資賦優異班可以採用。

(2)①柯美紐斯（J.A. Comenius）②斐斯塔洛齊（J.II. Pestalozzi）③赫爾巴特（J.F.Herbart）認爲教學內容不宜限於讀、寫、算三種，應該把鄉土地理、音樂等教材，皆列入課程之內。

(3)教學兩字合用最早出現於　①論語②學記③訓蒙大意。

(4)①孔子②孟子③荀子　主張教學爲由外而內的人爲改造途徑。

(5)教學進度表是以　①月②週③節　爲單位的全學期教學

設計。

(6)①道爾頓制教學法　②編序教學法③設計教學法　是以系統的教材為主的自學輔導。

(7)在開學以前，同科的教師應該舉行　①教學研究會②教務會議③校務會議　共同商議教材及各單元的程序，根據全面的課程計畫及年度行事曆，斟酌學生的程度，擬定可行的教學進度。

(8)「生而同聲，長而異俗，教使之然也」，其在教學理論上之觀點在強調要重視境教，此句出自　①荀子勸學篇②孟子告子篇③論語學而篇。

(9)中華民國憲法第　①158條②152條③157條　規定「教育文化，應發展國民之民族精神，自治精神，健全體格，科學及生活知能。」為我國各級學校之教育目標。

(10)國語科某單元之行為目標為「能利用字典查出本課的所有生字。」，「利用字典」就是屬於　①行為本身②行為情境③行為主體。

(11)①A理論②X理論③Y理論　的教學，特別重視教師的教學技能和動機。

(12)上課時教師提出之問題「小明有十隻鴨，賣了三隻還剩幾隻？」，此問題屬於　①認知性②聚斂性④擴散性之問題。

2.解釋名詞：

(1)直觀教學法

(2)雙型並進制教學形態

(3)教學情境

　　(4)循環教學

3.問答題：

　　(1)教學法是一種有目標、有計畫、有程序的發展系統，其
　　　科學化的步驟包含那些？請詳述之？

　　(2)國內有些學者認為教學除須符合英國教育哲學家皮德思
　　　（R.S.Peters）主張之三個規準外，尚須符合其他規
　　　準，國內學者與皮氏所主張的教學的規準為何？試述
　　　之。

　　(3)目前最常被採用的目標分類方式，源於布魯姆
　　　（B.S.Bloom）、克拉斯瓦（D.R.Krathwohl）、辛普
　　　遜（E.J.Simpson）等所提出的教育目標分類。他們將
　　　教育目標分為三個領域，試述：1.各領域的教學目標名
　　　稱。2.在教學領域上之價值。3.在實際教學過程中之限
　　　制。

八十七年度

1.解釋名詞

　　(1)綜合活動（Synthetical activities）

　　(2)互動學習論（interactive learning theory）

　　(3)何謂：Perennialism, Idealism, Realism, Pragmatism,
　　Existentialism。

2.問答題：

　　(1)任何一個學科的教學，都可以採用發問技術，以激發學
　　　生學習動機及增進學生參與學習活動，為達到前述之目
　　　標，試述有效發問的良好問題須符合那些規準？

(2)晚近以建構主義（constructionism）為基礎的教學理念，受到國內教育學者極大的重視，並在各級學校教育積極地推展。一反過去以「教師的教學行為」為中心的「傳輸式」（transmission）傳統教學主張。試比較「傳統教學設計」和「建構主義教學設計」有何不同？

(3)試各舉一例說明如何運用「發現學習論」、「接受學習論」、「學習與教學事件論」於教學之中。

(4)請就行為學派的觀點，比較並說明史金納（B.F.Skinner,1904－1990）與蓋聶（R.M.Gagne）對於課程與教學之觀點，以及兩者之異同處。

(5)請就認知學派的觀點，比較並說明皮亞傑（J. Piaget, 1896～1980）與維考斯基（L.S.Vygotsky）對於課程與教學之觀點，以及兩者之異同處。

(6)何謂有效教學？有效教學具有何種特質？有效教學在特殊教育之教學策略或方法上，提供了那些啟示？

十、社會科學概論

花蓮師範學院・多元文化教育所

八十五年度

1. 文化田野工作有何特色？並分述此研究法的優點與缺點。

2. 有人說教育是一種特殊的社會化（socialization）過程，基本上乃既得之優勢羣體企圖把一套他們接受並設定之價值、信仰、思考、認知，乃至感受體系，加諸在劣勢羣體身上，因此有宰制的意思，你以為如何？倘若情況真是如此，那麼，多元文化教育中「多元文化」的目標：
   (1)如何設定？
   (2)何以可能達成？
   (3)其所可能具有社會或社會學上的意義何在？（請以所學到之所謂社會學知識來做答）

3. 文化會影響我們每一個人對於他人之各種屬性的認識，譬如說，每一個人多少都會使用些流傳於文化之中的潛隱人格理論（implicit theory of personality），用來了解（或誤解）他人。這樣的「理論」和心理學家對於文化和人格作理論建構（theoryconstruction）之後所得的「理論」有何不同？試以社會成見（social prejudece）之後所得的「理論」有何不同？試以社會成見（social prejudice，

譬如種族成見、性別成見、階級成見等）的發生為例，說上述兩種「理論」對於成見的形成或對於成見的瞭解各有什麼關係？

八十六年度

1. 社會科學是否應該有「價值中立」（value free）的立場？不同的理論家或學派對此一問題會持有不同的看法。韋伯（Max Weber）對於「價值中立」的基本看法為何？請分別各舉一理論家或學派說明其對「價值中立」的贊成或反對立場。（提示：Karl Marx, Max Weber, Emile Durkheim, A.Radcliffe Brown 等理論家，或如 Functionalists, Confict Theorist of Marxistx, Feminists 等學派對社會研究的看法及其社會關懷可作為答題的思考方向。）

2. 關於資本主義社會的興趣與發展，一直是社會理論家與研究者關心的焦點。另外，也有女性主義者指出「資本主義式父權體制」（capitalist patriarchy）伴隨著殖民主義的擴張是全球不同社會之劣勢團體遭到壓迫的社會根派，請舉例申述此論點。

3. 從事社會研究之前，從一個研究範圍開始，到一個研究問題（research question）的形成，通常必須考慮問題本身的意義（significance）何在，以及問題是否可以研究。請用去年在傳播媒體上喧騰一時的「宋七力事件始末」為討論範圍，從其中指出一個你認為最有意義的研究問題，然後說明：

　(1)你是根據什麼來決定這個問題的意義？

　(2)你打算怎樣去進行這個研究？

4.除了生物、體質因素之外，還有什麼條件會促成族羣認同
　　（ethnic identity）？相同體質條件的人之間又是如何
　　形成相異的族羣認同？請舉出眞實的例子來說明。

十一、特殊兒童心理與教育心理

彰化師範大學・特教所

八十年度

1. 試說明對低張型（Hypotonia）腦性麻痺孩子肢體照顧的重點。
2. 試說明新修訂殘障福利法施行細則中，對公私立機構進用殘障員工比例之規定。
3. 試述學前聽障兒童之教學重點。
4. 教育部對於發展及改進特殊教育五年計畫之構想，包括那些計畫項目？
5. 試述屈光異常（近視、遠視、散光）之成因。
6. 試說明國民中小學資源班的功能。
7. 試述苯酮尿症智能不足（P.K.U.）者之病因及特徵。
8. 試比較個別間差異（interindividual difference）與個別內在差異（intraindividual difference）之不同。
9. 試說明國內集中式資賦優異實驗班之優缺點。
10. 試說明特殊教育評量之歷程。

八十一年度

1. 請寫出中度智能不足者的教育目標和課程內容。
2. 請寫出情緒困擾兒童各方面的發展可能產生的影響。

3.請寫出鑑定學習障礙兒童的方法。

4.請寫出教學情境的結構化的基本精神，以及其被運用於情緒困擾兒童的行為輔導與矯治的具體做法。

5.請寫出美國心理學者基爾福特（J.P.Guilford）的人類智力結構（the structure of human intelligence）理論的重要理念，以及該理論對資優教育的影響。

6.聽障學生的讀話能力是相當複雜的技能，試評述影響讀話能力的相關因素。

7.試列舉為殘障者所設計的電腦輔助器材（科技媒體）。

　(1)行動不便的語言障礙者。

　(2)聽障者。

　(3)視障者。

8.早期療育對發展遲緩的嬰幼兒有何重要性？其課程重點為何？

9.腦性麻痺的分類，若以神經肌肉所損的型式（type）來分，可分為那幾類？

10.多重障礙成人的復健與安置應如何規劃？試述己見。

八十二年度

1.請說明目前未來特殊教育的發展趨勢？

2.請說明普通班教師在教學上可做怎樣的配合，俾能為聽覺障礙學生提供一個有利的學習情境？

3.請從領導才能訓練的觀點說明教育計畫宜涵蓋的重點？

4.試從認知的觀點，說明學習障礙兒童的特徵及補救教學策略？

5.試說明多重障礙兒童功能性評量的目的、範圍與原則？

6.試從行爲特徵。說明如何判斷自閉症兒童？

八十三年度

1.試就特殊教育發展與改進計畫重點談如何規畫最具前瞻性的特殊教育內容。

2.試述「教育機會均等」和「因材施教」與特殊教育的關係。

3.說明視覺、聽覺和肢體三種障礙類別的特殊教育在我國之發展現況。

4.資源教室的意義爲何？包含那些類型和功能？

5.就心智障礙兒童之特質探討有效教學的基本原則。

6.試從特殊教育的基本精神和實施原則的觀點來比較美國94──142公法和我國特殊教育法的同異之處。

7.試分析資優教育課程設計應考量的因素。並就我國教育現況規畫理想的資優教育課程。

8.從鑑定、安置、課程設計等三方面比較學習障礙與智能不足兒童所應接受處遇之不同處。

八十四年度

1.身心障礙者之長處與短處並非絕對的，優異與障礙並存是可能的事實。殘障者的潛能發展，是過去特殊教育所忽略之處，今後應成爲特殊教育的重點之一。目前除加強實施「無障礙環境」與充實「支援系統」後，尚有那些方面需加以規劃及其具體的做法，請敍述之。

2. 請依據重度及多重障礙者之身心特性，說明其在教育環境中的需要及教學課程內容。

3. 請比較特殊教育中「回歸主流」（mainstreaming）及「融合」（inclusion）這兩種方式之異同、同處及其優缺點。

4. 分別以精熟教學（mastery teaching）和診療教學（prescriptive teaching）模式說明教師如何在普通班中實踐個別化教學的理想。

5. 說明學術性向資賦優異學生的鑑定程序和輔導重點。

6. 說明行為異常的定義、特徵和主要類型。

八十五年度

1. 解釋名詞（請解釋並說明下列有關特殊兒童心理與教育的中、英名詞）：

   (1)Attention deficit-hyperactivity disorder（ADHD）

   (2)Individualzied family service plan（IFSP）

   (3)Regular education initiative（REI）

   (4)課程本位評量（curriculum-based assessment）

   (5)個別內差異（intraindividual difference）

   (6)支持性工作方案（supported programs）

   (7)低成就資賦優異學生（underachieving gifted student）

2. 問答及申論題（請探討申述有關學理與實務的論點以及您個人的看法）

   (1)「回歸主流」（mainstreaming）、「普通教育改革」

（regular education intiative，簡稱 REI）、「完全融合」（full inclusion）係特殊教育安置體系的一連串相關運動。然而此種特殊教育的發展趨勢卻獲致相當大的爭議，贊成與反對者均有。請就如下的子題，表達您個人從學術與實務方面的建議和看法：

①何謂「全融合教育」？

②支持「全融合教育」所持的論點爲何？反對「全融合教育」所持的論點爲何？

③依您個人的建議和看法，「融合教育」的發展趨勢和作法應爲何？

(2)由於中、重度及重度障礙者的身心特性，使得其所需要與合適的課程，顯著地不同於一般正常學生以及輕度障礙者；因此其規劃課程所需遵循的原則及課程所應涵蓋的內容與領域也有所不同，請就如下的子題，表達您個人從學術與實務方面的建議和看法：

①說明並列出六項規劃中、重度及極重度障礙者課程所需「遵循的原則」。

②說明並列出六項中、重度及極重度障礙者課程所應涵蓋的「內容與領域」。

(3)學習障礙的補救教學模式在文獻上出現的著名理論主要有五種，依歷史發展的先後順序，大致可分爲學習管道（modality）、心理語言（psycholingistics）、知動訓練（perceptual-motor training）、行爲學派（behavioralism）與認知學派（cognitive approach）等教學理論。請就如下的子題，表達您個人從學術與實

務方面的建議和看法：

①說明並列出知動學派的代表人、教學方法，及其簡要
　說明與評論其未來的發展性。

②說明並列出行為學派的代表人、教學方法，及其簡要
　說明與評論其未來的發展性。

(4)請就教育部於八十四年十二月發表「中華民國身心障礙
　教育報告書──充分就學，適性發展」之內容，說明我
　國特殊教育當前重要的課題。

(5)試以下列案例概略擬定一份「生活教育」個別化教學方
　案。

學生姓名：王小明

性別：男

出生日期：七十一年十一月二十三日

智商：五十（魏氏智力兒童量表）

特性：生活自理能力差，學習通性屬於沈思型，學習動機
弱，注意力不集中，記憶力差，語言發展遲緩，表達能力不
佳，個性退縮，沒有信心。

(6)請說明資賦優異者的定義，及略述我國特殊教育法中對
　資賦優異學生的分類。

八十六年度

1. 名詞解釋：

　(1)後設認知（metacognition）

　(2)在家自行教育

　(3)人工電子耳蝸植入（cochlea implant）

(4)定向與行動

(5)功能性基本學科技能

(6)資優三環定義（three-ring definition of giftedness）

2.申論題：

(1)試述早期療育中的重要性，並請說明國內未來應發展之方向。

(2)有學者（如：Kavale & Forness, 1986; Torgesen, 1977）指出：學習障礙學生是被動或消極（passive）的學習者，為什麼？

(3)請以語言及非語言溝通能力之觀點說明自閉症者的社會互動特徵。

(4)試問，你如何利用高層思考的概念來設計資優學生的教學。

(5)試說明美國智能不足學會（AAMR）一九九二年對智能障礙所下的定義及分類方式。

(6)在教學中你如何處理多重障礙兒童的刻板行為，試舉一例說明之。

八十七年度

1.解釋名詞：

(1)發展性課程

(2)知覺障礙

(3)特殊教育師資合流

(4)視覺障礙混合教育計畫

(5)社會心理能力資優

2. 問答題：

(1)試說明我國特殊教育行政的組織架構以及運作上的困難與限制。

(2)試從特殊教育相關法令的觀點談何謂「回歸主流」？

(3)目前身心障礙者特殊教育之主要內容與領域有哪些？

(4)B＝f（P,E）代表什麼？

3. 申論題：

(1)試說明並比較 IFSP、IEP、ITP 等方案，在服務對象、方案目標、與方案之間的關係上，有何異同。

(2)美國著名特教學者 Jamce Kauffman 曾就生態學的角度質疑特教領域內關於「融合 inclusion」的理念與實踐。試闡述 James Kauffman 的論點，並說明你個人的看法？

(3)Kokaska & Brolin 二人曾針對身心障礙者的生涯教育（career education）提供具體的理論架構，請說明他們二人對生涯教育的定義，以及對生涯教育發展階段的闡述。

貳、情報彙編

教育學參考書目

林玉體著《教育概論》 台北五南圖書公司

黃光雄著《教育概論》 台北師大書苑

歐陽教著《教育哲學》 台北文景書局

方炳林著《教育原理》 台北商務印書館

歐專福著《教育概要》 台北千華出版社

郭爲藩著《教育的理念》 台北文景書局

田培林著《教育學新論》 台北文景書局

伍振鷟著《教育哲學》 台北師大書苑

郭爲藩著《教育與人生》 台北空中大學出版社

郭爲藩、高强華著《教育學新論》 台北正中書局

郭爲藩著《科技時代的人文主義》 台北幼獅文化出版社

楊深坑著《理論、詮釋與實踐》 台北師大書苑

雷國鼎著《教育學》 台北五南圖書公司

王文科等著《教育概論》 台北五南圖書公司

黃光雄著《教育導論》 台北師大書苑

林清江著《教育理念與教育展望》 台北五南圖書公司

林清江著《教育的未來導向》 台北台灣書店

林清江著《教育社會學》 台北台灣書店

林清江著《教育社會學新論》 台北五南圖書公司

林清江著《文化發展與教育革新》 台北五南圖書公司

黃光雄著《教學原理法》　台北師大書苑

黃光雄著《教育研究》　台北師大書苑

中華民國比較教育學會主編《文化傳統與教育的現代化》　中
　華民國比較教育學會出版社

中國教育學會主編《教育改革》　台北師大書苑

中國教育史參考書目

師專本著《教育史》（上冊，本冊爲中國教育史）　台北正中書局

王鳳喈著《中國教育史》　台北正中書局

毛禮銳等著《中國教育史》　台北五南圖書公司

伍振鷟著《中國大學教育發展史》　台北三民書局

郭齊家著《中國教育思想史》　台北五南圖書公司

伍振鷟著《中國教育思想史（先秦、兩宋）》　台北師大書苑

徐南號著《台灣教育史》　台北師大書苑

喻本伐、熊賢君著《中國教育發展史》　台北師大書苑

余書麟著《中國教育史》　台北台灣師範大學出版社

徐宗林、周愚文合著《教育史》　台北五南圖書公司

胡美琦著《中國教育史》　台北三民書局

陳東原著《中國教育史》　台北商務印書館

程方平、畢誠著《中國學校教育史》　台北文津出版社

郭齊家著《中國教育發達史》　台北師大書苑

西洋教育史參考書目

師專本著《教育史》（下冊，本冊為西洋教育史）　台北正中
　書局

林玉體著《西洋教育史》　台北文景書局

王連生著《新西洋教育史》　台北南宏出版社

徐宗林著《西洋教育史》　台北五南圖書公司

徐宗林著《西洋教育思想史》　台北文景書局

林玉體著《西洋教育思想史》　台北三民書局

林玉體譯《西洋教育思想史》　台北文景書局

黃新元著《中外教育史歷年試題解析》　台北千華出版社

林政財著《中外教育史教育哲學系統整理》　台北千華出版社

王賢文著《中外教育史精粹》　台北千華出版社

教育研究法參考書目

簡茂發著《心理測驗與統計方法》　台北心理出版社

葛樹人著《心理測驗學》（二冊）　台北桂冠圖書公司

郭生玉著《心理與教育測驗》　台北精華書局

林幸台著《心理測驗導論》　台北五南圖書公司

陳英豪、吳裕益著《測驗與評量》　高雄復文書局

楊國樞主編《社會及行為科學研究法》（二冊）　台北東華書局

葉重新著《心理測驗》　台北三民書局

張春興著《張氏心理學辭典》　台北東華書局

王文科著《教育研究法》　台北五南圖書公司

黃元齡著《心理及教育測驗的理論與方法》　台北大中國圖書公司

林清山著《心理與教育統計學》　高雄復文書局

謝廣全著《最新實用心理與教育統計學》　高雄復文書局

陳英豪等著《測驗與評量》　高雄復文書局

簡茂發著《教育統計學》　台北五南圖書公司

林清山著《多變項分析統計法》　台北東華書局

中國教育學會編《教育研究方法論》　台北師大書苑

賈馥茗、楊深坑著《教育研究法的探討與應用》　台北師大書苑

黃光雄、簡茂發著《教育研究法》　台北師大書苑

朱經明著《教育統計學》　台北五南圖書公司

黃安邦著《心理測驗》　台北五南圖書公司

盧欽銘校訂《心理與教育統計學》　台北五南圖書公司

王文科編譯《教育研究法》　高雄復文書局

吳明清著《教育研究》　台北五南圖書公司

郭生玉著《心理及教育研究法》　台北大世紀出版社

潘慧玲著、黃光雄主編《教育導論》　台北師大書苑

陳伯璋編《教育研究方法的新取向：質的研究方法》　台北南
　　宏出版社

陳惠邦著《教育行動研究》　台北師大書苑

教育心理學參考書目

張春興等著《教育心理學》　台北東華書局

張春興著《心理學》　台北東華書局

張春興主編《張氏心理學辭典》　台北東華書局

劉安彥著《心理學》　台北三民書局

楊國樞等著《發展心理學》　台北桂冠圖書公司

林清山等著《教育心理學》　台北東華書局

李德高等著《心理學》　台北五南圖書公司

胡海國著《發展心理學》　台北桂冠圖書公司

游恆山、袁之琦著《心理學名詞辭典》　台北五南圖書公司

郭生玉著《心理與教育測驗》　台北精華出版社

李美枝著《社會心理學》　台北文景書局

鍾聖校著《認知心理學》　台北心理出版社

林瑞欽、黃琇瑄著《認知心理學》　台北師大書苑

郭爲藩著《現代心理學說》　台北師大書苑

張東峯、鄭佰壎編譯《心理學》　台北桂冠圖書公司

張春興著《現代心理學》　台北東華書局

劉英茂《基本心理歷程》　台北大洋出版社

王文科校閱《教育心理學》　台北五南圖書公司

朱敬先著《教學心理學》　台北五南圖書公司

朱敬先著《學習心理學》　台北千華出版社

林清山譯《教育心理學——認知取向》　台北遠流出版社

蔡樂生等著《教育心理學》　台北中國行爲科學社出版社

中國教育學會主編《有效教學研究》　台北台灣書店

楊國樞主編《本土心理學的開展》　台北桂冠圖書公司

林生傳主編《教育心理學》　台北五南圖書公司

李德高著《教育心理學》　台北五南圖書公司

教育行政學參考書目

黃昆輝著《教育行政學》　台北東華書局

謝文全著《教育行政——理論與實務》　台北文景書局

張德銳著《教育行政研究》　台北五南圖書公司

林文達著《教育行政學》　台北三民書局

黃文輝著《教育行政學原理》　台北三民書局

黃昆輝著《教育行政與教育問題》　台北五南圖書公司

吳清基著《教育與行政》　台北師大書苑

林新發著《教育與學校行政研究——原理和實務分析》　台北
　師大書苑

李建興著《教育行政理念》　台北台灣書店

黃昆輝等譯《教育行政原理》　台北三民書局

謝文全著《比較教育行政》　台北五南圖書公司

謝文全、張明輝、張德銳、林新發合著《教育行政學》　台北
　空中大學出版社

吳清基著《教育行政決定理論與實際問題》　台北文景書局

張明輝著《巴納德組織理論與教育行政》　台北五南圖書公司

張明輝著《學校行政革新專輯》　台北師大實習輔導處出版社

秦夢群著《教育行政——理論部分》　台北五南圖書公司

秦夢群著《教育行政——實務部分》　台北五南圖書公司

秦夢群著《教育行政理論與應用》　台北五南圖書公司

陳慶瑞著《權變領導行為研究》　台北師大書苑

廖春文著《二十一世紀教育行政領導理念》　台北師大書苑

謝文全著《學校行政》　台北五南圖書公司

吳清山著《美國教育行政》　台北五南圖書公司

張天津著《技術職業教育行政與視導》　台北三民書局

教育哲學參考書目

伍振鷟編《教育哲學》 台北師大書苑

歐陽教著《教育哲學導論》 台北文景書局

吳俊升著《教育哲學大綱》 台北商務印書館

中國教育學會主編《現代教育思潮》 台北師大書苑

葉學志著《教育哲學》 台北三民書局

高廣孚著《教育哲學》 台北五南圖書公司

陳迺臣著《教育哲學》 台北心理出版社

賈馥茗著《教育哲學》 台北三民書局

詹棟樑著《教育哲學》 台北五南圖書公司

徐宗林著《現代教育思潮》 台北五南圖書公司

楊國賜著《現代教育思潮》 台北黎明圖書公司

鄭世興著《教育哲學》 台北文景書局

崔載陽著《教育哲學》 台北中華書局

王連生著《教育哲學研究》 台北五南圖書公司

歐陽教著《德育原理》 台北文景書局

劉貴傑著《教育哲學導論》 台北師大書苑

邱兆偉著《教育哲學》 台北師大書苑

李雄輝著《教育哲學》 台北師大書苑

詹棟樑著《現代教育哲學》 台北五南圖書公司

郭齊家著《中國教育思想史》 台北五南圖書公司

徐宗林著《西洋教育思想史》　台北文景書局
伍振鷟著《教育哲學》　台北師大書苑
陳廼臣著《教育哲學》　高雄復文書局
歐陽教著《教育哲學》　台北文景書局

比較教育參考書目

林清江著《比較教育》　台北五南圖書公司

雷國鼎著《比較教育制度》　台北台灣書店

楊國賜、楊深坑著《比較教育理論與方法》　台北師大書苑

楊思偉著《當代比較教育研究的趨勢》　台北師大書苑

王家通著《比較教育學導論》　高雄復文書局

雷國鼎著《比較教育原理》　台北教育文物出版社

楊國賜著《比較方法論》　台北正中書局

徐南號譯《比較教育學》　台北五南圖書公司

吳文侃、楊漢清主編《比較教育學》　台北五南圖書公司

考用雜誌社編《比較教育三百題》　台北考用出版社

王如哲著《比較教育精粹》　台北千華出版社

顧明遠著《比較教育辭典》　台北麗文文化出版社

謝文全著《比較教育行政》　台北五南圖書公司

（加）許美德、巴斯蒂等著《中外比較教育史》　上海上海人
　　民出版社

（美）凱德爾著、羅廷光等譯《比較教育》　台北台一版

陳定夷編譯《比較教育》　台北正中書局

沖原豐等著、徐南號譯《比較教育學》　台北水牛出版社

王承緒、朱勃、顧明主編《比較教育》　北京人民教育出版社

成有信編著《比較教育教程》　北京北京師範大學出版社

高如峯、張保慶著《比較教育史》　上海上海外語教育出版社

馮增俊著《比較教育學》南京江蘇教育出版社

王家通著《比較教育論叢》高雄麗文文化出版社

鍾宜興譯《比較教育學》高雄麗文文化出版社

王家通著《高等教育制度比較研究》高雄復文書局

初等教育參考書目

呂愛珍著《初等教育》　台北五南圖書公司

王連生著《初等教育研究》　台北五南圖書公司

林萬義等著《初等教育》　台北心理出版社

王家通主編、王連生等著《初等教育》　台北師大書苑

吳清山著《初等教育》　台北五南圖書公司

蔡義雄著《初等教育：理論與實務》　台北心理出版社

歐用生著《初等教育的問題與改革》　台北南宏出版社

陳東陞等著《初等教育》　台北新學識文教出版社

呂愛珍著《國小社會科課程與教材》　台北五南圖書公司

歐用生著《國民小學社會科教學研究》　台北師大書苑

中華民國師範教育學會主編《各國小學師資培育》　台北師大
　書苑

甘漢銑、熊召弟、鍾聖校合著《小學自然科教學研究》　台北
　師大書苑

黃建一、余作輝合著《國民小學道德課程與教學》　台北師大
　書苑

中華民國比較教育學會編《世界初等教育改革動向》　台北幼
　獅文化出版社

黃光雄著《各國初等教育師資培育課程比較研究》　新竹新竹
　師專出版社

李園會著《日據時期臺灣之初等教育》　高雄復文書局

江連生著《初等教育研究》　台北五南圖書公司

屏東師範學院編《初等教育研究》　屏東台灣省立屏東師範學院出版社

台南師範學院初等教育學系編《初等教育學報》　台南台南師範學院出版社

台北市立師範學院初等教育系所編《初等教育學刊》　台北台北市立師範學院系出版社

國立花蓮師範學院初等教育學系編《初等教育學報》　花蓮國立花蓮師範學院出版社

台灣省立台北師範學院初等教育系編《當代教育論叢》　台北五南圖書公司

曾玉昆著《光復前後百年間高雄市初等教育之沿革》　高雄高雄市文獻委員會出版社

成人教育參考書目

魏惠娟著《成人教育方案發展的系統分析與應用》 台北師大書苑

吳聰賢著《成人教育思想論文集》 台北師大書苑

中華民國成人教育學會編《大學成人教育》 台北師大書苑

黃政傑著《成人教育課程設計》 台北師大書苑

楊國德著《成人教育發展策略》 台北師大書苑

教育部社教司編《成人教育》 台北台灣書店

教育部社教司編《成人基本教育》 台北台灣書店

賴春明、謝亞平著《中國成人教育》 高雄復文書局

黃富順著《比較成人教育》 台北五南圖書公司

教育部社教司編《成人教育與國家發展》 台北師大書苑

中華民國成人教育學會編《有效的成人教學》 台北師大書苑

中華民國成人教育學會編《成人教育專業化》 台北正中書局

中華民國成人教育學會編《回流教育》 台北師大書苑

中華民國成人教育學會編《終生學習與教育改革》 台北師大書苑

胡夢鯨著《成人教育現代化與專業化》 台北師大書苑

胡夢鯨著《終生教育典範的發展與實踐》 台北師大書苑

楊國德著《終生學習社會》 台北師大書苑

李素卿譯《成人學習者，成人教育與社區教育》 台北五南圖

　書公司

鄧運林著《成人教學與自我導向學習》　台北五南圖書公司

克蘭頓著、李素卿譯《了解與促進轉化學習：成人教育者指
　南》　台北五南圖書公司

中華民國成人教育學會編《大學成人教育》　台北師大書苑

國立中正大學成人及推廣教育中心編《大學成人及推廣教育
　政策與實施》　嘉義中正大學成人及推廣教育中心出版社

何進財著《從教育資源共享談成人基本教育》　台北教育部社
　教司出版社

周輝鶴著《怎樣實施成人強迫教育》　台北正中書局

李大偉著《成人之技職進修教育：台北市對成人職業進修之
　需求》　台北文景書局

鄧運林著《成人教育課程發展理論》　高雄復文書局

鄧運林著《成人教育課程發展模式初探》　台北台灣書店

教育部社教司編《成人基本教育研究專集》　台北教育部社教
　司出版社

社會科學概論參考書目

張維安著《古典社會學思想》 台北幼獅文化出版社

黃樹仁、劉雅靈譯《社會學導引——人文取向的透視》台北巨
流出版社

葉啟政等著《社會科學概論》 台北空中大學出版社

俞智敏、陳光達、陳素梅、張君玫譯《文性主義觀點的社會
學》 台北巨流出版社

黃應貴編《見證與詮釋》 台北正中書局

黃應貴、鄭美能譯《人與文化的理論》 台北桂冠圖書公司

張啟恭、于嘉雲譯《文化人類學》 台北巨流出版社

莊英章、許木柱、潘英海合著《文化人類學》（二冊） 台北
空中大學出版社

高丙中、張林譯《反文化——亂世的希望與危險》 台北桂冠
圖書公司

黃裕美譯《文明衝突與世界秩序的重建》 台北聯經出版社

歷年高普考教育行政人員考試錄取統計表

類別	年度	項目	報名人數	原公告需用人數	實際錄取人數	錄取標準	錄取率
教育行政	82年	高	770	16	25	60	6.01%
		普	1633	25	29	68	2.74%
	83年	高	1287	17	33	62	4.39%
		普	2172	32	49	67	3.87%
	84年	高	1407	8	12	68	1.18%
		普	2436	20	30	67	1.56%
	85年	高	1278	15	16	61.71	2.19%
		普	1348	5	5	74.18	0.54%
	86年	高	1052	13	15	62.05	2.33%
		普	912	5	6	74.25	0.99%
保育人員	82	普	1606	70	90	61	7.88%
	83	普	1994	78	99	60	7.54%
	84	普	2320	59	75	60	4.66%
	85	普	1584	13	14	69.57	1.29%
	86	普	2471	73	77	61.25	4.98%

教育行政人員高普考相關資訊

考試名稱	類科別	應　考　資　格	應　　試　　科　　目		
			第(一)試（測驗）		第二試（申論）
公務人員高等考試三級考試	教育行政	(一)國內外公私立專以上學校畢業。 (二)經普考或相當於普考之特考及格。 (三)經高考檢定考試及格。	綜合性知識測驗（50%）	(一)中華民國憲法（20%） (二)英文（20%） (三)法學緒論（15%） (四)本國歷史（15%） (五)數的推理（15%） (六)地球科學（15%）	(一)教育行政學 (二)比較教育 (三)行政法 (四)教育哲學 (五)教育心理學 (六)教育測驗與統計 (七)國文（論文及公文）
			專業性知識測驗（50%）	(一)教育行政學 (二)比較教育	

| 公務人員普通考試 | 教育行政 | ㈠國內外公私立專科以上學校畢業。
㈡公私立高中畢業。
㈢經初等考試或相當於初等考試之特考及格。
㈣經高等或普通核定考試及格。 | 綜合性知識測驗（50%） | ㈠中華民國憲法（20%）
㈡法學緒論（20%）
㈢本國歷史（20%）
㈣數的推理（20%）
㈤地球科學（20%） | ㈠教育概要
㈡行政法概要
㈢心理學概要
㈣教育測驗與統計概要
㈤國文（論文及公文） |
| | | | 專業性知識測驗（50%） | 教育概要 | |

教育行政人員、公職考試相關資訊

類　別	招考學校	應　考　資　格	應　試　科　目
基層公務人員特考三等考試	教育行政	1.國內外公私立專科以上學校畢業。 2.經普考或相當於普考之特考及格。 3.經高等檢定考試及格。	1.行政法 2.行政學 3.教育哲學 4.心理學 5.教育測驗與統計 6.中外教育史 7.中華民國憲法 8.國文（論文及公文）
公務人員殘障特考二等考試	教育行政	1.國內外公私立大學研究所畢業。 2.經公務人員高考三級或相當高考三級之考試及格	1.教育計畫與評鑑研究 2.教育行政學研究（包括主要教育法規） 3.中華民國憲法 4.中外教育史 5.教育哲學 6.國文（論文及公文）
公務人員殘障特考三等考試	教育行政	1.國內外公私立專科以上學校畢業。 2.經普考或相當於普考之特考及格。 3.經高等核定考試及格。	1.行政法 2.行政學 3.中華民國憲法※ 4.教育測驗與統計 5.教育哲學 6.國文（論文及公文） 7.中外教育史 8.心理學

公務人員殘障特考四等考試	教育行政	1. 國內外公私立專科以上學校畢業。 2. 公私立高中畢業。 3. 經初等考試或相當初等考試之特考及格。 4. 經高等或普通核定考試及格。	1. 中華民國憲法概要 2. 教育測驗與統計概要 3. 行政法概要 4. 教育概要 5. 心理學概要 6. 本國歷史及地理概要 7. 國文（論文及公文）

歷年各大學教育研究所招生統計表

項目 統計數字 校所別	報名人數			錄取人數			錄取率		
	86年	85年	84年	86年	85年	84年	86年	85年	84年
政大教育所	485	394	276	26	26	26	5.36%	6.59%	9.42%
台灣師大教育所甲組	341	288	299	25	25	22	7.33%	8.68%	7.36%
台灣師大教育所乙組	35	60	30	7	7	7	20.%	11.66%	23.33%
高雄師大教育所	345	320	60	20	20	20	5.79%	6.25%	33.33%
彰化師大教育所	303	85	☆	15	5	☆	4.95%	5.88%	☆
中正教育所	682	585	☆	12	10	☆	1.75%	1.71%	☆
東華教育所	505	285	☆	15	15	☆	2.97%	5.26%	☆
成大教育所	547	400	☆	13	12	☆	2.37%	3.00%	☆
台灣師大心輔所	—	188	198	20	20	20	—	1.64%	10.10%
彰化師大輔導所	313	216	256	15	15	15	4.79%	6.94%	5.85%
高雄師大輔導所	—	166	113	20	16	15	—	9.64%	13.27%
台灣師大特殊教育所	—	93	111	15	15	15	—	16.13%	13.51%
彰化師大特殊教育所	123	106	87	15	13	15	2.19%	12.26%	17.24%
高雄師大特殊教育所	—	120	64	15	13	10	—	10.83%	15.62%
暨南比較教育所	114	167	—	15	14	15	3.15%	8.38%	—
中正成人教育所	200	350	281	20	16	17	10%	4.57%	6.04%
高雄師大成人教育所	—	290	136	18	16	15	—	5.15%	11.02%
台北市師院國民教育所	195	347	193	22	20	20	11.2%	5.76%	10.36%
國立北師國民教育所	189	323	265	22	22	22	11.6%	6.81%	7.71%
新竹師院國民教育所	247	182	127	23	18	18	9.31%	9.89%	14.17%
台中師院國民教育所	261	235	171	22	22	15	8.43%	9.36%	8.77%
嘉義師院國民教育所	264	231	165	22	22	22	8.33%	9.52%	13.33%
台南師院國民教育所	328	235	120	24	22	22	7.3%	9.36%	18.33%
屏東師院國民教育所	214	296	117	20	22	22	9.34%	7.43%	18.80%
台東師院國民教育所	116	151	86	22	22	20	18.9%	14.57%	23.25%
花蓮師院國民教育所	162	292	166	23	20	20	12.3%	6.85%	12.04%
花蓮師院多元文化教育所	75	49	☆	13	10	☆	17.3%	20.41%	☆
附　　　　註	☆表示該年度尚未開辦								

各教育研究所考試科目簡表

系所名稱 ＼ 科目	教育學	教育史	教育研究法（含測驗與統計）	教育心理學或心理學	教育行政學	教育哲學	比較教育	輔導學	初等教育	教育社會學	課程與教學	其他科目或備註
師大教研所（甲組）	V			V	V					V		教哲與教育社會學合為一科
（乙組）				V	V						V	
政大教研所	V		V									
彰師大教研所	V		V									
高師大教研所	V		V			V						教哲與教史合為一科
中正教研所（甲組）	V		V									
（乙組）				V	V							
成大教研所	V											
東華教研所	V	V										
國北師國教所	V					V						
市北師國教所	V									V		
竹師國教所	V		V									
中師國教所	V		V									
嘉師國教所	V		V									
南師國教所	V		V									
花師國教所			V							V		
東師國教所	V		V							V		教研法與初等教育合為一科
高師大成人教育所	V		V									成人教育
中正成人教育所												成人教育、成人心理
師大輔導所			V	V				V				
彰師大輔導所			V	V				V				

高師大輔導所		✓	✓			✓			
屏師輔導所		✓	✓			✓			
師大社教所（甲組）			✓					✓	社會學
（乙組）				✓				✓	
暨南比較教育所	✓				✓				社會科學概論
暨南教育行政所	✓	✓		✓					
南華教育社會所	✓						✓		
國北師課程與教學所	✓							✓	
竹師課程與教學所	✓	✓							幼兒教育
中師教育測驗統計所		✓	✓						
花師多元文化教育所	✓								社會科學概論
高考教育行政		✓	✓	✓	✓	✓			行政法

全國各大學教育研究所入學考相關資訊
（根據八十七年各校招生簡章編成僅供參考）

一、教育研究所

系所名稱	錄取名額	應考資格	考試科目		備　註
			共同科目	專　業　科　目	
臺灣師範大學教育研究所	甲組：二十五名 乙組：七名	甲組： 教育部認可之國內外大學或獨立學院各學系畢業獲有學士學位，或具有同等學力資格者。 乙組： 大學校院畢業生，且須修畢研究所四十學分進修班者。（附成績單）	國文 英文	甲組： 1.教育哲學與教育社會學 2.教育史 3.教育心理學 乙組： 1.教育哲學 2.教育行政與政策 3.課程與教學	1.選考組別須於報名表上寫明。 2.每科滿分皆為一百分，但計算總成績時，專門科目加重計分百分之百。 3.非本科系畢業而經錄取者，入學後須依本系相關規定補修學分。
政治大學教育研究所	二十六名（含甄試生三名）	1.公立或立案之私立大學或獨立學院畢業者 2.教育部認可之外國大學或獨立學院畢業者 3.具有同等學力者	國文 英文	1.教育研究法 2.教育學 3.心理學	1.專業科目每科加重計分50% 2.得列備取生若干名。
彰化師範大學教育研究所	十五名： 一般生十二名 在職生三名	1.國內外大學院校畢業。 2.具同等學力者。	國文 英文	1.教育學（含教育心理學） 2.教育測驗與統計 3.中西教育史	1.先以專業科目之總分由高而低排序，訂定初次錄取標準。其名額以招生名額的二倍為原則，未達初次錄取標準者，國文、英文不予評分。 2.初次錄取之考生僅依語文科目（國文、英文）之總分，訂定錄

					取標準，備取生若同分時，再依「教育學（含教育心理學）」成績高低順序錄取，若再同分時，依「教育測驗與統計」成績決定錄取順序。
高雄師範大學教育研究所	正取二十名 備取十五名	1.國內公立或已立案之私立大學、獨立學院或教育部認可之國外大學、獨立學院各學系畢業，得有學士學位者。 2.具有同等學力規定之資格者。 ※凡未修教育心理學、教育哲學及比較教育等三科各四學分者，入學後須加修。	國文 英文	1.教育學（含研究法） 2.心理學（含測驗與統計） 3.教育哲學與教育史	1.專業科目加重計分百分之百 2.英文成績須達本系全體考生之平均數方為及格。 3.總分相同時評比順序為：(1)專業科目總分(2)教育學(3)教育哲學與教育史(4)心理學
中正大學教育研究所	一般生八名 在職生六名 甲組 一般生八名 在職生四名 乙組 在職生二名	1.國內外公私立大學校院畢業 2.具有同等學力者。	國文10% 英文10% 口試20%	甲組： 專業科目佔90% 1.教育學 2.中西教育史 3.心理學 乙組： 專業科目佔70% 1.教育學 2.教育行政學 3.心理學	另推薦甄試錄取在職生二名
成功大學教育研究所	一般生十一名 在職生三名	公立或已立案之私立大學或獨立學院或經教育部認可之外國大學或獨立學院畢業得有學士學位，或具有同等學	英文10%	一般生： 1.社會科學研究法（含測驗、統計）（30％） 2.教育學（含教育哲學、教育社會	在職生（含全時間及部分時間）報名時請於報名正表註明全時間或部分時間。

				學）（30%） 3.心理學（含教育 　心理學、青少年 　心理學）(30%)
	報考在職生者除符 合一般生之資格外 尚須是公私立學校 、教育機關從事教 育行政、教學、教 育研究、輔導等專 任人員。		一	在職生： 1.社會科學研究法 　（含測驗、統 　計）（25%） 2.教育學（含教育 　哲學、教育社會 　學）（40%） 3.心理學（含教育 　心理學、青少年 　心理學）（25%）
東華大學 教育研究 所	一般生十名 在職生五名	1.國內外大學院校 　畢業 2.具有同等學歷者	語文能力	1.中外教育史 2.教育心理學 3.教育學
中山大學 教育研究 所	一般生八名 在職生四名	(一)一般研究生： 曾在公立或已立案 之私立大學或獨立 學院或經教育部認 可之國外大學或獨 立學院畢業，得有 學士學位者。以同 等學力報考者見本 簡章第拾壹條。 (二)在職進修研究 　生： 1.除須具有一般研 　究生報考資格 　外，尚須具「公 　私立學校教師或 　主管教育行政機 　關」服務五年以 　上，並取得服務 　機構報考同意 　書。		1.教育學 2.教育心理與輔導 2.教育哲學史

		2.前述「在公私立機構服務五年以上」，係自取得一般研究生報考資格後起算，計算至八十七年九月研究生入學之日爲止。			

二、教育心理輔導研究所

系所名稱	錄取名額	應考資格	考試科目		備　註
			共同科目	專　業　科　目	
臺灣師範大學教育心理與輔導研究所	二十名	1.師大與師院各學系畢業者（如修業五年，須含實習一年） 2.國內外大學心理、輔導、特教、教育與社會等相關學系畢業，並於相關機構工作一年，經本系認定核可者。（附服務證明）	國文 英文	1.輔導學 2.心理學 3.心理測驗與統計	1.以全部應考科目各科的T分數總成績高低順序錄取。 2.凡非教育心理與輔導學系、輔導學系畢業而經錄取者，入學後須視情況補修教育心理學、心理與教育測驗、心理與教育統計學、諮商理論與技術及團體輔導等學科。 3.研究生入學後須依其研究興趣與未來發展目標，選擇教育心理學組或輔導學組課程。
彰化師範大學輔導研究所	十五名： 一般生十二名 在職生三名	1.大學畢業。 2.具同等學力者。	國文 英文	1.心理學 2.測驗與統計 3.輔導原理	1.「輔導原理」科目加權計分50％ 2「測驗與統計」科目加權計分20％五 3.先以專業科目加權後之總分由高而低排

					序，訂定初次錄取標準。其名額以招生名額的一點五倍爲原則，未達初次錄取標準者，國文、英文不予評分。 4. 初次錄取之考生僅依語文科目（國文、英文）之總分，訂定錄取標準；備取生若同分時，再依「輔導原理」成績高低順序錄取。
高雄師範大學輔導研究所	二十名	1. 國內公立或已立案之私立大學、獨立學院或教育部認可之國外大學、獨立學院畢業，且具有學士後一年以上輔導相關之專職工作經驗者。 2. 具有同等學力規定之資格，且具有三年以上輔導相關之專職工作經驗者。 ※非教育心理與輔導學系、輔導學系畢業之錄取者，入學後須加修有關輔導學分。	國文 英文	1. 輔導與諮商 2. 心理學 3. 測驗與統計	1. 專業科目加重計分百分之百 2. 總分相同時，評比順序爲(1)專業科目總分(2)輔導與諮商(3)心理學(4)測驗與統計 3. 英文分數未達平均數者，另須依本所規定加修有關英文學分。 4. 報名時需繳交服務單位開具之證明。
屏東師範學院教育心理與輔導研究所	正取十五名 備取十名	1. 師範校院畢業，持有學士學位證書者（含進修暨推廣部學士後國	國文 英文	1. 心理學 2. 輔導學 3. 測驗與統計	未達錄取標準時，得減少錄取名額。

		小師資班、學士後國小師資儲備班、學士後國小師資教育學分班、學士後幼稚園師資教育學分班、學士後特殊教育師資教育學分班）。 2. 修畢一般大學教育學程規定學分，持有學士學位證書及學分證明書者。 3. 國內外一般大學畢業，具有一年以上各級學校合格專任教師或二年以上代課教師（含尚未取得合格教師證書者）資歷者。 4. 高等考試或乙等特考及格，具有一年以上教育行政人員資歷者。 5. 師範專科學校（含幼師科）或一般專科學校教育類科畢業，具有三年（含實習）以上合格專任教師或六年以上教學（含代課）資歷者。 6. 其他符合報考碩士班之大學同等		

| | | 學力資格者（以就讀教育系組領域爲限），得比照相關類別報名資格規定辦理。 | | | |

三、國民教育研究所

| 系所名稱 | 錄取名額 | 應考資格 | 考試科目 | | 備　註 |
			共同科目	專業科目	
國立台北師範學院	一般生20名 在職生6名	1.大學畢業 2.具同等學力者： 　(1)曾修滿大學各學系規定年限，因故未畢業，離校一年以上持有修業證明或成績單者。 　(2)大學肄業，除最後一年課程未修外，其餘各年均已修畢，離校二年以上，持有修業證明或成績單。 　(3)專科畢，三年制從事相關工作二年以上，二年或五年制從事相關工作三年以上。 　(4)高考或相當於高考之特種考	國文 英文	1.教育學 2.教育研究法（含基礎統計） 3.行政學	一般生、在職生分別錄取，如其中一類錄取不足額時，其所餘名額得由他類考生遞補。

		試相關類科及格者。 (5)空大全修生修滿規定學分，持有畢業證書者。			
台北市立師範學院國民教育研究所	正取二十四名備取若干名			1.教育學（含教育哲學、教育心理學、教育社會學） 2.初等教育（含輔導原理與技術、學校行政、課程與教學） 3.教育研究法（含教育統計）	專門科目加重計分30%
新竹師範國民教育研究所	二十名： 一般生十四名 在職生六名 （備取二十五名）	國內公立或已立案之私立大學或獨立學院應屆畢業生。 國內公立或已立案之私立大學或獨立學院畢業生得有學士學位者。 國外經教育部認可之大學或獨立學院得有學士學位者。 合於同等學力之資格者。	國文五十分 英文五十分	1.初等教育（含課程與教學、輔導原理與實務、學校行政）：一百分。 2.教育理論基礎（含教育哲學、教育心理學、教育社會學）：一百分。 3.教育研究法（含量的研究、質的研究、教育統計）：一百分。	總分相同時，評比順序如下： (1)初等教育 (2)教育理論基礎 (3)教育研究法
臺中師範學院國民教育研究所	正取二十二名備取若干名	1.公立或已立案之私立大學或獨立學院（含應屆）畢業生。 2.教育部認可之國外大學或獨立學院畢業。 3.合於教育部規定	國文 英文	1.教育學 2.教育心理學 3.教育研究法（含測驗與統計）	專業科目加重計分50%

		同等學力之資格者。			
嘉義師範學院國民教育研究所	正取二十二名備取若干名	1.修滿大學或獨立學院各學系規定年限，因故未能畢業，持有休業證明書，並經自學一年以上者。 2.大學或獨立學院各學系肄業學生，未修習最後一年課程，持有修業證明書，並經自學或從事與所習學科相關職業二年以上。 3.專科學校畢業，持有畢業證書。其為三年制者應經自學或從事與所習學科相關職業二年以上；二年制或五年制者應經自學或從事與所習學科相關職業三年以上；專科進修補習學校結業，經資格考驗及格者，比照二年制專科辦理。 4.高等考試或相當於高等考試之特種考試相關類科及格，持有及格證書者。 5.國立空中大學全	國文英文	1.教育學 2.教育心理學 3.教育研究法	專業科目加重計分50％

		修生修滿規定學分總數，經考核成績及格，持有畢業證書者。			
臺南師範學院教育研究所	正取二十六名 備取二十五名	1.師範院校畢業，持有學士學位者。 2.一般大學或獨立學院畢業生。 3.合於同等學力之資格者。	國文 英文	1.教育學（含教育哲學、教育社會學、學校行政） 2.教育心理學 3.教育研究法（含初等教育統計）	1.各科之原始分數須分別轉換為T分數（直線轉換之T分數），再計算各科T分數之總分，依T分數總分之高低決定錄取順序。 2.英文科之T分數須四十分以上才達錄取標準。 3.如有二人以上之T分數總分相同時，依下列學科順序比較該科T分數之高低，做為決定正、備取生錄取之依據： 1.教育學 2.教育心理學 3.教育研究法
花蓮師範學院國民教育研究所	一般生十二名 在職生十名	1.公立或已立案之私立大學獨立學院畢業，得有學士學位者。 2.教育部所認可之國外大學獨立學院畢業，得有學士學位者。 3.同等學力資格。	國文 英文	1.初等教育 2.教育心理學 3.口試	1.國文、英文成績須達到低標準（各該科到考考生之平均分數）以上，始具備錄取資格。一般生、在職生分別計算低標。 2.初等教育、教育心理學各加重計分25％。 3.以同等學力或非相關科系畢業資格錄取者，入學後視其個別學歷背景由本所酌定補修基礎課程至少四學分以上。

| 臺東師範學院教育研究所 | 正取二十名備取五名 | 1.師範大學或師範學院大學部畢業，實習期滿或有一年以上之工作經驗者。
2.經教育部認可之國內外一般大學畢業，有一年以上之工作經驗者。
3.具有左列資格之一者，得以同等學力報考。
(1)教育行政人員高等考試，或相當於高等考試之特種考試相關類科及格，從事教育行政工作，有一年以上之工作經驗者。
(2)專科學校畢業，從事教育工作，有三年以上（師範專科學校含實習一年在內）之工作經驗者。
(3)修滿經教育認可之國內外大學或獨立學院各學系規定年限，因故未能畢業，持有修業證明書，並曾從事教育或教育相關之專職工作，有二年以上之經驗者。 | 國文
英文 | 1.教育理論基礎（含教育心理學、教育社會學）
2.教育應用與研究（含初等教育、教育研究法）
以上兩科列有參考書目，詳細資料請向研究所洽詢。 | 專業科目加重計分50％ |

四、成人教育研究所

系所名稱	錄取名額	應考資格	考試科目		備　註
			共同科目	專 業 科 目	
高雄師範大學成人教育研究所	正取十八名 備取十四名	1.國內公立或已立案之私立大學、獨立學院或經教育部認可之國外大學、獨立學院各學系畢業，得有學士學位者。 2.選考教育理論與實務需從事相關文教行政或各級學校推廣教育等相關工作者，且需具備三年以上之實務經驗。 3.具有同等學力規定之資格者。	國文 英文	1.教育學 2.成人教育 3.心理學、社會學、管理學（三選一）	1.專業科目加重計分百分之百。 2.總分相同時，評比次序如下： (1)專業科目總分 (2)成人教育 (3)教育學或教育理論與實務 (4)英文 (5)國文
中正大學成人及繼續教育研究所	一般生十名 在職生七名	1.大學畢業。 2.具有同等學力。		(一)專業科目佔70% 一般生： 1.成人教育 2.成人心理 3.教育學 在職生： 1.成人教育實務 2.成人心理 3.教育學 (二)口試30％（含成人教育專業英文閱讀測驗）	另推薦甄試錄取在職生三名

五、特教教育研究所

系所名稱	錄取名額	應考資格	考試科目		備　註
			共同科目	專　業　科　目	
臺灣師範大學特殊教育研究所	十五名	教育部認可之國內外大學或獨立學院各學系畢業獲有學士學位，或具有同等學力資格，且須具有一年以上教學、教育行政、社會工作或復健醫療經驗者。（含教育實習一年，須附服務證明）	國文英文	1.特殊兒童心理與教育 2.特殊兒童教育診斷（含教育測驗與統計） 3.特殊教育基礎（包括教育、心理、社會、復健醫學） 4.口試（筆試成績前三十名）	1.凡非特殊教育學系畢業而錄取者，入學後須依本系規定補修有關特殊教育學分。 2.身心障礙考生之考試方式因應考生之特殊需要權宜處理。（報名時請附繳殘障手冊影本，逾期不受理） 3.筆試成績計算標準如下：國文、英文二科合計佔筆試總分25％，專門科目三科各佔筆試總分之25％。 4.筆試成績前三十名另行通知參加口試（五月十日於本系）。口試費伍佰元於口試當天繳交。 5.錄取總成績：筆試佔70％，口試佔30％。
彰化師範大學特殊教育研究所	一般生十二名 在職生三名	1.大學畢業 2.具同等學力者	國文英文	1.特殊兒童心理與教育 2.教育測驗與統計（含特殊兒童教育診斷） 3.教學原理	1.「特殊兒童心理與教育」科目加權計分50％，「教育測驗與統計」科目加權計分25％。 2.先以專業科目加權後之總分由高而低排序，訂定初次錄取標準。其名額以招生名

					額的一點五倍爲原則，未達初次錄取標準者，國文、英文不予評分。 3. 初次錄取之考生僅依語文科目（國文、英文）之總分，訂定錄取標準；備取生若同分時，再依「特殊兒童心理與教育」成績高低順序錄取。
高雄師範大學特殊教育研究所	正取十五名 備取十五名	1. 國立公立或已立案之私立大學、獨立學院或教育部認可之國外大學、獨立學院畢業，且須有獲得學士學位後一年以上專職工作經驗者。 2. 具有同等學力規定之資格者。	國文 英文	1. 特殊兒童生理與心理 2. 特殊教育研究與評量 3. 特殊教育理論與實務	1. 專業科目加重計分200% 2. 分數相同時，評比以序如下： (1)專業科目總分 (2)特殊兒童生理與心理 (3)特殊教育研究與評量 (4)特殊教育理論與實務

六、其他類教育研究所

系所名稱	錄取名額	應考資格	考試科目		備註
			共同科目	專業科目	
臺灣師範大學社會教育研究所	十四名： 甲組十名 乙組四名	甲組： 教育部認可之國內外大學或獨立學院各學系畢業獲有學士學位，或具有同	國文 英文	甲組： 1. 社會教育學 2. 社會學 3. 社會心理學 乙組：	1. 國文、英文滿分各爲五十分，其餘各科之滿分皆爲一百分。 2. 報考乙組考生，經錄取後報到時須繳交工

校所	招生名額	報考資格	共同科目	專業科目	備註
		等學力資格者。 乙組： 1.教育部認可之國內外大學或獨立學院各學系畢業，獲有學士學位，或具有同等學力資格者。 2.須具備在社教機構或各級學校從事社教工作一年以上之經驗，且現仍在職者。（附工作證明）		1.社會教育學 2.社會學 3.社會教育行政	作單位同意進修函。 3.英文成績不得低於應考本校全部考生該科成績之平均分數始可錄取。 4.考生未達該組最低錄取標準時，以不足額錄取為原則，惟其缺額得併入他組名額中擇優錄取。
暨南大學比較教育研究所	一般生 正取：十名 備取：十名 在職生 正取：五名 備取：五名	(一)一般研究生 1.公立或已立案之私立大學（含獨立學院）或經教育部認可之國外大學或獨立學院畢業，得有學士學位者。 2.以同等學力資格報考者。 (二)在職研究生 1.具備一般研究生之應試資格。 2.取得現職學校、機構發給之全時間或部分時間進修同意書。 3.必須為公、私立學校、機構之在職人員，並在現職學校、機構任職二年以上，取得服務證明書。	國文10% 英文10%	(一)專業科目佔70% 1.教育學 2.比較教育 3.社會科學概論（含哲學、社會學、經濟學、政治學、心理學） (二)口試10%	1.國文、英文二科成績低於報考本所全部考生該二科個別之平均分數者，不予錄取。 2.請考生於筆試錄取後，撰寫研究計畫（內容大綱如附錄三）一式五份，口試時當場繳交。

暨南大學教育政策與行政研究所	一般生 正取：十名 備取：十名 在職生 正取：五名 備取：五名	(一)一般研究生 1.公立或已立案之私立大學或獨立學院或經教育部認可之國外大學畢業，得有學士學位者。 2.以同等學力資格報考者。 (二)在職研究生 1.具備一般研究生之應試資格。 2.取得現職學校、機構發給之全時間或部分時間進修同意書。 3.必須為公、私立學校、機構之在職人員，並在現職學校、機構任職二年以上，取得服務證明書。	國文 英文	(一)專業科目佔80％ 1.教育學 2.教育行政學 3.教育研究法（含統計） (二)口試佔20％	1.國文、英文二科成績低於報考本所全部考生該二科個別之平均分數者，不予錄取。 2.筆試總成績只計算專業科目。 3.請考生於筆試錄取後，撰寫研究計畫（內容大綱如附錄三）一式五份，口試時當場繳交。
南華大學教育社會學研究所	一般生十三名 在職生四名	1.大學畢業 2.具同等學力者	一般生組 英文20％	一般生組： 1.研究法佔30％ 2.教育社會學暨教育問題佔50％ 在職生組： (一)專業科目：教育社會學暨教育問題佔40％ (二)專業審查佔30％ (三)口試30％	在職組之專業審查資料一式四份，於初試放榜後十日內（五月十六日以前，以郵戳為憑）郵寄本校招生委員會。資料包括： 一、研究計畫書。 二、相關著作（如無可免繳）。 三、推薦函二封。 四、履歷表。
國立臺北師範學院課程與教學研究	一般生十三名 在職生三名	1.大學畢業 2.具同等學力者： (1)曾修滿大學各學系規定年	國文 英文	1.教育學 2.課程與教學 3.教育心理學	

		限，因故未畢業，離校一年以上持有修業證明或成績單者。 (2)大學肄業，除最後一年課程未修外，其餘各年均已修畢，離校二年以上，持有修業證明或成績單。 (3)專科畢，三年制從事相關工作二年以上，二年或五年制從事相關工作三年以上。 (4)高考或相當於高考之特種考試相關類科及格者。 (5)空大全修生修滿規定學分，持有畢業證書者。			
新竹師範幼兒教育研究所	正取十名備取十名	國內公立或已立案之私立大學或獨立學院應屆畢業生。 國內公立或已立案之私立大學或獨立學院畢業生得有學士學位者。 國外經教育部認可之大學或獨立學院得有學士學位者。	國文50％英文50％	教育理論基礎（含教育哲學、教育心理學、教育社會學）：一百分。 幼兒教育（含幼教課程與教學、幼兒發展）：一百四十分。 教育研究法（含研究法概論、教育統	總分相同時，評比次序如下： (1)幼兒教育 (2)教育理論基礎 (3)教育研究法

		合於同等學力之資格者。		計）：六十分。	
臺中師範學院教育測驗統計研究所	理論組六名 應用組五名 綜合組五名	1.公立或已立案之私立大學或獨立學院（含應屆）畢業生。 2.教育部認可之國外大學或獨立學院畢業。 3.合於教育部規定同等學力之資格者。	國文 英文	理論組： 1.研究生學術性向測驗 2.統計學 3.微積分 應用組： 1.研究生學術性向測驗 2.測驗評量 3.教育心理學 綜合組： 1.研究生學術性向測驗 2.統計學與測驗評量 3.微積分與教育心理學	
花蓮師範學院多元文化研究所	二十名	1.公立或已立案之私立大學或獨立學院畢，得有學士學位者。 教育部所認可之國外大學或獨立學院畢，得有學士學位者。 2.同等學力資格： (1)修滿大學或獨立學院各學系規定年限，因故未能畢業，經離校一年以上持有修業證明書或成績單者。 (2)凡公立或已立	國文 英文	1.教育學 2.社會科學概論	1.國文、英文各以五十分為滿分。 2.教育學、社會科學概論各加重計分50％。 3.以同等學力或非相關科系畢業資格錄取者，入學後視其個別學歷背景由本所酌定補修基礎課程至少四學分以上。

		案之私立專科學校於八十四年八月三十日後畢業，持有畢業證書，其為三年制者，須具各級學校教師（含代課教師）或銓敍合格之教育（文教）行政人員二年以上之服務年資；其為二年制或五年制者，應具三年以上之服務年資。 (3)凡於八十四年八月三十日前取得專科學校畢業資格者，應經自學或從事相關職業二年（三專），或三年（二專、五專）以上者，得以同等學力報考。		

研究所
高普考　教育專業科目試題總匯

編　　　者：孟　儒
發　行　人：許錟輝
責　任　編　輯：李冀燕
出　版　者：萬卷樓圖書有限公司
　　　　　　台北市和平東路一段 67 號 14 樓之 1
　　　　　　電話(02)23216565・23952992
　　　　　　FAX(02)23944113
　　　　　　劃撥帳號 15624015
出版登記證：新聞局局版臺業字第 5655 號
網　站　網　址：http://www.books.com.tw/
E　　-mail：wanjuan@tpts5.seed.net.tw
承　印　廠　商：晟齊實業有限公司
電　腦　排　版：浩瀚電腦排版股份有限公司
定　　　價：480 元
出　版　日　期：民國 87 年 12 月初版

ISBN 957-739-199-0